KB054391

비즈니스는 유대인처럼

Jewish Wisdom for Business Success: Lessons for the Torah and Other Ancient Texts
copyright ⓒ 2008 by Levi Brackman, Sam Jaffe
All rights reserved.
Original edition published by AMACOM, USA.
Korean translation rights arranged with Levi Brackman, USA.
through PLS Agency, Korea.
Korean edition published in 2014 by MAEKYUNG PUBLISHING. Inc., Korea.

이 책의 한국어판 저작권은 PLS를 통한 저작권자와의 독점 계약으로 매경출판주식회사에 있습니다.
신저작권법에 의하여 한국어판의 저작권 보호를 받는 서적이므로 무단 전재와 복제를 금합니다.

세계의 부를 독점하는 0.2% 유대인의 비밀

비즈니스는 유대인처럼

레비 브래크만·샘 제프 지음 | 김정완 감역

매일경제신문사

머리말

왜 수많은 유대인들이 비즈니스 세계에서 성공을 거두는 것일까? 유전적 요소나 문화적 감수성, 혹은 청어를 먹는 식습관 등을 답으로 제시하는 사람들도 있지만 설득력이 있다고 보기는 어렵다. 여러 가지 설들에 대해 논의하기 전에 먼저 유대인들의 성공 요인에 대한 추측에 '청어'가 등장하게 된 배경을 살펴보려고 한다.

한 유대인 행상이 기차를 타고 민스크(벨라루시 공화국의 수도)에서 핀스크(벨라루시의 도시)로 가는 중이었다. 그가 탄 좁은 객실은 그가 팔기 위해 가져온 물건과 다른 승객들, 염소, 닭 등으로 가득 차 발디딜 틈이 없었다. 그때 갑자기 문이 열리더니, 차르(러시아 황제) 군대의 장교가 객실로 들어왔다.

"일등 객실이 꽉 차서 이리로 왔소이다."라고 말하는 장교의 얼굴에는 경멸의 표정이 번졌다. 긴 여행 동안 함께 할 동반자들이 누구인지 알아차렸기 때문이었다.

유대인 행상은 조국의 전사에게 경의를 표하며, 일어나 자리를 양보하는 몸짓을 취했다. 장교는 만족스러운 얼굴로 양보받은 자리에 앉아, 자신에게 호의를 표시한 유대인을 호기심 어린 눈으로 바라보았다.

"유대인이오?"라고 장교가 물었다.

"그렇습니다만." 당황한 유대인 행상은 자신이 입고 있는 기도복의 매듭을 가리키며 대답했다.

그러자 장교는 "말 좀 해 보시오."라고 말하며 눈을 반짝거렸다.

"유대인들은 왜 그리도 장사를 잘 하는 것이오? 댁도 괜찮은 장사꾼 같은데 말이오. 당신들의 비밀이 뭐요?"

그의 물음에 유대인 행상은 눈을 가늘게 뜨고 열심히 답을 생각했다. 그리고 대답했다.

"죄송합니다만 말씀 드릴 수가 없습니다. 비밀을 지키기로 맹세했거든요."

"말해 주면 10루블을 주겠소. 난 답을 알아야겠소."

그 비결이 더욱 궁금하다는 듯 장교는 마침내 돈까지 걸었다.

"10루블이요? 비밀을 알려주는데 어떻게 10루블로 되겠습니까? 다 헤진 옷도 그것보단 더 받고 팝니다. 그런데 이건 맹세까지 한 비밀입니다. 10루블에 저의 모든 것을 팔 순 없지요."

"그렇다면 100루블 주겠소." 장교는 빳빳한 100루블 지폐를 꺼내 행상의 눈앞에 들어 보였다. 그러자 유대인은 몸을 기울여, 앉아 있는 장교의 귀에다 뭔가 속삭였다. 손으로는 잽싸게 지폐를 낚아채는 것도 잊지 않았다. 그는 몸을 다시 곧게 펴고 창밖을 바라보면서, 장교의 당황한 표정을 애써 외면했다.

"살찐 청어라고?" 그의 대답을 귀 기울여 들은 장교가 되물었다.

행상은 당연하다는 듯이 대답했다.

"우리가 먹는 게 그겁니다. 한번 먹기 시작해 보세요. 계속 먹어야 합니다. 곧 장사 수완이 좋아지는 걸 느끼실 겁니다. 시간이 지나면 갈퀴로 루블을 긁어모으게 될 거에요."

곧 이어 열차가 역에 들어서자 행상은 모자를 약간 들어 인사하며, 마지막 말을 남기고는 객실에서 떠나갔다.

"아, 핀스크에 도착했군요. 살찐 청어 드시고 꼭 효과를 보시길 바라겠습니다. 그리고 제가 이런 비밀 얘기를 했다는 건 아무에게도 말해서는 안 됩니다."

몇 달이 지난 후, 그 유대인은 핀스크 역 주변에서 좌판을 펼쳐 놓고 앉아 옷을 팔고 있었다. 그때 별안간 뒤쪽에서 전속력으로 질주해 오는 말발굽 소리가 들렸다. 돌아보니 장교가 분노에 가득 차 말고삐를 당기고 있었다. 그리고 "드디어 찾았군, 이 나쁜 놈."하고 소리쳤다. 장교의 손에는 살찐 청어가 든 유리병이 들려 있었다.

"아침 점심 저녁으로 이걸 먹었는데 정말 끔찍한 맛이었다! 기름과 흙을 섞은 맛이 나더군. 날 속였겠다. 하지만 두 번은 안 될 걸."

"이해가 안 갑니다. 뭐가 문제인가요?" 그의 화난 목소리에 행상이 답했다.

"뭐가 문제냐고? 나는 100루블이나 지불했지 않는가. 그리고 당신은 나한테 살찐 청어를 먹으면 영리한 장사꾼이 될 거라고 말했지. 생각해 보니 날 속인 거였어."하며 계속해서 행상에게 화를 내던 장교는 순간, 깜짝 놀라면서 말을 멈췄다. 유대인 행상이 무서워하기는커녕 도리어 웃으면서 알겠다는 듯 고개를 끄덕였기 때문이었다.

"좋습니다." 행상이 웃으며 계속 말했다. "역시 살찐 청어를 드시더니 머리가 좋아지셨군요."

여러분들은 유대인들이 돈을 잘 버는 이유가 '청어'는 아닐 것이라는 사실을 장교보다는 빨리 깨달았을 것이다. 그렇다면 여러분에게 다시 한 번 물어보겠다. 유대인의 돈 버는 수완이 그토록 뛰어난 까닭은 무엇일까? 사실 많은 사람들이 입 밖으로 차마 꺼내지는 못했던 질문이다. 아마도 괜히 말을 꺼냈다가 반유대주의자라는 낙인이 찍히거나, 반유대주의를 조장한다는 오해를 받을지도 모른다는 두려움 때문일 것이다.

그렇다고 해서 이 질문이 말도 안 되는 소리는 아니다. 유대인은 전 세계 인구 중 0.2%도 채 되지 않는다. 하지만 포브스 지가 선정한 전 세계 최고 부자 400명 중 10% 이상, 포춘 지가 선정한 500대 기업 CEO 중 10% 이상, 노벨상 수상자의 30% 정도가 유대인이다. 또한 의학, 법률, 금융과 같은 고수익 직종에도 유난히 많이 종사하고 있다. 즉 경제적 성공에 관한 한 유대인들은 특별한 능력을 갖고 있는 듯하다.

지난 20세기 초반, 유럽과 미국에서는 유대인에게 사회, 금융, 문화적 영역으로의 활동을 허용 및 확대하기 시작했다. 이때부터 많은 사람들이, 위 질문에 대한 답을 내리기 위해 고심했다. 안타깝게도 '유대인들은 사기꾼이기 때문에' 성공한다고 추측하는 실수를 저지르기도 했다.

미국에서는 헨리 포드가 '유대인의 문제'에 관해 《국제 유대인: 세계에서 가장 시급한 문제》란 책을 출간하기도 했다. 이 책을 통해 그는 미국인들이 지나치게 빨리 성공하는 유대인들을 막아야 한다고 촉구했다. 물론 포드의 책은 늙은이의 터무니없는 주장으로 치부되었다. 하지만 곧 이어 아돌프 히틀러가 유사한 내용의 《나의 투쟁》을 내놓았고, 그 결과 전 세계는 전쟁의 화마에 휩싸이게 되었다.

이 과정에서 유대인들의 사업적 기질에 대한 질문은 토론 주제에서 밀려났다. 그리고 상자에 담긴 채 구석에서 먼지를 뒤집어 쓰고 있었다. 같은 역사를 되풀이 하지 않으려는 노파심 때문이었다.

그러나 우리 유대인들은 이 상자를 계속 닫아 두어야 한다고 생각하지 않는다. 그리고 이미 질문에 대한 답 또한 알고 있다. 우리가 제시하는 답은 '유대인의 돈 버는 수완이 그토록 뛰어난 까닭은 무엇일까?'라는 질문 자체보다 더 큰 논란이 될 수도 있다. 확실한 것은 그 답이 살찐 청어도, 어떤 국제적인 파벌도, 유전적인 성향도 아니라는 사실이다. 필자는 유대인이 사업적 기질을 키우게 된 근본적 이유가 따로 있다고 생각한다. 바로 유대교 율법서인 '토라'이다. 유대인이 가장 소중하게 여기는 것 중 하나이자, 늘 몸에 지니고 다니는 책이다.

'유대인으로 산다는 것'은 개개인에게 의미하는 바가 모두 다르다. 어떤 사람들에게는 시오니즘과 같은 정치 운동을 의미한다. 또 어떤 사람들에게는 고유의 억양과 윤리, 유머를 지닌 특정 문화를 뜻한다. 단순히 특정 요리법을 따른다는 뜻이 될 수도 있다. 그러나 유대인들은 유대교를 믿고, 유대교가 토라 혹은 히브리 성서(기독

교인에게는 구약 성서)의 가르침을 따르는 종교란 사실은 모든 이들이 알고 있다.

사실 모든 유대인이 종교를 깊게 믿는 것도, 토라를 자세히 알고 있는 것도 아니다. 하지만 그들은 여전히 4000년의 전통을 이어 오고 있다. 일부 사람들은 이를 유전이라고 주장한다. 심리학자 융이 제시한 집단 무의식의 일종이라고 말하는 사람들도 있다. 하지만 우리는 이것을 '삼투현상'이라고 한다. 유대인들은 토라의 내용과 토라에 실린 이야기, 이에 대한 전통적인 해석과 가치를 어린 시절에서부터 노년에 이르기까지, 끊임없이 배우고 익히는 관습을 수천 년간 이어 왔다. 지난 두 세기 동안 이런 관습이 상대적으로 옅어진 것은 사실이지만, 지금의 유대인들 또한 토라의 지식과 독특한 세계관이 스며든 사회에서 자랐다는 사실은 마찬가지이다. 2차 대전 후의 베이비붐 시대에 태어난 어떤 유대인은 자신의 일가친척 중에 매일 토라를 읽고 그 계율을 따르는 사람이 단 한 명도 없다고 말했다. 그럼에도 불구하고 그 역시 다른 유대인들과 매우 현실적인 무언가를 공유하고 있다. 그것은 옳고 그름에 대한 판단력, 우선순위를 정하는 독특한 방식과 행동 양식이며, 동시에 유대교의 시조인 아브라함, 레아와 라헬, 그리고 모세로부터 이어져 내려온 것이다.

이쯤 되면 비유대계 독자들은 좀 얼떨떨할 것이다. 그리고 종교는 계시, 예언자, 신 등에 관한 것이 아니냐고 반문할지도 모르겠다. 어떻게 신성한 종교적 가르침이 사업 성공의 원천이 된다는 말일까?

그러나 유대교 그 자체와 유대교가 일상생활에 미치는 영향력을 아는 이들이라면 필자의 논지를 쉽게 이해할 수 있을 것이다. 유대교는 일상성을 중시하는 종교이고, 독실한 유대인은 토라에서 유래한 율법을 준수한다. 이를테면 아침에는 어떻게 잠자리에서 일어나야 하는지, 어떤 옷을 입고, 어떻게 손을 씻고, 어떤 음식을 먹고, 어떻게 기도를 하며, 어떻게 자녀를 양육하고, 어떻게 노인을 공경하고, 어떻게 천둥번개를 관찰하는지 등, 일상생활을 통제하는 율법들을 지키는 것이다. 이것만 나열해도 수십 페이지가 나온다. 하지만 지금 관습에 대해 논하려는 것은 아니다. 유대인들의 모든 행위는 율법에 의한다는 뜻이다. 그리고 이 율법은 3500여 년에 걸쳐 형성된 것이며, 독실한 유대교 신자들은 여전히 이를 지키며 생활하고 있다는 것이 중요하다.

유대교는 모든 분야를 아우르는 종교인 만큼, 당연히 돈 버는 법에 대한 견해도 포함하고 있다. 인류가 지난 5000년 동안 대부분의 시간을 바치고 있는 행위인 만큼, 토라가 이것만 무시한다면 이해하기 힘들 것이다.

하지만 지금부터 하고 싶은 주장은 독자의 예상보다 더 대담하다.

단순히 토라가 비즈니스 윤리에 대한 가르침을 준다는 말을 하려는 것이 아니다(물론 그런 내용도 있다.). 토라는 더 깊은 가르침을 주고 있다. 토라는 비즈니스맨들이 수익성 있는 사업을 성공적으로 만들고, 유지하고, 키워갈 수 있는 희망적인 미래를 제시한다. 이 미래의 모습은 파워포인트 형태로 저장되어 있거나, 어느 유대교 회당 안에 걸려 있는 것이 아니다. 히브리 성서와 보조문건, 통칭 '토라'라고 불리는 문서에 깊이 숨겨져 있다. 토라(Torah)의 어원은 가르친다는 뜻의 'hora-ah'이다. 그리고 이 책은 당신에게 토라의 가르침과 교훈을 비즈니스에 적용하는 방법을 가르쳐 줄 것이다.

이에 앞서, 토라의 범위를 어디까지로 볼 것인지에 대해 한마디 해두려 한다. 유대인들이 생각하는 토라는 불가분의 관계에 있는 두 가지 내용, 즉 성문 율법과 구전 율법이다. 흔히 '구약'으로 불리는 성문 율법은 모세 오경, 예언서, 성서로 이뤄져 있고, 구전 율법은 탈무드, 미드라쉬, 카발라로 이뤄져 있다. '구전 율법'이란 명칭이 붙은 것은 인쇄기술이 발명되기 전에 나온 고대 창작물들이 거의 그렇듯 입에서 입으로 전달된 내용이었기 때문이다. 그러나 구전 율법이 잊혀질 것을 우려한 랍비들이 이를 글로 기록하였기 때문에, 현재는 구전 율법도 문헌으로 존재한다. 구전에 따르면 성문 율법과 구전 율법 모두 약 3500년 전, 시내산에서 모세가 신으로부터 받은 것이다.

토라는 종교적 원칙뿐 아니라 비종교적이고 일상적인 측면도 다루고 있기 때문에, 성공적인 비즈니스를 위해 새겨 둘 만한 교훈들도 많이 담고 있다. 하지만 지금까지 이렇게 비즈니스를 위한 조언이 요약되거나 알기 쉽게 제시된 적은 없었다.

이 책은 이런 내용을 간추려 보고자 하는 시도이며, 그렇기 때문에 비즈니스 성공을 위한 아이디어 위주로 편집했다. 하지만 필자들이 원저자라고는 할 수 없다. 우리가 한 일이란 단지 선대의 율법 학자들이 다 써놓은 글을 편집하고 해석한 것뿐이다.

이 책은 토라를 확장하고 재해석한 탈무드와 미드라쉬에서 발췌한 내용을 중심으로 구성되어 있다. '조하르'와 '카발라(토라의 신비주의 교리)'도 철저하게 조사했다. 또한 하시디즘(Hasidism) 지도자들의 가르침에 대해서도 다뤘는데, 비즈니스 운영에 대해서라면 할 말이 무궁무진한 사람들이 많이 존재하기 때문이다. 또한 현대 거물 랍비들의 통찰도 빼놓지 않았다. 그중 루바비처 랍비 메나헴 멘델 슈니어슨은 1994년에 타계하기 전까지, 토라를 연구하고 각종 저술 활동을 하는 동시에 비즈니스맨들을 위한 조언자의 역할도 했던 사람이다.

이 책은 선대 학자들의 연구를 확장한 것이지만 동시에 토라와는 별개로, 독특한 내용을 포함하고 있다. 바로 각 주제마다 그에 걸맞는 현대 비즈니스의 성공 일화와 사건이다. 그중에는 성공한 비즈니스맨들이 인터뷰를 통해 직접 알려준 내용뿐만 아니라 신문 기사나 자서전을 인용한 내용도 있다. 우리는 각 장의 핵심내용을 실증하기 위해 랍비의 책상 위가 아닌 현실세계에서 벌어진 사건들을 선정했다. 수천 년 전에 일어난 토라 속의 이야기들이 오늘날에도 여전히 재현되고 있다는 것을 보여주고자 함이다.

각 장은 '통찰'로 마무리된다. 먼저 비즈니스 운영에 대한 구체적인 통찰, 즉 각 장의 내용을 요약하고 있다. 그리고 이어서 위의 아이디어를 개인적인 삶에 적용하는 방법에 대해 다룬다. 개인의 성격이나 사생활도 비즈니스 성공에 직접적인 영향을 끼친다는 점을 고려했기 때문이다.

마지막으로, 각 부의 말미에는 '명상법'을 실었다. 독자가 원한다면 따라해 볼 수 있을 것이다. 명상(히브리어로 히트보네누트)은 최근 들어 무시 되는 경향이 있긴 하나, 여전히 유대교의 매우 중요한 전통이다. 부록에는 유대교식 명상에 대한 가이드가 있으니, 명상을 직접 해 보기 전에 반드시 읽어 보기 바란다. 만약 이 책의 주제를 좀 더 심도 있게 알고 싶거나, 다른 이들과 토론해 보고 싶다면

www.levibrackman.com에 접속해 보길 권한다.

　　토라의 많은 지혜와 통찰, 그리고 누대에 걸쳐 내려온 전통이 이 책을 통해 빛을 발하는 기회가 되었으면 한다. 종교와 배경을 막론하고, 모든 독자가 비즈니스의 세계와 돈을 버는 행위 자체까지도 성스러운 영역으로 승화시킬 수 있는 무언가를 배울 수 있을 것이라 믿는다. 무엇보다 독자의 비즈니스가 성공하기를, 그리고 이 책의 조언을 길잡이로 삼아 현실적이고 지속적인 경제적 성공을 성취하길 바란다.

감역자의 말

출판사로부터 이 책의 감역 요청을 받고 다소 놀랐다. 2년 전에 영어 원서로 이미 읽은 적이 있는, 인연이 남다른 책이었기 때문이다. 2012년 11월 어느 날, 한국에 거주하는 유대인 랍비 아세르 리츠만의 집 책장에 꽂혀 있던 이 책을 발견하고 흥미롭게 읽었던 기억이 있다. 부자 유대인들의 비즈니스 비밀은 무엇일까 무척 궁금하던 차였다. 색다른 내용에 대한 기대감도 있었다.

감역자는 5년째 탈무드의 원전을 연구하는 사람이다. 2001년부터 유대인 교육에 심취해, 원전탈무드의 매력에까지 푹 빠져든 결과다. 연구를 위해 국내·외 여러 랍비들과 교류하고 있다. 매주 일요일 오후에는 한남동 유대인 회당에서 랍비의 인도를 받아 토라를 공부하고 있다. 토라는 탈무드의 교과서다. 유대인들은 토라와 탈무드 본문에서 대단히 유용하고 실질적인 지혜를 뽑아내 활용한다. 이 책도 마찬가지다. 영적인 비즈니스 원리를 실천하라며 건네는 조언은 대단히 현실적이다.

그중에서도 특별히 우리나라 사람들에게 들려주고 싶은 지혜는 비즈니스와 관련된 결정을 내릴 때는 감정적이기보다 이성적이어야 한다는 것이다. 진부적인 표현이긴 하지만 그래도 이 조언이 적절한 이유는 우리나라 사람들의 경우, 비즈니스를 위한 결정을 감정적으로 내리는 경우가 너무 많은 까닭이다. 친한 친구가 투자를 요청하더라도 그 투자처가 정말 투자할 가치가 있는지 철저히 조사하고 판단한 뒤에 결정하라는 것이다.

돈과 신앙을 하나로 보는 영적 기업가 정신에 대한 이야기도 매우 흥미롭다. 이는 고전적 기업가 정신과 사회적 기업가 정신을 뛰어넘는다. 고전적 기업은 이윤 추구가 최고의 목적이다. 사회적 기업은 사회공헌과 이윤창출을 동시에 추구한다. 영적 기업은 영적인 삶과 이윤창출을 양립할 수 있는 것으로 보고, 동일하게 추구한다. 그리고 윤리적인 사업을 통한 이윤창출만이 아니라 신의 목적에 부합하는 방식으로 세상의 발전을 위해 돈을 쓴다. 고전적 기업은 성공한 뒤에 찾아오는 공허함이 문제고, 사회적 기업은 두 가지 목적을 동시에 추구한다는 점에서 사업상 실패할 확률이 높다는 게 문제이다. 하지만 영적 기업은 신을 섬길 목적으로 이윤을 추구하면서도 사회에 이윤의 최소 10%를 환원하기 때문에 두 종류의 기업의 단점들을 단번에 극복할 수 있다.

이 책은 그밖에도 귀담을 만한 사업적 조언들을 건네고 있다. 두려움을 극복하는 방법, 겸손의 유익, 협상의 방법, 실패에 대처하는 법, 긍정적 마인드와 낙관주의에 대해 조언하는 동시에 구체적이고 실질적인 실천 방법 전수도 빼놓지 않는다. 토라와 탈무드, 조하르 등 유대인의 오래된 문서에서 뽑아낸 사업적 지혜들이 얼마나 깊고 넓은지 모른다. 유대인 비즈니스의 비밀이 궁금하고 비즈니스를 통해 영적성장과 사회공헌, 그리고 자아실현을 동시에 구현하고 싶은 비즈니스맨들에게 특히 도움이 될 것이다. 《Jewish Wisdom for Business Success》가 원제인 이 책이 《비즈니스는 유대인처럼》으로 번역돼 국내 독자들을 만난다니 다시 한 번 축하할 일이다.

김정완

contents

● Part 3 **겸손의 길: 자만하지 않는 사업가**

● Part 4 **가부장적 비즈니스 모델:
성공을 위한 청사진을 창조하라**

Part 7 **기업가 정신: 업무에서 신성함을 발견하다**

Part 8 **긍정적 사고:
목표를 이루기 위해 긍정의 힘을 모아라!**

● Part 9

현명해지는 방법:
성공한 비즈니스맨들은 어떤 특징을 갖고 있을까?

Part 1

두려워하지 말고
전진하라!
두려움을 정복하라!

이 세상은 좁은 다리이다.
중요한 것은 두려워하지 않는 것이다.

The whole world is a narrow bridge.
The important thing is to have no fear.

- 우크라이나의 도시 브레슬로브의 하시딕 종파 마스터 랍비 나크만

2003년 캘리포니아의 어느 습한 여름날, 셰릴 샌드버그(Sheryl Sandberg)는 두려움에 휩싸인 채 문 앞에 멍하니 서 있었다. 상사의 사무실에 들어가서, 자신이 감독하던 프로젝트가 잘못되었다고 보고해야 했기 때문이다.

샌드버그는 워싱턴 DC에서 클린턴 정부의 미 재무장관 로렌스 서머스의 비서실장으로 일했다. 그곳은 그녀의 첫 번째 직장이었다. 2001년에 클린턴이 퇴임한 후, 샌드버그는 사업을 하기로 결심하고 실리콘 밸리로 향했다.

당시 스탠포드 대학교에서 석사과정을 밟고 있던 세르게이 브린(Sergey Brin)과 래리 페이지(Larry Page)는 자신들의 회사를 검색엔진 분야에서 성공시키기 위해 노력하고 있었다. 샌드버그가 합류한 이 회사는 바로 오늘날의 '구글'이다. 구글은 글로벌 기업 역사상 가장 놀라운 성공을 거둔 기업으로 성장했다. 그러나 당시에는 구글 역시 살아남기 위해 고군분투 중인 신생기업이었다. 그리고 샌드버그는 이렇듯 중요한 역할을 맡은 초창기 직원들 중 하나였다.

2003년, 샌드버그가 지휘하던 프로젝트에 문제가 발생했다. 프로젝트를 성사시키기 위해 너무 많은 위험을 떠안은 나머지, 그녀는 결국 회사에 손실을 입히고 말았다.

샌드버그는 프로젝트가 순조롭게 진행되고 있으며, 자금과 시간만 좀 더 주어진다면 걱정할 필요가 없다고 보고하여 실수를 감출 수도 있었다. 물론, 이 프로젝트에 부분적으로나마 개입했던 다른 임원에게 책임을 전가하는 것도 가능했다. 그러나 그녀는 정면승부를 선택했다. 임원실로 들어가 "제가 망쳤습니다. 손실이 발생했습니다."라고 이실직고했던 것이다.

하지만 그녀는 곧 자신의 상사인 페이지의 답변에 놀랄 수밖에 없었다. 그는 "너무 빠른 건 실수가 아니에요. 너무 느린 게 오히려 문제죠."라고 답했다. 뿐만 아니라 만약 실패가 두려워 시간을 낭비한다면 회사는 앞으로 아무것도 이루지 못할 것이라며, 샌드버그를 격려했다.

샌드버그는 글로벌 영업 부사장으로서 구글의 광고 프로젝트들을 진두지휘했다. 이 프로젝트들 중에는 구글 이용자들의 검색 결과를 유료 광고와 연결시켜 주는 애드워즈(AdWords) 프로그램의 출시도 포함되어 있었다. 이 프로그램으로 인해 구글의 검색엔진은 그저 편리한 도구에서 수익성 있는 비즈니스로 변모했다. 그녀가 만약 실수를 저지르게 될까봐 두려움에 사로잡혀 있었다면, 이 애드워즈 프로젝트은 결코 실현될 수 없었을 것이다. 2008년 초, 그녀는 소셜 네트워크 기업 '페이스북'의 부회장으로 이직하면서 구글을 떠났다.

구글이 막 생겨났을 무렵, 야후, AOL(America On Line), 마이크로

소프트와 같은 대형 인터넷 기업들은 구글에 큰 관심을 두지 않았다. 그들은 기존 비즈니스 모델에 만족하고 있었다. 이용자들이 어떤 단어를 검색했을 때, 특정 웹사이트들을 상위에 올려주는 대가로 비용을 청구하는 방식이었다. 그러니 구글의 소프트웨어를 검색엔진으로 사용하면, 사용자들에게 훨씬 나은 검색 결과를 제공할 수는 있어도 수입원은 오히려 줄어든다고 생각했던 것이다. 때문에 구글은 설립 초기, 대형 인터넷 기업들에게 당사 제품을 검색엔진 소프트웨어로 사용하라고 제안했지만, 기업들의 수익 감소에 대한 두려움 때문에 모두 거절당했다.

그래서 구글은 홀로 전진했고, 마침내 자신만의 브랜드를 구축하는 데 성공했다. 현재 인터넷 사용자의 75%가 구글을 검색엔진으로 사용하고 있으니, 이제는 반대로 야후, AOL, 마이크로소프트가 구글에게 손을 잡자고 제안하기에는 너무 때가 늦은 것이다. 구글은 이미 경주에서 승리했다.

그날 샌드버그가 알게 된 것처럼, 한 인간이 목표를 성취하고자 할 때 '두려움'은 가장 큰 걸림돌이다. 안타깝게도 현대 사회는 마치 두려움을 숭배하는 기계처럼 변하고 있다. 사람들은 그 어떤 감정보다도 두려움에 큰 영향을 받아 선택을 강요당하곤 한다. 그러나 이런 두려움에는 대부분 합리적 근거가 부족한 것이 사실이다.

야후, AOL, 마이크로소프트와 같이 개방적으로 여겨지는 인터넷 기업들조차 두려움에 사로잡혀 자사의 이익을 마다하는 근시안적인 선택을 하고 말았다. 그렇다면 기존의 보수적 업계에는 이런 풍조가 얼마나 만연해 있겠는가. 실제로 기업들이 뒤늦게 실수를 깨닫고 과거를 되돌아봤을 때, 잘못된 선택의 핵심 원인으로 두려움을 꼽는 경우는 아주 많다.

chapter 1

두려움의 네 가지 얼굴

성공한 비즈니스맨들은 흔히 내면의 두려움을 극복한 후 성공을 거머쥘 수 있었고, 이후부터는 성공의 길이 탄탄대로처럼 펼쳐졌다고 말한다.

모든 종교와 철학은 두려움을 성공의 장애물로 여기며, 두려움과 싸워야 한다고 강조한다. 토라는 여기서 한 걸음 더 나간다. 두려움을 극복하기 위한 방법까지 제시하고 있는 것이다. 두려움을 물리치기 위한 구체적인 방법은 '미드라쉬'에 언급되어 있다. 미드라쉬는 토라에서 언급된 사건이나 가르침을 상세하게 다루는 일종의 주석서로, 오랜 시간 구전되었다가 수백 년이 지난 다음에야 성문화되었다. 즉, 미드라쉬는 토라에서 한 문장으로 짧게 요약된 사건이나 배경을 좀 더 자세하게 설명하는 해설서라 할 수 있다.

'모세의 기적'이라 불리는, 바다가 갈라짐으로써 유대 민족 모두가 목숨을 구하게 되는 유명한 이야기를 알고 있는가? 미드라쉬는 이집트에서 해방된 히브리인들이 이런 상황에서 갈대의 바다(영어판 토라에서는 홍해라고 오역되어 있다.)를 앞에 두고 벌인 논쟁을 옛날이야기처럼 전한다(메힐타, 출애굽기 14:12).

히브리인들은 뒤쪽에서부터 추격해 오는 이집트 군대와 눈앞의 깊은 바다 사이에서 꼼짝 못하는 신세가 되었다. 그들이 얼마나 공포스러웠을지는 충분히 상상할 수 있다(출애굽기 14장).

두려움으로 인해 그들은 앞으로 취해야 할 행동에 대해 총 네 가지 의견을 제시했다. 하나같이 끔찍한 결과를 낳을 수도 있는 방법들이었다. 그들이 제시한 두려움의 네 가지 얼굴은 각각 자기 태업, 싸움, 후퇴, 그리고 학습된 무기력이다. 그리고 토라는 모세의 대답을 통해 이런 네 가지 두려움의 모습을 이겨낼 수 있는 불변의 지혜를 전달한다. 그는 나이키의 광고 슬로건마냥 히브리인들에게 "일단 해 보라(Just do it)"고 말하지 않았다. 대신 그는 히브리인들이 느끼는 두려움의 근원을 이해하고, 이를 극복할 방법을 제시했다. 모세의 이런 해결책은 두려움에 사로잡힌 사람이라면 누구나 따를만한 지침이다. 효과가 매우 뛰어날 뿐만 아니라, 3500년이 지난 지금도 굳이 현대 사회에 맞게 수정할 필요가 없을 정도이다.

모세의 기적은 시나이 반도의 갈대의 바다 앞 모래사장에서 일어났다. 당신이 지금 어디에 서 있든 간에, 너무나 멀게 느껴지는 곳일 것이다. 그러나 모세의 교훈은 오늘날에도 매우 현실적으로 다가

온다. 당시 히브리인들은 이집트의 파라오로부터 고향으로 돌아가도 좋다는 허락을 받고, 노예생활에서 막 풀려났을 때였다. 그러나 파라오는 곧 마음을 바꿔 노예들을 붙잡기 위해 기병대를 소집하고, 그들을 추격하기 시작했다.

바닷가에 모인 히브리인들의 마음이 어땠을지 상상해 보라. 파라오 군대의 말발굽 소리가 가까이 울리고 있다. 자유의 환희는 사라졌다. 눈앞에는 망망대해가 펼쳐져 있고, 뒤쪽으로는 파라오의 군대가 보이기 시작하는 것이다. 병사들의 함성소리도 들린다. 날개가 있었으면 하고 기도하며 하늘을 올려다봤다가, 저 구름을 볼 수 있는 날은 오늘이 마지막은 아닐까 생각이 들었을지도 모른다. 기병대가 일으키는 먼지 구름이 주변을 점점 감싸옴에 따라, 주위 아이들의 눈에도 공포가 뼈저리게 서리기 시작했을 것이다.

미드라쉬는 당시 상황에 대해 상세하게 설명하고 있다. 엄청난 공포에 압도당한 히브리 지도자들은 네 편으로 갈려 격렬한 말다툼을 벌이기 시작했다.

먼저 한 노인이 집단 자살을 주장했다. "전 주인의 손에 죽느니 스스로 목숨을 끊는 편이 낫소. 우리의 자유의지를 보여줄 수 있는 마지막 수단이오. 우리가 더 이상 노예가 아니란 걸 증명하기 위해, 모두 스스로 칼을 들어 목을 그읍시다."

그러자 두 번째 지도자가 나서서 노인에게 소리쳤다. "자유의 시간은 끝났소." 그는 지긋지긋하다는 듯 말했다. "그냥 파라오 앞에 엎드리고 이집트로 돌아갑시다. 우리 모두 노예였지 않소. 그게 우리가 앞으로도 살아남을 유일한 길이오."

다른 무리의 대표자가 이 말에 흥분한 듯 화난 목소리로 끼어들었다. "자유인은 자유를 위해 싸워야 하오." 그는 울부짖었다. "지금이야말로 일어서서 이집트인들과 싸워야 할 때요. 무기도 없고 결과도 불 보듯 뻔하지만 맞서 싸웁시다."

마지막 목소리도 끼어들었다. "우리가 스스로 자유를 찾은 게 아니었잖소. 우린 한 번도 마음대로 산 적이 없었소. 우리가 할 수 있는 일이라곤 그저 움직이지 말고 가만히 서서, 신께 기도하는 것뿐이오."

파라오가 탄 말도, 햇빛이 반사되어 반짝이는 그의 칼도 선명하게 보이기 시작했다. 사람들은 입을 다물고 모세를 쳐다보았다. 히브리인들을 이 먼 곳까지 이끌어 온 것처럼, 이제 그가 지금 상황에 대한 결론도 내려줄 차례였다. 모세는 백성들을 내려다 보며 말했다. 그가 그때까지 지도자로서 한 말 중 가장 중요한 것이었다. "두려워 말라. 가만히 서서 신께서 오늘 너희를 위하여 행하시는 구원을 보라. 너희가 오늘 본 이집트인들을 영원히 다시 보지 아니하리라. 신께서 너희를 위하여 싸우시리니, 너희는 가만히 있을지니라 (출애굽기 14:13-14)."

사람들은 모세의 말에 어리둥절한 나머지 말없이 서 있었다. 그

때 신이 모세에게 마지막 명령을 내리라 말했다.

"앞으로 나아가라(출애굽기 14:15)."

앞으로 나아가라? 어디로? 돌진하는 이집트 군 쪽은 되돌아가는 방향이니, 신이 뜻한 바가 아니었다. 다른 선택지는 바다 깊은 곳으로 스스로 걸어 들어가는 길뿐이었다. 끔찍하게 익사할 것이 자명했다.

그 순간 히브리인들에게 파고들었을 무기력감은 오늘날에도 많은 사람들이 일상적으로 느끼고 있는 감정이다. 그날 히브리인들이 선택했던 네 가지 방법과 두려움 역시 오늘날 우리들이 느끼고 선택하는 것과 똑같다. 이 두려움들에 대해서는 뒷부분에서 상세하게 다룰 것이다.

| 비즈니스를 위한 통찰 |
경쟁자는 당신의 적이 아니다. 당신이 싸워야 할 진정한 상대는 두려움이다. 안전한 길을 택해서 놓치는 기회가 위험한 길을 택해서 생기는 손실보다 훨씬 더 클 수도 있다.

| 인생을 위한 통찰 |
실수를 피해서 얻는 대가는 위험을 감수하고 얻는 대가보다 적은 경우가 대부분이다. 위험을 감수하라. 위험을 피하는 사람보다는 작은 성취라도 이루는 사람이 낫다는 사실을 명심하라.

자기 태업

토라의 주석서는 모세의 명령을 각각의 주장에 대한 신의 대답이라고 해석한다. 히브리인들이 두려움에 사로잡혀 말다툼을 벌이자, 신이 이를 듣고 내린 답변이라는 것이다. 그리고 그 내용은 앞에서 보았던 것처럼 다음과 같다.

첫째, 두려워 말라. 둘째, 가만히 서서 신께서 오늘 너희를 위하여 행하시는 구원을 보라. 셋째, 너희가 오늘 본 이집트인들을 영원히 다시 보지 아니하리라. 넷째, 신께서 너희를 위하여 싸우리니, 너희는 가만히 있을지니라.

첫 번째 무리는 집단 자살을 주장했다. 자신의 운명을 스스로 결정하려 했다는 면에서, 어느 정도는 자기 존중감에 의한 선택을 한 것처럼 보인다. 그러나 집단 자살은 그 시점 이후의 어떤 희망도 얻을 수 없는 극단적인 선택이다. 그들이 이집트를 떠난 목적 역시 자신들의 판단력을 증명하고자 함은 아니었다. 그들의 목표는 자유인으로서 집으로 돌아가는 것이었다. 즉, 자살은 이 목표를 실현할 만한 방법이 절대 아니었다.

히브리인들 중 일부가 자살을 주장하고 나선 것은 어찌 보면 당연한 일이다. 자살은 일종의 자기 태업이다. 사람들은 실패가 두려워서, 혹은 다른 사람들의 강요로 직장을 잃게 되는 것이 부끄럽다는 생각에 직장을 스스로 그만 두기도 한다. 자기 태업은 거절과 실패에 대한 두려움 때문에 생긴다. 비즈니스에서는 물론, 인간관계를 맺을 때나 운동 경기를 할 때와 같은 일상에서도 흔히 일어나는 감정이다.

그래서 모세는 이 방법을 주장한 이들을 이렇게 질책했다. "두려워 말라!" 이는 매우 심오한 뜻을 품은 충고이다. 두려움이 그들을 자살과 자기 태업으로 몰아가고 있다는 사실을 알아야 한다는 뜻이다. 자기파괴를 종용하는 목소리와 싸우기 위해서는 패배주의를 조장하는 태도의 근원이 무엇인지를 먼저 알아야 한다. 그것은 바로 두려움이다. 당신이 동요하는 이유가 두려움 때문이라는 사실을 알게 되면, 남은 방법이 패배 혹은 자기 태업 밖에 없다는 생각은 터무니없음을 깨닫게 될 것이다. 곧 다른 방안도 찾아낼 수 있음은 물론이다. 그리고 그 새로운 방안이 결코 자살이나 패배는 아닐 것이다.

타깃티드 지네틱스(Targeted Genetics): 살아남기로 결심하다

기업이 물리적으로 자살을 한다는 것은 불가능하나, 경영진들이 기업의 운영을 포기하는 경우는 있다. 그러나 반대로 여러 위험을 당면했음에도 불구하고, 끝까지 버텨내 만족스러운 결과를 얻은 사례도 존재한다.

이런 회사 중 하나가 미국 시애틀의 작은 생명공학 기업인 타깃 티드 지네틱스(Targeted Genetics)다. 1996년에 설립된 이 회사의 목표는 유전자 치료 분야에서 성공 확률이 높은 연구를 선별하고 진행해서, 이를 치료 등의 수익성 있는 사업으로 전환하는 것이었다.

문제는 유전자 치료 자체가 신기술인 까닭에, 이를 일반화하기 위해서는 사전에 철저한 테스트가 필요하다는 점이었다. 타당한 요구이긴 했으나 비용도, 시간도 많이 필요한 일이었다. 또한, 유전자 치료 산업은 1999년 이후로 거의 중단되다시피했다. 임상실험 참가자가 실험용 약물 과다투여로 사망하는 사건이 일어났기 때문이다(그들의 약은 아니었다.). 이후 투자자들은 떠나갔고 기업들은 다른 분야로 시야를 돌리는 형국이었다.

타깃티드 지네틱스는 유전자 치료를 전제로 설립된 회사였다. 때문에 유전자 치료를 포기하는 것은 회사가 원래 가졌던 사명을 저버리는 일이나 마찬가지였다. 그러나 자본금은 점점 고갈되고 있었다. 2001년경, 회사가 보유한 현금은 수백만 달러에 불과했다. 회사가 문을 닫게 될지도 모른다는 우려는 현실이 되어가고 있었다.

그러나 이 회사의 CEO였던 스튜어트 파커(H. Stewart Parker)는 회사를 포기하는 대신 다른 길을 선택했다. 그녀는 회사 직원 3분의 2 이상을 해고하고, 회사가 개발하려 했던 화학제품의 수도 줄였다. 대신 규모가 더 크고 자본력이 좋은 기업들과의 제휴를 적극 추진했다.

2008년 5월이 되자 이 회사는 여전히 1차 약제 두 가지를 개발하는 단계임에도 불구하고, 자금 문제를 겪지는 않게 되었다. 오히려 다른 기업들과 제휴관계를 성공적으로 체결하고, 주식을 발행함으로써 1,200만 달러 이상의 현금을 보유하게 되었다. 게다가 이 회사의 잠재 상품인 에이즈 백신이 아프리카와 아시아에서 대규모 임상 실험에 들어간다는 소식도 들려왔다. 실험이 성공하면 최초의 에이즈 바이러스 예방약을 보유하게 되는 것이다. 실험이 실패한다 하더라도, 다른 회사의 에이즈 백신들보다는 그 성과를 빨리 확인할 수 있다. 만약 그들이 실험에 성공한다면 이 백신을 개발도상국의 신생아들에게 접종할 수 있을 것이고, 다음 세대는 이 무서운 질병으로 인한 고통에서 벗어날 수 있게 될 것이다. 만약 그들이 과거에 포기해 버렸다면, 결코 얻지 못했을 성과이다.

조금이라도 힘든 상황에 닥치면, 모든 것을 포기해 버리고 싶은 유혹이 강하게 들곤 한다. 두려움 때문에 잘못된 선택을 하게 되는 전형적인 과정이다. 하지만 모세는 현재를 넘어 미래를 볼 수 있었다. 그는 히브리인들이 앞으로 나아가면 기적이 일어날 것이라 예견했다. 실제로도 기적 같은 일이 벌어졌다. 그들이 무사히 건너갈 수 있도록 바다가 갈라진 것이다. 그는 히브리인들에게 두려움에 직면하라고 호소했다. 그래야만 비로소 두려움을 이겨낼 자세를 갖출 수 있기 때문이다. 스튜어트 파커도 이와 비슷한 길을 선택한다.

모세에게 '패배'라는 선택지는 아예 존재하지 않았던 것처럼, 성공한 비즈니스맨들 역시 '이기기 위한' 선택을 한다. 오늘의 상황이 아무리 나빠 보여도 내일은 반드시 온다는 사실을 알기 때문이다.

| 비즈니스를 위한 통찰 |

완전한 포기가 정답일 때도 있지만, 그런 경우는 극히 드물다. 만약 포기가 가장 합리적인 선택처럼 느껴진다면, 다른 이들에게 조언을 구하라. 그리고 당신의 선택이 경제적 어려움으로 인한 최선의 방법인지, 혹은 두려움으로 인해 흐려진 분별력 때문인지 판단하라.

| 인생을 위한 통찰 |

실패 뒤로 숨고 싶어 하는 것은 우리 모두가 가지고 있는 경향이다. 어려운 상황을 견디며 고통 받는 것보다는 차라리 실패하는 게 편할 것 같다는 생각이 들 때도 많다. 하지만 이 충동과 끊임없이 싸워야 한다. 자기 태업이란 노예 상태의 다른 말일 뿐이다. 자살은 가장 궁극적인 자기 태업이란 사실을 명심하라.

싸움

히브리인들과 모세의 이야기로 돌아가 보자. 전투를 주장하는 두 번째 무리에게 모세는 이렇게 말한다. "가만히 서서 신께서 오늘 너희를 위하여 행하시는 구원을 보라." 이 말 자체는 좀 애매모호하다. 그러나 이 문장이 무기를 들어 대항하자는 주장에 대한 응답임을 감안한다면, 모세의 지혜를 엿볼 수 있다.

상대방에게 두려움을 느끼면서도 맞서 싸우는 것은 매우 희생적인 행동이다. 히브리인들이 느꼈던 공포를 생각하면, 이집트 군에 대항해 전투를 벌이려는 생각 그 자체로도 칭송받아 마땅하다. 그러나 자신보다 큰 무리와 맞서 싸우면 엄청난 에너지가 고갈된다는 사실을 먼저 알아야 한다. 자원을 무리하게 쓰게 될 뿐 아니라, 심지어 낭비하게 된다.

또한 히브리인들이 이집트인들에게 대항하려면, 그들은 뒤로 돌아서야만 했다. 그들의 목표는 고향으로 돌아가는 것이지, 발걸음을 되돌려 이집트인들과 싸우는 일이 아니었다. 즉, 전투로 에너지를 소진한다는 말은 그들의 처음 목적과는 멀어짐을 의미했다.

물론 경쟁이나 전투가 필요한 경우도 많다. 그러나 모세는 히브리인들에게 싸우지 말라고 말한다. "가만히 서 있으라." 모세는 이집트인과 맞서 싸우자는 히브리인들의 비이성적인 주장이 공포 때문임을 알아챘다. 공포는 사람을 잘못된 방향으로 인도할 때가 많다. 따라서 모세는 공포에 굴복해 운명의 방향을 함부로 선택하지 말라고 히브리인들을 설득한 것이다. 장기적으로 보았을 때, 자신을 해로운 방향으로 이끄는 충동이라면 굳게 맞서라는 이야기이다.

전진만 해도 모자랄 순간에 전투를 벌이면, 오히려 후퇴하게 될 수도 있다. 전사가 되려는 히브리인들에게 모세는 사실상 이렇게 말하고 있는 것이다. "지금은 당신들의 두려움을 마주하고, 믿음을 갖고, 앞으로 나아갈 때다. 전투 기술을 쓸 때가 아니다. 싸움은 결국 당신들을 잘못된 방향으로 이끌 뿐이다."

음반 업계: 소비자들을 상대로 전쟁을 벌이다

2006년, 한 마케팅 회사에서 10대 청소년 몇 명을 런던의 본사로 초청했다. 최신 유행의 힙합바지를 입고, 챙을 뒤로 젖힌 야구 모자를 쓴 그들은 회의실에 앉아 음악을 몇 곡 듣고 의견을 말해 달라는 요청을 받았다. 설문이 종료된 후, 담당자는 시간을 내준 데 대한 감사의 표시로 CD가 가득 든 상자를 갖고 들어왔다. 그리고 CD를 원하는 만큼 가져가라고 말했다. 그러나 10대들은 CD를 힐끗 쳐다보고선 빈손으로 회의실을 나가 버렸다. 이 회사의 관계자는 나중에 이코노미스트 지 기자에게 당시를 이렇게 회상했다. "그때 끝장났다는 걸 알게 됐죠."

1990년대 후반, 'MP3 혁명'이 십대들의 이어폰을 장악한 이래로 음반업계는 난관에 봉착해 있었다. 디지털 버전의 음악이 생기면서, 즉 인터넷을 통해 노래를 무료로 들을 수 있는 방법이 나타나자, 음반 업계의 종식이 예견되기 시작했던 것이다.

문제는 이렇듯 분명한 변화를 음반 업계의 고위층들만 인식하지 못했다는 사실이다. 그들은 변화된 상황에 적응하기 위해 디지털 판매 위주로 음반 비즈니스를 재편하는 대신, 캠페인과 소송으로 고객들을 공격했다.

디지털 음악은 2001년부터 음반 업계의 매출에 영향을 미치기 시작했다. 이때부터 디지털 음악을 거래하려는 사람들을 대상으로 브로커처럼 활동하는 온라인 서비스업체들이 속속 생겨났다는 점에서 쉽게 유추해 볼 수 있다. 카자와 라임와이어(Kazaa and Limewire) 같은 온라인 서비스 회사들이 처음 생겼을 때는 디지털 음악이 CD 판매량에 별다른 영향을 미치지 않는 것 같았다. 하지만 2002년, 음반 업계의 연 매출은 전년도 매출액인 130억 달러에서 110억 달러로 급감했다. 음반 업계가 본격적으로 발달하기 시작한 이래, 이와 같은 매출 폭락은 처음 있는 일이었다. 업계 관계자들은 함께 대응해야 할 때라는 판단을 내리고는, '미국레코드협회'라는 대표 단체를 만들어 온라인 음원 거래자들을 추적하고 소송을 걸기 시작했다.

법률적으로, 이 전략은 승산이 있는 것처럼 보였다. 소비자가 디지털 저작권이 있는 음악을 MP3로 변환해 인터넷에 올리면, 그들이 CD를 구입했을 때 이미 효력이 발생한 계약 조건을 공식적으로 어긴 셈이기 때문이었다. 그러나 그들은 곧 자신들의 가장 소중한 자산을 공격하고 있다는 사실을 자각했다. 바로 고객들과의 관계였다. 10대들은 범죄혐의로 기소되어 법정으로 끌려와서도, 자신들이 범죄를 저질렀다는 사실조차 모르고 있었다. 노인들과 학교의 행정 직원들은 누군가 자신도 모르게 받아 놓은 음악 파일들 때문에, 수만 달러의 벌금을 물어야 했다. 곧 음악 팬들의 마음속에서 음반 업계는 엔터테인먼트 서비스의 제공자가 아니라 소송에 미친 수전노가 되어 있었다. 시민단체들과 자체 조직된 불매운동단체가 잇달아 생겨나, 피고인들을 옹호하고 음반 업계를 비난했다.

설상가상으로 음반 회사는 더 심각한 문제에 직면했다. 소송 전략이 매출로 연결되지 않는다는 것이었다. 디지털 음원 다운로드는 계속 늘어나는 데 비해 CD 판매량은 급락하고 있었다. 음반 업계는 소송 공격을 병행하면서도, 어쩔 수 없이 온라인 판매 방식을 받아들여야 했다. 애플의 아이튠즈 서비스를 통해 한 곡당 99센트에 음악을 판매하도록 허가한 것이다. 이때 음악 파일을 DRM(디지털 저작권 관리) 소프트웨어로 인코딩해야 한다는 조건이 따랐다. 이용자들이 다른 기기에서는 음악을 들을 수 없도록 제한하기 위함이었다. 그럼에도 불구하고 음악 팬들은 열광적인 반응을 보였고, 아이튠즈는 크게 성공했다. 그러나 이미 급락한 CD 매출을 메울 수는 없었다. DRM이 불필요하다고 생각하는 이용자들이 너무나 많았기 때문이었다.

2007년이 되어서야 음반 업계는 완전히 두 손을 들게 되었다. 그리고 그 해 말, 5대 음반 회사는 DRM이 없는 음악을 온라인으로 판매하는 데 동의했다. 2008년 2월이 채 지나가기도 전에, 이런 전략적 전환이 옳았다는 사실이 밝혀졌다. 다운로드를 통해 음악을 구매하는 경우가 더욱 늘어났기 때문이다. 지금도 CD 판매량은 계속 하향세이다. 그러나 한때 합법적인 음원 다운로드는 매해 평균 50%씩 상승했을 정도로 폭발적이었다.

지금은 음악 소비자와 음반 회사 간의 이해관계가 어느 정도 맞아 떨어지고 있는 상황이다. 물론 음반 업계가 이전의 매출을 회복하기는 앞으로도 힘들 것이다. 정당하게 가격을 지불하는 대신 해적판을 다운 받으려는 사람들은 언제나 있기 마련이기 때문이다. 하지만 최소한 음반 업계의 존속은 가능하다. 좀 더 시간을 끌었더라면, 음반 산업 전체가 그냥 사라져버렸을지도 모른다. CD 판매 산업이 그렇다. 오늘날 미국에 남아있는 CD 판매점은 2000년도에 비해 5분의 1도 채 되지 않는다.

그렇다면 그들은 결국 어떤 손해를 입은 것일까? 음반 업계는 문제가 발생하기 시작하자, DRM이 걸려있는 음원만을 판매하는 동시에 자신의 우수 고객들을 고소하는 쪽을 택했다. 변화에 대응해 앞으로 전진하기보다는 뒤를 겨냥해 싸운 것이다. 이로 인해 그들은 엄청난 자원을 써야만 했으며(변호사 비용 등) 집중력도 흐트러졌다. 무엇보다 업계와 충성도가 높은 고객들 사이에 불신의 벽이 생겼다. 고객의 신뢰와 충성도가 사라진 것이다. 할머니들과 13살짜리 청소년들에게 소송을 거는 집단에게 누가 애정을 느끼겠는가.

갈대 바닷가에서 전투를 주장했던 히브리인들처럼, 음반 업계도 전진하여 좀 더 창의적인 방법을 찾기보다는 뒤돌아 싸울 궁리를 먼저 했다. 수천 명을 고소하고, 변호사 비용만 수백만 달러를 낭비했다. 그럼에도 그들은 전쟁에서 이기지 못했고, 그토록 강하게 거부해오던 선택을 마지 못해 해야만 했다. DRM이 적용되지 않은 디지털 음원을 판매하지 않을 수 없게 된 것이었다. 이 과정에서 그들은 자원을 낭비했고 고객의 신망도 잃었다. MP3의 여명이 밝아오던 시기에, 음악 팬들과 새로운 사회적 계약을 맺을 수 있는 기회도 걷어차 버린 것이다.

| 비즈니스를 위한 통찰 |
싸움에는 에너지가 소비된다. 이 에너지는 다른 곳에 훨씬 생산적으로

쓰일 수도 있다는 사실을 명심하라. 대부분의 싸움은 곧 퇴보이므로, 전진하는 데 집중하라.

| 인생을 위한 통찰 |

사실 대부분의 사람들은, 싸움이 생각하는 바와는 정반대의 결과를 만들 것임을 이미 알고 있다. 그럼에도 불구하고 그들이 멈출 수 없는 이유는 두려움 때문이다. 상대방이 10대 자녀이건, 배우자이건, 상사이건 간에 싸움은 신중하게 걸어야 한다. 어떤 경우이건 '두려움 때문에' 싸우고 싶은 충동이 든다면, 먼저 가만히 기다려 보라.

후퇴

바닷가에 선 히브리인들에게로 돌아가 보자. 상황이 위급한 만큼, 노예 생활로 돌아가자는 주장이 가장 합리적일 수도 있다. 그들은 노예의 삶이 비참하긴 하지만, 목숨을 부지할 수는 있으니 괜찮다고 생각했다. 적어도 삶이 지속된다는 데 의의를 둔 것이다. 상상도 하기 힘든 먼 길을 걸어왔음에도 불구하고, 이전 상태로 되돌아가자는 이 제안은 꽤 호소력 있게 들린다.

모세는 이 점을 분명히 이해했고, 그들을 비난하지 않았다. 그들에게도 고귀하고 용감한 마음이 있었을 테지만, 이를 교묘하게 이용하려 들지도 않았다. 사실 그런 식으로 조종하고 있을 시간조차 없었다. 또한 모든 것이 환상이라는 식의 설득도 하지 않았다. 신발 굽으로 바닥을 세 번 치고 눈을 감으면 적이 사라지고 없을 것이라는 허무맹랑한 말로 속이지도 않았다는 이야기이다.

대신 모세는 그들이 상황을 있는 그대로 받아들이고, 다른 선택을 할 수 있도록 희망적인 그림을 제시했다. "너희가 오늘 본 이집트인들을 영원히 다시 보지 아니하리라."라고 말한 것이다. 이집트인들이 점점 거리를 좁혀 오고 있는 것이 현실이라는 뜻이었다. 그러나 이집트로 다시 돌아가 노예 생활을 한다는 것은 적절한 대응이 아니었다. 때문에 그는 "너희는 지금 그들을 실제보다 더 부풀려 생각하고 있다. 따라서 너희의 두려움은 과장된 것이다."라고 돌려 이야기했다. 두려움 때문에 위협을 실제보다 더 크게 받아들이고 있다고 경고한 것이다.

우리는 두려움에 직면하기보다는, 익숙한 상태로 되돌아가려 하는 경향이 있다. 겪어보지 않은 위협은 실제보다 더 커 보이기 마련이다. 그러나 모세는 다시 한 번 영원불변한 지혜를 전한다. 두려움이 모든 위협을 과장한다는 사실이다. 이런 모세의 지혜를 깨닫기만 하면, 당신은 확신을 갖고 전진할 수 있다. 당신의 미래는 더 나은 잠재력으로 충만하다. 또한 과거는 망각 속으로 저물어 갈 것이 분명하다. 다시 한 번 강조하지만 상황이 힘들다고 느껴지면, 두려움으로 인해 눈앞의 위협이 실제보다 커 보인다는 사실에 주의하라. 익숙한 상태로 되돌아가려 하지 말라. 처음 떠날 때 냈던 용기를 기억하고, 신념을 갖고 계속 전진하라.

이집트로 되돌아가야 한다는 생각 때문에 히브리인들은 사명을 잊었다. 고향을 향한 전진을 멈추었다는 점이 어떤 의미를 갖는지 기억해야 한다.

여기서 주의해야 점이 있다. 역경을 이겨내고 전진해야 한다는 신념이 결코 맹목적이어서는 안 된다. '전진을 위한 전진'은 지양해야 한다는 뜻이다. 대신 어떤 선택이 전진인지를 현명하게 생각해야 한다. 히브리인들은 모세의 명령이 있었기에 '바다로 걸어 들어가는 것'이 전진임을 알았다. 안타깝지만 당신에게는 당신을 이끌어 줄 모세가 없다. 그렇기 때문에 상황에 대한 적절한 이해를 바탕으로, 현실적인 정보와 지식에 근거해 결정을 내려야 한다. 맹목적 신념에 근거한 전진은 실질적으로는 후퇴하는 결과를 낳을 수도 있다.

제너럴 모터스(General Motors): 오늘도 어제와 똑같이

제너럴 모터스(GM)가 2006년, 신제품 라인업을 발표했을 때 디트로이트 모터쇼 참석자들은 그다지 놀라워하지 않았다. SUV는 더 육중해지고, 픽업트럭은 더 커지고, 소형차 비중은 더 줄어들었을 것이 뻔했고, 실제로도 그랬기 때문이다. GM은 SUV 열풍 덕에 5년간 기록적인 판매고를 세웠고, 그 기세가 수그러들 조짐조차 없던 상황이었다.

그러나 2007년, 수직 상승한 유가는 이전 수준으로 돌아갈 기미가 전혀 보이지 않았다. 그리고 그 점을 GM의 경영진들에게 아무도 일깨워 주지 않았다. 1년 후, 자동차 산업 사상 처음으로 판매 규모에서 일본의 토요타가 GM을 따라 잡았다. 언제나 최강자였던 그들은 더 이상 세계에서 가장 큰 자동차 회사가 아니었다.

토요타는 현재의 문제에 집중함으로써 성공했다. 토요타의 제품이 GM보다 훨씬 연비가 좋았던 것이다. 그들은 GM처럼 SUV를 주종목으로 미는 대신, 대표상품인 '프리우스'에 주력했다. 프리우스는 전기와 휘발유를 혼용하는 혁신적인 하이브리드 자동차로, 갤런(3.8L)당 60마일(96km)을 달릴 수 있는 차였다.

오늘날 전문가들은 GM의 근시안적 시각에 대해 비판하지만, 사실 그들이 잘못된 전략을 고수한 데에는 두려움이라는 요인이 가장 크게 작용했다. GM의 경영진들은 익숙한 자리에 머무르는 데 만족했고, 새로운 시도나 SUV 판매 전략에 의문을 제기하는 것은 두려워했다. 앞으로 나아가기보다는 지난해 매출액에 만족하기로 한 것이다. 이런 전략 때문에 그들은 내년 매출도 같은 양상을 보일 것이라는 그릇된 예측을 하고 말았다. 하지만 현실은 달랐고, 결과적으로 GM은 매출 부진에 시달렸다.

토요타는 모세의 조언처럼 행동했다. GM을 곁눈질해 따라가려고도, 익숙하고 편한 상황으로 되돌아가려고 하지도 않았다. 대신 지금 요구되는 일을 하고, 혁신에 대한 확신을 가졌다. 토요타는 앞으로 나아갈 수 있다는 자신감에 차 있었던 것이다.

무언가 행동을 해야만 할 때임에도 불구하고, 두려움 때문에 어떤 상황을 '무대응'으로 일관하게 되는 경우가 많다. 부적절한 대응에 못지않게 기업이 자주 저지르는 실수 중 하나이다. 경험은 훌륭한 자산이다. 그러나 비즈니스나 인생에서는 익숙함이 언제나 옳은 것은 아니다.

| 비즈니스를 위한 통찰 |
익숙하지 않은 상황이 닥쳤을 때, 두려운 마음은 상황을 실제보다 더 불길하게 느껴지도록 만든다. 이럴 때 과거의 전략을 고수하면, 비즈니스는 타격을 입을 수 있다. 세상은 늘 변하고 있다. 어제보다는 오늘과 내일을 경영하라.

| 인생을 위한 통찰 |
언제나 과거가 아닌 미래를 마주하라. 이미 정복한 과거의 적들을 두려워할 필요는 없다.

학습된 무기력

갈대 바다 앞에 선 네 번째 히브리인 무리는 신에게 지켜 달라는 기도를 드려야 한다고 주장했다. 이 전략이 가장 효과적이라고 생각한 것도 당연했다. 그들은 이집트에서 일어난 기적을 수 없이 많이 겪은 이들이기 때문이었다. 역사를 통틀어 봐도 그들처럼 신의 기적을 여러 번 목격한 사람들은 없을 것이다. 그러니 신에게 기도를 올리는 것은 그들에게 매우 적절한 선택처럼 보였다.

그러나 모세는 이 무리들도 꾸짖으며, "가만히 있으라."고 말했다. 사실 예언자가 사람들에게 기도하지 말라고 말하는 경우는 흔치 않다. 그러나 모세의 명령에는 이유가 있었다. 행동을 취해야 할 때가 왔기 때문이었다. 히브리인들은 바닷물로 걸어 들어가야 했다. 신이 그들의 다리를 움직여 바다 속으로 걸어 들어가게 하지는 않을 터였다. 모세 역시 사람들을 한 명씩 바다 속으로 던져 넣을 수도 없는 노릇이었다. 모든 히브리인들에게는 각자, 그리고 직접 행동해야 할 책임이 있었다.

반면 기도는 개인적인 차원의 자기성찰이다. 신과의 개별적인 교류인 것이다. 그런데 힘들 때 하는 기도는 스스로 행동하는 대신 다른 무언가에 전적으로 기대려는 행동이라고 할 수 있다. 히브리인들에게 그 '무언가'는 신이었다.

사람들은 여러 가지 이유로 기도를 드린다. 신의 은총을 빌기 위해, 혹은 감사드리기 위해, 또 신에게 무언가를 요구하기 위해 등 아주 다양하다. 그러나 신은 우리가 아무런 행동도 하지 않으면서 기도만 하기를 바라지는 않는다. 바라는 바를 이루기 위해서는 기도를 하는 것만큼이나 실질적으로 몸을 움직이는 것이 중요하다. 때문에 모세는 두려움 때문에 행동할 의지는 상실한 채, 기도만 하는 행동은 아무런 의미가 없다고 말하는 것이다. 당신이 살아 있는 한 당신은 행동할 수도, 변화를 만들 수도 있다. 그러나 기적을 바라고만 있으면 해결되는 일은 아무것도 없다. 모든 상황에는 해결책이 있다는 사실을 명심하라. 문제가 해결되길 바라며 기도하는 것은 전적으로 옳지만, 행동으로 상황을 개선하려는 의지가 없다면 기도는 받아들여지지 않는다.

두려움 때문에, 우리는 스스로 해결할 수 있는 일이 아무것도 없다고 느끼기도 한다. 그래서 다른 이들에게 대신 행동해 달라고 요구한다. 히브리인들이 행동할 책임을 남에게, 즉 신에게 미루고자 했던 것도 놀랄 일은 아니다. 얼마 전까지만 하더라도 그들은 노예였고, 어떠한 결정권도 가지지 못했다. 체벌과 언어폭력도 지속적으로 당해 왔을 것이다. 태어나고 자라 갈대 바다 앞에 설 때까지, 그들의 인생은 쭉 그런 식이었다.

다른 이들에게 의지하려는 충동을 심리학에서는 '학습된 무기력'

이라는 용어로 설명한다. 자신의 삶에 결정권이 없거나, 지속적으로 학대를 겪은 사람들은 위기가 닥쳤을 때, 몸을 웅크리고 포기하는 경향이 있다. 그러나 이런 경향이 노예 생활을 경험한 사람들에게만 보이는 것은 아니다. 우리들 역시 직장에서, 사회생활을 하면서, 혹은 일상생활 속에서 부당한 상황을 겪게 된다. 이런 고통을 견뎌내기 위해 우리는 자꾸만 마음을 닫게 된다.

이런 식의 상황이 반복되면 인생은 끝없는 고통 같이 느껴질 것이다. 고통을 겪는 것보다 마음을 닫는 편이 쉬워 보일 수도 있다. 그러나, 사실 후자는 공포에 항복하는 또 다른 방법일 뿐이다. 모세의 말이 우리에게 던지는 메시지는 바로 다른 사람에게 결정권을 넘기고픈 충동과 싸우라는 뜻이다. 두려움을 직면하고 행동하라. 일단 책임을 지고 앞으로 한 걸음 나가면, 다른 이들도 당신을 돕기 시작할 것이다.

모세는 두려움 때문에 인생을 운명이나 신의 손에 맡기지 말라고 경고하고 있다. 심오한 지혜가 아닐 수 없다. 두려운 상황에서 첫 걸음을 떼야 하는 건 언제나 우리 자신이다. 우리가 먼저 움직여야 한다. 그래야만 도움을 받을 수 있다. 그리고 당신이 생각지도 못했던 기적이 일어날 것이다.

크레이머 앤 버코비츠(Cramer, Berkowitz, & Co.): 항복을 거부
하다

1998년 10월 8일, 짐 크레이머(Jim Cramer)는 아주 어려운 상황
에 처했다. 폭락하는 주식시장 때문에, 파트너인 제프 버코비츠(Jeff
Berkowitz)와 함께 경영하던 헤지펀드의 가치 역시 하락하고 있었다.
게다가 성난 투자자들은 돈을 돌려달라고 아우성이었다.

CNBC의 주식 분석 프로그램인 '매드 머니' 출연으로 지금은 유
명 방송인이 되었지만, 당시 크레이머는 엄청나게 성공한 헤지펀
드 매니저였다. 15년간 그의 펀드는 연 평균 24%의 성장세를 보였
다. 그는 변동성이 큰 주식들을 이용해, 하루에도 몇 번씩 사들였다
파는 방식으로 큰 수익을 얻었다. 오를 것 같은 주식은 사서 팔았고,
떨어질 것 같은 주식은 공매(주식이나 채권을 가지고 있지 않은 상태에서
매도주문을 내는 것. 약세장이 예상되는 경우 시세차익을 노리는 투자자가 활용
하는 방식)도 했다. 주식 시장에 대한 방대한 지식에 힘입어 그는 매
일 막대한 금액을 벌어 들였다. 1998년, 그가 관리하던 펀드는 5억
달러 규모로 성장해 있었다.

그러나 1998년 여름, 판단착오가 이어지면서 그의 포트폴리오는
마이너스 수익률로 곤두박질 치기 시작했다. 주식 거래를 시작한
이래 처음 겪는 일이었다. 이후 '롱텀 캐피탈 매니지먼트'라는 헤지

펀드 역시 파산했고, 전체 채권 시장이 벼랑 끝으로 내몰렸다. 국제 부채 위기가 밀어 닥쳤고, 그가 관리하던 주식은 두 자리 수의 손실률을 기록하며 미끄러졌다. 그 해 10월 기준, 그의 펀드는 38%까지 하락했다.

평상시라면 크레이머는 두 달 안에 일을 바로잡았을 것이다. 그가 운영하던 회사의 내부 규정에 따라, 그 해 말까지는 실적을 보고할 필요가 없었기 때문이다. 게다가 투자자들도 자금을 회수하려면 그 해 말까지는 기다려야 한다는 사실을 알고 있었다.

그러나 그에게 예년과는 전혀 다른 상황이 펼쳐지고 있었다. 투자금 회수를 요구하는 투자자를 달래기 위해 10월 8일, 크레이머의 회사는 한시적으로나마 예외적인 펀드 인출을 허용했다. 투자자들이 원할 경우, 자금을 회수해 갈 수 있도록 한 것이다. 크레이머가 특별 상환에 동의했을 당시에는 시장이 어느 정도 순조롭게 돌아가고 있었고, 투자자들도 그를 불신하지 않았다. 그러나 외채 위기의 정점에 이르자 월스트리트에는 그의 펀드가 파산할 것이라는 소문이 나돌기 시작했다.

8일 아침, 마침내 크레이머에게 위기가 닥쳤다. 투자자들이 자신들의 투자금을 당일 저녁까지 현금으로 돌려달라고 요구해 왔기 때문이다. 하지만 그가 보유한 주식들은 급락하고 있었다. 포트폴리오의 가치를 회복해 투자자들에게 돌려 줄 수 있을 만큼의 현금을 마련할 시간은 단 하루밖에 남지 않았다.

급박한 상황 때문에, 부인인 카렌 크레이머도 주식 거래 업무로 복귀했다. 크레이머는 부인을 '주식 거래의 여신'이라고 불렀다. 1980년대에 자신에게 증권 업무를 처음 가르쳐 준 장본인이었기 때문이었다. 그녀가 딸의 양육을 위해 은퇴할 무렵까지, 그들은 10여 년 이상을 함께 일했다. 그러나 그녀는 6년 이상 주식 거래에서 손을 떼고 있던 상태였다.

그 날 아침 주식시장은 지난 몇 주와 비슷한 동향을 보이며 출발했다. 하락세였다. 투자자들은 실물 경제 침체가 임박했다는 소식에 미리부터 겁을 집어 먹고 있었다. 그들은 가격에 개의치 않고 자신이 가진 모든 것을, 팔 수 있는 한 다 팔아 치우고 있었다. 오전 시간이 거의 다 지나갈 무렵, 크레이머 역시 이제 다 끝나버렸다는 두려움에 사로잡혀 주식을 팔기 시작했다. 얼마가 됐건, 조금이라도 벌어서 당일 저녁의 마감 시한을 지켜야만 했다.

부인인 카렌은 남편을 말렸다. 그리고 그녀는 주식 시세표를 지켜보다가, 엄청난 수익을 올리는 건실한 회사의 주가가 믿을 수 없을 정도로 싸다는 사실을 발견하고 깜짝 놀랐다. 그녀는 크레이머 펀드의 트레이더들에게 오히려 주식을 사라고 지시했다. 하지만 그녀의 남편은 더 이상 견딜 수 없었다. 그는 아내의 말을 듣지 않고, 트레이더들에게 자신이 보유하고 있는 주식 중 5,000주를 매도하라고 지시했다. 그리고 이 지시를 1분에 한 번씩 반복했다. "계속 해요, 다 팔아버려요."

12년간이나 능수능란하게 펀드를 운영해 온 짐 크레이머가 두 손을 들어 버린 날이었다. 한때 시장을 쥐락펴락하며 월스트리트의 총아로 불리던 크레이머가 주식시장의 추락에 굴복하고 만 것이다. 그는 방으로 돌아가 문을 닫고, 실시간으로 증시 정보를 제공해 주는 사이트에 올릴 글을 쓰기 시작했다. 이제 다 포기하고 보유주식을 팔 때가 왔다는 내용이었다. 마침내 올 것이 왔으며, 1998년 10월 8일은 1929년의 주식시장 붕괴 못지않은 끔찍한 날이라고도 썼다. 그는 당시 69년 전 뉴욕의 고층빌딩에서 뛰어내려 자살했던 증권 중개인들이 생각났다고 회상한다. 그리고 처음으로 그들의 심정을 이해하게 되었다고도 이야기했다.

그러다 TV 화면이 그의 눈을 사로잡았다. 연방준비위원회가 증권시장 구제를 위해 기준금리를 인하할지도 모른다는 내용이었다. 다우지수가 갑자기 급반등하기 시작했다. 순식간에 20포인트가 올랐다. 크레이머는 사무실에서 나와 트레이딩 룸으로 돌아갔다. 트레이더들이 곳곳에서 매수 주문을 받고 있었다. 다우지수는 계속 올랐다.

크레이머와 부인은 재빨리 매도 주문을 취소하고, 주식을 사들이기 시작했다. 보유주식의 가격이 오르기 시작했으니, 자금을 융통해서 투자자들의 돈을 돌려줄 수도 있게 됐다. 10월 8일은 주식시장 추락의 절대 마지노선이었던 것이다. 부인 카렌 크레이머가 옳았다. 그리고 짐 크레이머는 틀렸다. 완전히 틀렸다.

몇 년 후, 그는 회고록《한 월가 중독자의 고백》을 통해 그날의 사건을 이야기했다. 그날, 아내 카렌에게는 시장이 반등할 것이란 확신이 있었다. 그녀의 너무도 자신만만한 모습에, 그는 이유를 물었다고 한다. "시장이 바닥을 치고 올라갈걸 어떻게 확신했지?" 크레이머가 회고한 바에 따르면 그녀의 대답은 다음과 같다.

"시장이 바닥을 치면, 대범하고 산전수전 다 겪은 프로들도 당황하지. 바닥을 칠 때는 강심장들도 결국 포기하게 된다고. 바닥은 항복할 수 있는 마지막 기회거든." 그녀는 자신이 지금 누구 얘기를 하고 있는지 알아차리길 바라는 것처럼 잠시 기다렸다가 말을 끝마쳤다. "바닥을 쳤을 때 당신은 항복했던 거야. 포기한 거라고……."

그 후 두 달간, 크레이머 앤 버코비츠는 계속해서 시장의 상승세를 탔다. 그리고 그 해 말, 크레이머가 운영하는 펀드는 최종적으로 연간수익률 2%를 기록했다. 특히 당시 펀드를 그대로 유지했던 투자자들은 그 후에도 2년간 200%의 가치상승을 누렸다고 한다.

짐 크레이머는 운이 좋았다. 아내를 주식 거래 파트의 책임자로 앉혔던 덕분이다. 잠시 동안, 그는 아내의 말을 무시하고 포기해 버리기도 했다. 모든 희망을 버리고 운명에 그 자신을 내맡겨 버렸다.

그러나 크레이머는 아내에게 항복할 때라는 건 없다는 사실을 배웠다. 오랫동안 '월스트리트에서 가장 명석한 남자'로 불리던 크레이머도 몰랐던 지혜였다.

뒤에는 이집트 군이, 앞에는 바다가 막고 있는 상황에서, 세상은 끝장날 것처럼 보였을지도 모른다. 그때 모세가 고대 히브리인들에게 전해주었던 생각을 카렌은 내면화하고 있었다. 포기하거나 운명에 기대지 말고 전진하라.

2년 후, 짐 크레이머는 가족과 더 많은 시간을 보내기 위해 금융계를 떠났다. 그리고 그 후, 언론인으로서 제2의 인생을 시작해 성공을 거두고 있다. 이제는 금융인이 아닌 언론인으로 새 삶을 살고 있는 그는 여전히 인생에서 가장 중요한 교훈을 배운 날은 1998년 10월 8일이라고 말한다. 운명의 변덕 때문에 당신의 비즈니스를 포기하지 마라. 절대로.

| 비즈니스를 위한 통찰 |
훌륭한 비즈니스맨은 절대 자신의 비즈니스를 운명에 그냥 내맡겨 버리지 않는다. 시장, 외환 딜러들, 중국 수입품 같이 눈에 보이지 않는 힘을 탓하는 순간, 당신은 포기하는 것이다.

| 인생을 위한 통찰 |

당신은 스스로 행동해야 할 책임이 있다. 다른 사람들의 조언을 들을 수는 있다. 하지만 당신이 스스로 해야 할 일을 타인이나 신이 대신해 주지는 않는다. 아무리 절실히 신이나 타인을 믿어도, 스스로 돕지 않는 한 그들은 당신을 돕지 않을 것이다.

chapter 2

전진하라!

모세의 말은 듣고 히브리인들은 딜레마에 빠졌다. 그가 내린 명령은 간단했다. "전진하라!" 그 명령에 따르는 것도 간단했다. 그냥 바닷물 속으로 걸어 들어가면 되는 일이었다. 그러나 그들의 두려움은 이건 좋은 생각이 아니라며 발목을 잡고 있었다. 그들의 본능은 명령을 그대로 따르면 익사할 것이라고, 그러므로 명령을 따르는 대신 두려움에 굴복하라고 말하고 있었다.

히브리인들이 기적을 맞이한 것은 두려움을 극복한 바로 그때였다. 굴복해 버리고 싶은 마음은 두려움에서 나오며, 그 두려움 때문에 위협도 실제보다 더 커 보인다는 사실을, 그들은 마침내 깨달았다. 그렇기 때문에 맞서 싸우고 싶은 충동을 이겨내고, 체념하고 싶은 마음도 다잡으며 앞으로 나아가기 시작했다. 익숙한 곳으로 돌아가기보다는 가보지 않은 곳을 향하기로 한 것이다. '신과 모세는 믿어도 된다'는 굳건한 신념을 갖고, 그들은 바다 속으로 직진해 들어갔다.

첫 걸음을 떼기란 무척이나 어려웠을 것이다. 그러나 그들은 엄습하는 무력감과 싸우며 자신들의 발을 바닷물 속으로 던져넣었다. 그 다음에 벌어진 일은 모두 알고 있을 것이다. 바다가 갈라지는 기적이 일어났다. 어떤 이들은 갈대 바다가 갈라지는 건 불가능하다며 이 이야기를 부정한다. 밝혀지지 않은 과학적 이유가 있었을 것이라는 주장도 있다. 하지만 이런 논쟁은 그다지 생산적이라 할 수 없다. 핵심을 놓치고 있기 때문이다. 중요한 것은 히브리인들이 두려움을 극복하고 바다로 걸어 들어갔다는 사실 그 자체이다. 그들의 맥박은 미친 듯이 뛰었을 것이다. 근육도 뻣뻣하게 굳어 갔을 테고, 무서운 마음에 몸이 뒤로 밀리는 기분이 들었을지도 모른다. 생각지 못한 기회가 열린 것은 그때였다. 히브리인들이 느꼈을 엄청난 공포와 이들이 택한 올바른 대응 방법이 토라와 주석서에 잘 묘사되어 있다. 그 덕분에 히브리인들의 행동은 어느 때든, 어디서건, 그리고 누구라도 따라 해 볼 만한 본보기가 되었다.

| 비즈니스를 위한 통찰 |
어떤 의사 결정도 두려움이 그 바탕이 되면 안 된다. 막연한 두려움에

반응하지 말고 위험 분석을 통해, 어떤 위험이 도사리고 있는지를 정확하게 계산해 보라. 당신이 두려움을 직면하고 앞으로 나아가야만, 기적 같은 일이 벌어진다.

| 인생을 위한 통찰 |

일단 행동을 취하면 생각이 달라진다. 한 발 전진해서 해야 할 일을 시작하면, 극복할 수 없을 것 같았던 어려움도 그리 대단해 보이지 않을 것이다.

명상 | MEDITATION

제1부에서는 큰 변화가 필요할 때나 익숙하지 않은 영역을 헤쳐 나갈 때 느끼는 두려움과 맞서는 법을 중점적으로 다뤘다. 첫째, 당신과 당신의 비즈니스가 나갈 방향을 정하고, 그 과정을 어떤 두려움이 가로막고 있는지를 생각해 보라. 그리고 자신의 반응이 네 가지 공포 즉, 자기 태업, 싸움, 후퇴, 학습된 무기력 중 어디에 속하는지를 살펴보라. 당신이 두려움 때문에 어떤 행동을 하기 직전이라면, 마음속 모세를 찾아라. 그리고 그라면 어떤 답을 주었을지 스스로에게 물어 보라. 답이 생각나면, 다시 한 번 명상하면서 숙고해야 한다. 다음으로 모세의 답을 두 번 세 번 재해석해 보라. 이 책의 마지막 부분에 소개하는 명상법을 이용해서 곰곰이 생각해 보면 곧 당신에게 필요한, 가장 현명한 답을 얻을 수 있을 것이다.

Part 2

의지를
막아서는 것은 없다:
비즈니스 성공을 위한
의지력 발휘

인간의 의지를
막아서는 것은 없다.

Nothing stands in the way of a person's will.

- 더 미스틱스(미국의 록밴드)

동기부여는 단순히 성공에 필요한 요소 정도가 아니라. 성공의 전제 조건이다. 동기부여가 없다면 실패는 이미 정해진 것이나 다름없다. 그런데 현대의 사람들은 어떤 방식으로 스스로에게 동기부여를 하고 있을까? 대개는 "열심히 일하고 인내하라, 노력하면 다 된다."처럼 진부한 표현들뿐이다. 이런 격언들이 분명 거짓은 아니다. 그러나 우리는 이런 격언이 통하지 않았던 순간을 또한 기억하고 있다. 일단 성공 가능성이 높다고 판단되는 비즈니스를 시작했다면 자발적으로 행동해야 한다. 단순한 결심과 인내로는 턱없이 부족하다. 목표에 도달하기 위해선 '무언가 다른 것'이 필요하다. 바로 열정이다.

토라에 따르면, 이 '무언가 다른 것'은 어렵지 않게 찾을 수 있다. 이미 당신 안에 있기 때문이다. 유대 신비주의자들은 이를 '내부 의지' 혹은 '진정한 자아'라고 말한다. 이것은 외부에 있는 것이 아니라 '외부 의지'에 둘러싸여 있다. 진정한 자아는 외부 의지에 가려져 있는 경우가 많다는 이야기이다.

당신이 자신에게 내재된 의지를 발견하는 그 순간부터, 당신은 앞에서 말한 격언들처럼 모든 것을 열심히 할 수 있게 된다. 열정, 동기부여, 성공은 그 후에 자연스럽게 따라온다.

일단 당신의 진정한 자아를 찾아라. 물론 말처럼 쉽지는 않을 것이다. 진정한 자아를 찾기 위해서는 부단한 노력이 필요하다. 하지만 진정한 자아는 가장 가까운 곳에 있다는 사실을 기억해야 한다.

이런 말을 하면 대부분의 사람들은 놀라곤 한다. 우리는 일단 하나의 직업을 택하면, 그것을 쭉 고수해야 한다고 배워 왔다. 하지만 진정한 자아와 직업 선택이 맞물리지 않으면, 안타깝게도 중년의 위기로 이어지기 마련이다. 스포츠카, 모터보트, 대저택 등 어느 것도 이 공허함을 채우지 못한다.

토라의 철학은 자신의 진정한 자아를 찾고 있는 사람에게 그 방법을 제시한다. 일단 자신의 진정한 자아를 발견하면, 끝없는 동기부여가 이루어진다. 또 비즈니스 활동이건, 일상생활이건 간에 성취하고자 하는 목표가 생기기 때문에 그것을 이룰 때까지 지속되는 열정도 함께 생긴다. 이런 열정과 내재된 의지를 찾고자 한다면, 지금 당신이 처한 상황을 맨 처음부터 되짚어 봐야 한다.

chapter 1

두 가지 신성한 욕구:
내부 의지와 외부 의지

토라의 가장 첫 문장은 창세기 1장인 "태초에 신이 천지를 창조하시니라."이다. 여기서 우리는 '왜 그랬을까?'라는 질문을 하지 않을 수 없다. 이 질문에 답하기 위해 율법학자들은 신의 행동, 말, 천지창조 이야기를 분석했다. 그리고 이 과정에서 '내부 의지'와 '외부 의지'의 개념을 발견하고, 발전시키게 되었다.

천지창조 과정은 토라에 자세히 묘사되어 있다. 하지만 신이 왜 세상을 창조했는지에 대해서는 설명되어 있지 않다. "신이 권력을 원해 세상을 창조했다."라는 언급도, "외로워서 세상을 창조했다."라는 설명도 없다. 그러나 인간은 답을 갈망한다. 신은 도대체 왜 우리를 만들기로 작정했을까?

토라의 신비주의적 교리에 따르면 신이 세상을 창조하게 된 이유에는 크게 두 가지가 있다. 하나는 내부 의지이고, 다른 하나는 외부 의지이다. 외부 의지는 '우리가 해야 할 행동'이라고 설명할 수 있다. 우리의 내부 의지는 여러 가지 외부 의지를 발휘함으로써 성취가 가능하다. 그러므로 외부 의지도 의지의 핵심 부분이다. 예를 들어 사무실을 이전할 때를 생각해 보자. 내부 의지가 더 크고 널찍한 공간의 사무실을 갖는 것이라면, 외부 의지는 이에 수반되는 행동이다. 예를 들어 사무실 알아보기, 임대계약 체결, 도면 만들기, 가구 나르기 등이다.

그러므로 빛, 어둠, 물, 식물, 건조한 땅, 씨를 수확하기 위한 허브, 과일나무, 식물, 태양, 달, 생물 등 우주를 창조해낸 것은 신의 외부 의지라고 볼 수 있다. 즉, 천지 창조는 신의 외부 의지의 표현에 불과하다는 이야기이다. 신은 우주 그 자체가 아니라, 더 높고 숭고한 목적을 이루기 위해 세상의 만물을 만들 필요가 있었던 것이다.

모든 창조의 과정이 흔히 그렇듯이, 신은 외부 의지를 이용해 만물을 빚어냈다. 앞에서 말했듯 마음속에 품은 더 높은 목적을 이루기 위해서였다. 따라서 어떤 사소한 부분도 놓치지 않았다. 우주의 모든 부분은 철저한 계획에 따라, 장인의 솜씨로 빚어진 것이다. 내적인 목표를 이루는 방법이었기 때문이다. 그리고 마침내 모든 것이 완성되어 제자리를 찾았을 때, 신은 이 모든 창조 활동의 핵심이며 그의 창조물 중 가장 정교한 한 가지를 만들고자 했다. 바로 인간이다. 하지만 인간마저도 신의 외부 의지의 일부로, 단지 그의 최종 목표를 이루기 위해 창조했을 뿐이다.

신이 우주를 창조한 궁극적 목적에 대해서는 여러 가지 추측이 있다. 가장 정설로 통하는 것은 미드라쉬의 주석인데, 그 내용은 다음과 같다. 신은 신성이 존재하지 않는 곳을 생명이 있는 공간으로 바꾸고자 했고, 인류가 신의 존재를 인식하기를 바랐다. 즉 신은 인식되기를 원했기 때문에 우주를 만들었다는 이야기이다. 그 외에도 많은 해석이 있지만, 우리가 신의 뜻을 온전히 이해하기란 불가능할 것이다. 그러나 토라의 현자들은 신이 우주를 창조한 이유가 무엇이건 간에 우주의 모든 만물은 신의 외부 의지에 따라 창조되었음을 아는 것이 중요하다고 강조한다. 우주 만물의 유일한 존재 이유는 신의 숭고하고 내면적인 바람과 의지를 위한 것이라는 뜻이다.

천지창조의 과정에서 볼 수 있듯, 외부 의지도 우리의 목표 중 하나이다. 언뜻 보기에 외부 의지는 우리가 궁극적으로 성취하고자 하는 목표, 즉 내부 의지와는 직접적 연관이 없어 보인다. 그러나 우리의 외부 의지를 실천하는 것은 내부 의지의 성취와 분명히 직결되는 문제이다.

엘론 머스크(Elon Musk): 로켓맨이 되다

2006년 가을, 엘론 머스크(Elon Musk)는 태평양 어느 섬의 호텔 방에 앉아 노트북 컴퓨터로 로켓 발사 장면을 지켜보고 있었다. 수백 미터 떨어진 곳에는 열대의 뜨거운 햇살 아래 진짜 로켓이 금속 표면 위로 수증기를 피워 올리며 서 있었다. 로켓 안에는 수천 파운드의 냉동 산소가 채워져 있었다.

그가 남아프리카에 살던 어린 시절부터 늘 하고 싶었던 일이었다. 카운트다운 소리를 들으며 그는 더욱더 화면에 집중했다. 로켓은 그의 자식이나 마찬가지였다. 로켓 개발에 사재를 털어 투자했고, 설계와 제작의 정교한 과정 또한 직접 지휘했다. 이제 드디어 로켓을 발사할 시간이었다. 하지만 발사 버튼을 누를 사람은 엘런 머스크의 부하 직원이었다. 그는 이제 상황을 그저 지켜보기만 하면 됐다.

지켜보는 것은 엘론 머스크가 가진 장기가 결코 아니었다. 컴퓨터를 처음 접했을 때도, 비디오 게임 코드를 직접 프로그래밍해서 갖고 노는 게 더 재미있다는 사실을 금방 알아챘다. 성인이 될 무렵, 그의 부모는 아파르트헤이트(남아프리카의 극단적 인종차별 정책) 시대에 아들이 군대로 징병될지 모른다고 우려하며, 그를 외국으로 보냈다. 머스크는 캐나다로, 그리고 다시 미국으로 건너가 컴퓨터 공학을 공부했다.

펜실베니아대학에서 2개의 학사 학위를 취득한 머스크는 스탠포드대학원을 선택했다. 하지만 그는 그곳에서 단 이틀을 보냈다. 인터넷의 황금기를 보내며, 새로운 사업을 일으킬 만한 아이디어가 떠올랐던 것이다.

그는 집투(Zip2)라는 회사를 세워 4년 후인 1999년, 컴팩(Compaq)에 3억 7천만 달러라는 가격을 받고 매각했다. 두 번째 회사인 페이팔(Paypal)의 매각 속도는 훨씬 빨라져서 2002년, 이베이(eBay)에 15억 달러를 받고 매각했다.

머스크가 컴퓨터와 효율적인 컴퓨터 시스템 설계에 늘 매혹되어 있었던 건 사실이지만, 동시에 그는 자신의 운명이 우주와 연결되어 있다고 믿었다. 페이팔 매각 후, 그는 우주로의 여행이 실현되지 못하는 가장 큰 문제를 자신이 직접 해결하기로 마음 먹었다. 우주선을 가능한 저렴하게 대기권 밖으로 내보내는 일이었다.

1960년대부터 당시까지, 나사는 우주 공간으로 1파운드의 물체를 실어 나르는 데 늘 1만 달러 이상을 쓰고 있었다. 머스크는 이 가격을 5분의 1로 줄이는 로켓을 디자인하고 개발할 자신이 있었다. 초등학생 때부터 우주 경쟁에 뛰어들길 꿈꿔왔던 머스크는 이제 수억 달러의 자산가가 되어 있었다. 경쟁할 수단을 모두 갖춘 셈이었다.

머스크가 설립한 회사 스페이스엑스(SpaceEx)는 로켓 개발에 몇 년을 매진한 끝에, 마침내 로켓 '팔콘'을 발사할 준비를 갖췄다. 이전의 시험발사 때는 발사 직후 폭발했다. 그러나 그는 폭발을 야기한 결함을 찾아냈고, 그 경험을 토대로 다시 로켓을 제작했다. 정부 기관과 기업 관계자들이 스페이스엑스의 발사대가 있는 태평양 마샬군도의 콰젤란 환초로 모여들었다. 그 정신 나간 인터넷 거물이 이 금속덩어리를 정말 우주로 날려 보낼 수 있을지 지켜보기 위해서였다.

"5, 4, 3⋯⋯." 머스크는 컴퓨터 화면을 쳐다보았다. 로켓은 그가 남아프리카의 어린 소년일 때부터 머릿속으로 그렸던 그 모양 그대로였다. "2, 1, 발사!"

불꽃과 연기가 피어올랐고, 로켓은 청명한 푸른 하늘을 날아 시야 밖으로 빠르게 사라졌다. 계기판의 센서가 감지한 신호에 따르면 로켓은 시험 발사의 목표 지점이었던 지구의 저궤도 상공도 무사히 지나갔다.

발사는 성공적이었다. 머스크와 그의 팀은 이 발사로 우주 여행 비용을 획기적으로 낮출 수 있다는 사실을 증명했다. 수백만 달러를 쏟아 부은 끝에, 그의 회사는 우주 관련 업체 중 가장 효율적인 성과를 자랑할 수 있게 된 것이다. 엘론도, 그리고 로켓도 괜찮은 성과를 본 날이었다.

머스크에게 인터넷 비즈니스는 그의 외부 의지 중 일부였다. 우주로 불꽃을 뿜으며 날아가는 그의 내부 의지를 실현하기 위한 수단이었을 뿐이다.

당신의 내부 의지를 발견하고 싶다면 자신의 일상을 한 번 살펴보라. 당신의 평범한 하루 일과 중 당신이 정말 하고 싶은 일은 무엇이고, 그와는 관계없지만 어쩔 수 없이 하는 일은 무엇인가? 당신의 외부 의지와 관련된 일은 모두 시간 낭비라는 말을 하려는 것이 아니다. 그런 일도 당신의 내부 의지를 살리기 위해서는 꼭 필요하다. 분명 힘든 일이지만, 해야 할 일을 외면한다면 삶은 유지될 수 없다.

이 과정을 정신적 훈련이라고 생각해 보라. 당신은 매일 출장 경비 보고서를 작성하고, 동료의 이메일에 답하고, 신규 고객 확보를 위해 두세 통의 전화를 돌리고, 인터넷으로 필요한 정보를 찾고, 팀 미팅에 참석하는 등의 일상을 반복한다. 이 중 어떤 일이 당신의 내부 목표와 관련되어 있는가?

당신이 직업상 하는 일이 내부 의지와 아무 관련이 없다면? 당신의 내부 의지와 일치하는 새로운 일을 찾아나서야 한다는 신호일 확률이 높다.

당신이 꿈꾸던 일을 운명적으로 하게 될 것이라 믿지 마라. 성찰, 장기 간에 걸친 전략적 접근, 노력, 희생을 통해서 찾아내야 한다. 당신이 무 엇을 원하는지를 파악했다면 목표를 쟁취하기 위해 희생하고 노력할 준비를 하라. 결국은 해낼 것이다.

| 인생을 위한 통찰 |

당신의 내부 의지가 무엇이건, 인생이 그에 일치하고 있는지 매일 잠 깐씩은 생각해 보라. 만약 아니라는 답이 나오면 일치시킬 방법을 찾 아야 한다.

chapter 2

창업의 두 가지 욕구:
내부 의지와 외부 의지

비즈니스를 시작하는 것도 어떤 면에서는 천지창조와 비슷하다. 내부 의지와 외부 의지가 모두 필요하기 때문이다. 신의 전례를 따른다면 실패할 일은 없다. 신은 뛰어난 기업가이고, 우주는 그의 회사이다.

신과 마찬가지로 모든 사람은 기업가이다. 회사나 식당, 가게를 운영하지 않는다 하더라도, 자신이 맡고 있는 일에서만큼은 기업가가 회사를 운영하는 것처럼 최선을 다해야 한다. 비록 겉으로는 다른 사람이 당신의 운명을 좌우하는 것처럼 보인다 해도, 마지막 결정권을 쥐고 있는 사람은 결국 당신 뿐이다.

어떤 직업을 아주 작은 이유 때문에 택하는 경우는 우리 주변에서도 아주 흔하다. 대부분의 사람들은 '그냥 그때 어쩌다 취직이 돼서' 일을 시작했다고 말한다. 진심으로 원했기 때문이 아니라 그냥 기회가 닿아서 일을 하고 있다는 이야기다. 진심으로 좋아하는 분야의 일을 하거나 비즈니스를 하는 경우는 오히려 매우 드물다. 그 래서 우리는 만족감을 느끼지도, 업무에 열정을 다하지도 못하는 것이다.

내부 의지와 외부 의지는 직장에 가기 위해 차를 운전하는 일에도 비유할 수 있다. 운전하는 행위는 외부 의지이지만 직장에 도착한다는 목표는 내부 의지다. 이처럼 내부 의지를 충족하기 위해 외부 의지가 필요하다.

새로운 비즈니스를 시작하려면 구체적인 계획과 함께 시장조사, 자본금 모으기, 직원 고용, 사무실 임대, 장비 구입, 고객 유치 등 준비해야 할 것이 아주 많다. 매우 세부적인 일들이 기다리고 있기 때문에, 내부 의지를 성취하기 위한 과정이 늘 재미있다고 보긴 힘들다. 그러나 내부 의지를 실현시키는 외부 의지를 따르지 않으면, 당신은 결코 성공할 수 없다. 적절한 인프라 없이는 어떤 비즈니스도 성공할 수 없는 것과 마찬가지다. 내부 의지가 실현될 수 있는 방법은 오직 외부 의지를 통해서다. 하지만 인프라는 비즈니스가 번영할 수 있는 수단에 불과하다.

그러나 불행히도 외부 의지가 모든 것을 장악해서, 당신의 유일한 관심 대상이 되어 버리는 경우는 너무나 많다. 성공하기 위해서 우리는, 내부 의지와 열정에서 눈을 떼지 않아야 한다.

교사 초년생들 중에는 학생이 배울 수 있도록 돕는 데 보람을 느끼고, 교실에서 아이들을 가르치는 데 열정을 다하는 이들이 대부분이다. 그러나 이런 교사들도 오래 일하다 보면, 수업보다는 교무행정에 더 많은 시간을 쓰게 되는 경우가 많다. 외부 의지가 내부 의지를 추월하는 전형적인 예다. 학교의 운영과 행정은 학생을 교육하고자 하는 내부 의지를 돕기 위한 외부 의지다. 그럼에도 불구하고 교사가 행정가처럼 되면, 내부 의지는 외부 의지의 희생물로 바쳐진다. 현실적으로 좋은 행정가에게는 훌륭한 교사로서의 자질과는 다른 기술이 필요하다. 좋은 선생님을 행정 목적으로 이용하는 것은 그의 훌륭한 교육적 재능을 썩히는 일이다. 학교를 잘 운영하려면 재능 있는 교사들은 교실에 남기고, 대신 능력 있는 운영자들로 하여금 학교의 행정적 측면을 관리하도록 해야 한다.

비즈니스도 이와 다르지 않다. 성공을 위해서는 비즈니스의 핵심 목표에 일단 집중해야 한다. 바로 수익성이다. 비즈니스를 성공시키려면 회사 운영에 필요한 요소들 때문에 원래 가졌던 목표를 망각해선 안 된다. 즉 회의, 메모, 서식 작성, 전화, 이메일 같은 것들로 인해, 당신이 애초에 가졌던 열정이 사라지면 곤란하다는 뜻이다.

성공의 가장 중요한 요소는 집중이다. 우리를 목표에서 멀어지게 하는 일들은 너무나 자주 발생한다. 그로 인해 우리는 왜 이 일을 시작했는지조차 잊어버리는 경우도 많다. 외부 의지는 우리 모두에게 이런 식으로 작용한다. 목적지도 없이 동네를 운전해 돌아다니는 건 우리에게 아무런 성취감도 주지 못한다. 외부 의지 때문에 우선 순위가 달라진다면 당신은 동기와 성취감을 잃게 될 것이고, 결국은 비즈니스의 성과에도 지장이 생길 확률이 높다.

하워드휴즈 의학연구소(Howard Hughes Medical Institute): 연구자가 아닌 관리자를 키우다

하워드휴즈 의학연구소(HHMI)는 엄청난 규모의 연구비를 운용하고 있다. 우수한 의학자들을 찾아 연구에만 몰두할 수 있도록 자금을 지원하는 것이 목적이다. 보조금 신청이나 취업 활동, 교수진회의 참석 등 연구 이외의 일로 시간을 허비하지 않게 하려는 것이다. HHMI는 선정된 과학자들이 어떻게 시간을 보내고 있는지 알아보고자 2002년, 재단의 연구비를 받는 전 세계의 의학자들을 대상으로 설문조사를 벌였다.

조사 결과 HHMI의 지원을 받은 연구자들은 연구 활동에 자신의 일과 중 10% 미만을 할애하고 있었다. HHMI의 연구비 지원으로 자유 시간이 생겼지만, 여전히 많은 시간을 미팅 참석과 연구실 인력 관리에 쓰고 있었던 것이다. HHMI의 연구비 지원은 귀중한 연구 시간을 늘리는 대신, 연구실의 규모를 키우거나 질 낮은 연구원들을 고용하는 데 쓰이는 경우가 많았다. 그리고 그에 따른 관리 업무 역시 늘어났던 것이다. 즉, 우수한 과학자들이 연구 대신 인력 관리에 시간을 보내고 있었다. 외부 의지가 내부 의지를 장악한 것이다.

| 비즈니스를 위한 통찰 |
사람들의 존경을 받는 높은 지위에 올랐다고 곧 당신의 내부 의지를 실현했다는 의미는 아니다. 당신이 열정을 다할 수 있는 일이 어떤 것인지를 잊지 말고, 이 일을 하는 시간을 조금씩이라도 꼭 가져라. 당신에 대해 적극적으로 성찰해야 내부 의지와 일치하는 삶을 살 수 있다. 그러면, 내부 의지 실현을 위해 필요한 외부 의지의 일도 하게 될 것이다.

| 인생을 위한 통찰 |
내부 의지와 외부 의지의 차이를 인지하라. 만약 당신에게 '행복한 결혼생활의 유지'와 같은 내부 의지를 실현하고자 하는 강한 열망이 있다고 하자. 그러면, '집안일 나눠 하기'와 같은 외부 의지들도 실현하기가 훨씬 쉬워질 것이다.

chapter 3

내부 의지의 발견

비즈니스 활동이나 자신의 일을 즐기는 동시에 이를 지속할 만한 동기도 유지하려면, 관심의 초점이 언제나 내부 의지로 향해 있어야 한다. 그러나 우리는 내부 의지, 진정한 의지의 실체가 무엇인지 잘 모른다. 그렇다면 열정을 쏟을 만한 일을 어떻게 찾아낼 수 있을까? 카발라에 따르면 이것은 영혼만이 알 수 있다고 한다.

우리가 열정을 쏟을 수 있는 일은 진정한 자아와 가장 가까운 것이기도 하다. 그러나 불행하게도 많은 사람들이 지금껏 자신의 진정한 자아를 숨긴 채 살아왔고, 이제는 더 이상 자아가 존재하는지조차 모르고 있다. 그러니 가장 중요하고 시급한 일은 진정한 자아를 찾아내는 것이다. 사실 실행하기에 아주 어려운 일이 아닐 수 없다. 그러나 이 과정을 거쳐야만 현실적이고 지속적인 성공이 당신에게 뒤따를 것이다.

가장 먼저 할 일은 진정한 자아가 존재한다는 사실을 인식하는 것이다. 한 번 자아를 인지하면, 이미 반은 온 것이나 마찬가지다. 두 번째 임무는 진정한 자아가 언제나 논리를 따르지는 않는다는 진리를 깨닫는 일이다. 우리 마음속의 진정한 욕구로 인해 일어나는 열정에서 논리적인 이유를 찾을 수 없다는 의미는 아니다. 하지만 진정한 내부 의지와 욕구에 대한 열정은 지적 능력이나 논리에 기반을 두지 않는다. 이는 전적으로 자신의 영혼과 소통해야 할 문제이다.

진정한 자아로 인한 열정은 부모가 아이에 대해 갖는 사랑을 예로 들어 표현할 수 있다. 이 사랑은 그 어떤 것에도 좌우되지 않는다. 또한 대개는 사라지는 일조차 없다. 설사 아이가 상처를 주는 행동을 하더라도, '부모이기 때문에' 아이에게 사랑을 느끼는 것처럼 말이다. 이러한 사랑은 아이가 자신의 피와 살이기 때문이지, 아이와의 관계에서 어떤 혜택이 생기기 때문은 아니다. 부모와 자식의 관계는 어떤 논리적인 이유도 초월하는 본질적인 유대감이다. 진정한 자아로 인한 열정이 논리적으로 설명되지 않는 것도 비슷한 맥락이다. 무언가를 원하긴 하는데 그 이유는 잘 모르겠다고 느낄 때가 있지 않은가? 어쩌면 당신의 진정한 자아가 '하고 싶다'고 표현하는 중일지도 모른다.

영혼은 분명 물질적 쾌락과 성취만을 원하지는 않는다. 영혼은 정신적인 성취를 갈망한다. 다만, 뒤의 제7부에서 설명하듯 정신적 성취는 개인적 부의 창출과도 공존할 수 있다. 깊이 들여다보면 우리의 기본적으로 두 가지를 갈망한다. 첫째는 남을 돕는 것, 둘째는 다른 존재와의 연결이다.

이런 두 가지 욕구는 우리의 마음속 가장 내밀한 곳에 자리한다. 내부 의지를 어떻게 표현하는가는 사람마다 다르다. 어떤 사람에게 내부 의지는 가난한 자에 대한 구휼이나 기도이다. 어떤 사람에게는 많은 사람들의 삶에 중요한 공헌을 할 수 있는 기업을 세우는 일일 수도 있다. 더 심오하고 깊이 있는 지식에 대한 지적 추구인 경우도 있다. 하지만 내부 의지 안에 공통적인 욕구가 존재한다는 사실은 알 수 있다. 모두에게는 타인을 돕고자 하는 마음과 다른 존재와 자신을 연결하고자 하는 마음이 있다는 것이다. 만일 당신의 열정이 이 두 가지와는 전혀 관련이 없다면, 아마 그것은 당신의 내부 의지에서 비롯되지 않았을 확률이 매우 높다. 그렇다면 당신은 결국 완전한 성취감에 이르지 못할 것이다.

당신의 진정한 자아를 찾는 또 다른 방법은 당신이 언제, 그리고 무엇에 열중해 있는가를 생각해 보는 것이다. 당신이 시간 감각을 잃을 정도로 어떤 사물이나 행동에 깊은 충만감을 느낀다면, 곧 당신의 진정한 자아와 일치할 확률이 아주 높다.

진정한 자아가 나타날 때는 이런 충만감이 고조될 뿐만 아니라 집중력과 성취 능력도 향상된다. 음악가의 진정한 의지와 욕구는 음악을 연주하는 것이다. 그렇기 때문에 그들은 연주에 뛰어날 수밖에 없고, 연주하면서 지루함을 느낄 틈도 없다. 이처럼 우리에게는 뛰어나게 잘하는 무언가가 각자 한 가지씩은 있다. 성공할 수 있는 비결은 여기에 있다. 당신이 가장 열정을 느끼는 일, 그리고 당신의 진정한 자아를 분명하게 표현해 주는 일을 찾아내서 비즈니스로 승화시키는 것이다. 구체적인 실현 방법은 당신의 내부 의지가 무엇이냐에 따라 다르겠지만, 핵심은 이렇다. 당신의 내부 의지와 진정한 욕구를 상업적으로 응용할 수 있는 방안을 찾아서, 시장화 하는 것이다.

마지막으로, 진정한 자아는 언제나 창의성을 필요로 한다는 사실을 기억해야 한다. 인간의 가장 근본적 욕구는 새로운 현실, 즉 이전에는 존재하지 않았던 무언가를 창조하는 것이다. 비즈니스맨들은 돈을 벌고 싶어 한다. 하지만 경제적으로 성공하고자 하는 욕구의 뒤에는 창의적으로 살고 싶다는 갈망이 숨어있다. 이전에는 존재하지 않았던 환경을 만들어내고 싶다는 욕망이다. 그러므로 인간의 진정한 목표는 신의 창조력을 모방하면서 성공과 성취를 얻는 것이라고 할 수 있다.

당신이 비즈니스 때문에 하는 모든 행동의 중심은 당신의 내부 의지여야 한다는 사실을 기억하라. 내부 의지는 주말에 갖는 휴식 시간이나 어떤 영적인 훈련 과정에서 달성되는 것이 아니다. 현대인의 생활 속에서 내부 의지를 찾는 일이 사치인듯 느껴질 수도 있지만 절대 그렇지 않다. 오히려 가장 절박한 일이다. 내부 의지를 찾지 못한다면, 성공은 여전히 멀리 있기만 할 것이다.

| 인생을 위한 통찰 |

진정한 자아를 찾아서 따르라. 진정한 성취감을 찾을 수 있는 유일한 길이다.

chapter 4

열정과 즐거움을 결합해
비즈니스에서 성공하라

다시 천지창조의 이야기로 돌아가 보자. 천지창조의 세부적인 과정들이 신이 지닌 외부 의지의 일부일 뿐이라면, 하찮은 것 하나하나까지 창조해 나가는 그 과정이 조금 지루하지는 않았을까? 하지만 사실은 정반대다. 천지창조의 과정에서 신은 수도 없이 "좋구나.", "아주 좋구나."하는 말을 반복한다(창세기 1:25, 31). 천지창조가 중요한 목표를 이루는 수단일 뿐 목표 그 자체가 아니었음에도, 신은 큰 만족감을 느꼈다는 것이다.

창세기에는 신이 그의 형상을 본 따 인간을 만들었다고 나와 있다(창세기 1:27). 이런 의미에서 토라는 우리 모두를 '작은 신'이라고 해석하고 있다. 또한, 인간은 극히 미약하나마 신의 특징을 이어받았다고도 한다. 따라서 우리가 신의 행동을 따라한다면, 비슷한 결과에 도달할 수도 있는 것이다. 우리가 진정한 내부 의지를 성취하기 위해 노력하면, 외부 의지를 실천하면서도 성취감과 만족감을 얻게 될 것이다. 안식일에 쉬는 것이 좋은 예다. 토라는 신이 6일간 세상을 창조하고 7일째인 안식일에는 쉬었다고 한다. 그리고 자신이 휴식을 취했듯이 인간들도 그날에는 쉬라고 말했다. 인간이 자신을 모방하길 원했기 때문이다. 이렇듯 신을 모방한다면, 우리가 갈망하는 성공과 성취감에 도달할 수 있다(이 부분은 제9부에서 좀 더 상세히 다루겠다.). 이와 유사하게, 우리가 신을 본받아 진정한 욕구와 열정을 찾아내고 따른다면, 부수적인 일을 한다 해도 기쁠 수 있다.

앞에서도 언급했듯이, 시간이나 자기 자신을 잊을 정도로 몰입할 수 있는 내부 의지를 따르면, 당신은 큰 기쁨을 느낄 수 있다. 고대 토라 현자들도 '기쁨은 언제나 우리의 내부 의지와 박자가 맞는 무언가를 할 때 찾아온다'고 했다. 그런데 이 기쁨은 너무나 미묘해서 우리가 잘 느끼지 못한다. 맛있는 스테이크를 먹는 것이나 휴양지에서 하루를 보내는 것과 달리, 밖으로 드러나지 않기 때문이다. 즉, 육체적 감각을 즉각적으로 만족시키지는 않는다는 것이다. 하지만 이 기쁨은 분명 존재한다. 그리고 은밀하지만, 매우 강력한 힘이 있다.

이런 기쁨을 찾으면 분명 유익한 점이 있다. 비즈니스건 사생활에서건, 하는 일이 정말 즐거울 때 열정과 활기가 솟구친다. 우리가 내부 의지와 욕구를 따르는 데서 오는 효과는 또 있다. 일 그 자체가 즐거워진다는 것이다. 사무실에 가는 일 자체가 재미있고 힘들지 않게 바뀐다는 의미이다. 진정한 자아와 욕구가 있으면, 우리가 잘 느끼지 못하는 미묘한 즐거움이 찾아오기 때문이다. 이렇듯 일에서 의욕과 성취감을 느끼는 동시에 기쁨을 찾으면, 성공은 결코 멀리 있지 않다.

chapter 5

진정한 의지를 따르고,
꾸물거리는 습관을 버려라

모든 비즈니스와 직업에는 즐거운 측면과 단조롭고 지루한 측면
이 있다. 세금 환급이나 재고 파악 같은 업무는 어떤 비즈니스에서건
필요하지만 시간이 많이 소요되고, 지루하다. 그러나 이런 작업들을
내부 의지를 충족시키는 과정이라고 생각하면, 다른 의미가 생긴다.
훨씬 중요하고, 지루하지도 않은 일이 되는 것이다.

'성공'이라는 내부 의지를 중심에 두는 기업이라도, 행정 업무는
필수적이다. 쉽게 말해 하루 종일 열정을 느끼는 일만 한다고 성공
하는 건 아니라는 뜻이다. 수익성 있는 비즈니스를 만들기 위해서
는 부수적인 업무도 수반될 수밖에 없다. 문제는 그다지 열정을 느
끼지 못하는 일이나 외부적인 일은 우선순위에서 밀리게 되고 방치
된다는 것이다. 이런 사태를 방지하려면 계속해서 업무를 주시하는
수밖에 없다. 꿈을 이루고자 한다면, 즉 당신의 내부 의지와 열정을
따르고자 한다면 당신의 외부적인 측면도 중요하다는 것을 잊어선

안 된다. 그러면 비즈니스를 운영하며 발생하는 단조로운 일들도 완전히 새로운 의미로 느껴질 것이다. 당신의 외부 의지와 내부 의지를 동전의 양면처럼 생각하라. 그러면 조금 단조로운 일을 할 때도 내부 의지 차원의 일을 할 때와 똑같은 동기부여를 받을 수 있고, 그만큼의 성취감도 얻을 수 있다.

이후 당신은 외부 의지 차원에서 한 일을 돌아보고 만족감을 느끼게 될 것이다. 길고 긴 세금 환급 양식의 작성이나 재고 파악을 끝내고 "아주 좋구나."라고 말할 수 있다. 이런 태도와 만족감은 당신의 비즈니스 성과에도 직접적인 영향을 미치게 될 것이다. 성취감을 주는 무언가를 찾으면 일이 좀 더 재미있게 느껴지는 경우가 많고, 그러면 일을 좀 더 빨리 마치게 된다. 여행을 좋아하는 사람들을 예로 들어보자. 그들은 몇 시간이고 비행기, 차, 버스 안에서 시간을 보내는 것이 좋을까? 아마 아닐 것이다. 그들은 새로운 장소와 문화를 접하는 데 열정을 느낀다. 사실 그들에게 여행은 외부 의지이고, 새로운 무엇인가를 느끼는 것이 진정한 내부 의지이다. 그러므로 그들은 여행 그 자체는 물론이고, 교통수단에서 보내는 시간 또한 즐길 수 있는 것이다.

우리가 위기를 겪게 되는 이유는 대부분 '꾸물거림' 때문이다. 그리고 중요하지만 사소한 일에서 꾸물거리게 되는 이유는 바로 '재미가 없기' 때문이다. 대부분의 사람들은 가장 재미있는 일을 먼저

하고 재미없는 건 나중에 한다. 이런 식으로 하다 보면 재미없는 일들은 시간이 있어도 계속 뒤로 밀린다. 꾸물거리다 보면 언제나 더 '재미있는' 무언가가 나타나기 때문이다. 이렇듯 중요하지만 재미없는 일들을 자꾸 뒤로 미루다 보면, 결국에는 결과로서 드러난다. 하지만 사소한 일에도 성취하는 보람을 느끼게 되면 좀 더 효율성 있게 움직일 수 있고, 결과적으로 생산성이 오르게 된다. 솔로몬 왕이 한 말도 바로 이런 뜻이다.

"자기 일에 능숙한 자를 네가 보았느냐? 그는 왕 앞에 서리라. 그는 천한 자 앞에 서지 아니하리라(잠언 22:29)."

진정한 부와 성공의 열쇠는 빨리 일을 끝내고 꾸물대지 않는 것이다. 꾸물대지 않으려면 하는 일에서 재미를 찾는 것이 가장 좋다. 또 그러기 위해선 외부 의지와 내부 의지의 직접적인 연결점을 찾아야 한다. 외부 의지를 어떻게 실천했을 때 내부 의지와 열정을 느꼈는지를 기억하길 바란다.

| 비즈니스를 위한 통찰 |
꾸물거리는 습관에 제일 좋은 약은 일을 즐기는 것이다. 외부 의지와 내부 의지가 잘 맞아 떨어진다는 확신이 생기면 사소한 일에도 의미가 생긴다. 또 그 일을 하는 것도 쉬워질 것이다.

| 인생을 위한 통찰 |

삶을 위해 노골적인 즐거움 대신 더 깊고 묘한 기쁨을 찾아라. 내부 의지와 욕구를 따르면, 당신은 은근한기쁨이 끝없이 샘솟는 삶을 살 수 있다.

앤디 클라인(Andy Klein): 의지의 위기

젊은 시절, 앤디 클라인(Andy Klein)은 전형적인 유대인 가정의 아들로 자랐다. 브랜다이스대학에서 학위를 받았고, 아이비리그대학원에 진학해 법학 석사 학위를 땄다. 그리고 월스트리트에서 가장 잘 나가는 로펌에서 금융담당 변호사로 일했다.

수년간, 클라인은 고객사의 기업공개(IPO)와 관련된 엄청난 양의 메모, 서식, 서류를 작성했다. 만약 누군가가 전철 안에서 고된 하루를 보내고 퇴근하는 클라인을 마주쳤다면, 필시 그를 월스트리트의 MOU라 생각했을 것이다[맨해튼의 투자 은행가들을 만날 기회가 없었던 분들을 위해 밝히자면, MOU는 '우주의 지배자(Master of Universe)'라는 뜻으로, 자신들 스스로를 지칭하는 말이다. 부유하고, 운이 좋으며, 거만하다.].

1992년 어느 날, 클라인은 주말을 이용해 유럽으로 휴가를 떠났다. 벨기에의 시골 여관에서 전통 밀맥주를 한 잔 주문해 맥주잔을 받아 들고는, 바깥으로 나와 풀밭에 앉아서 시골풍경을 감상하고 있었다. 그가 맥주를 한 모금 들이키는 순간, 갑자기 하늘에서 그의 머리 위로 계시가 뚝하고 떨어졌다. '앤디 클라인은 행복한 사람이 아니다.'라는 내용이었다. 그는 아무렇지도 않게 맥주를 한 모금 더 마시며 '사실은 그렇지'라고 인정했다. 그때 그의 머릿속에는 전혀 다른 생각이 하나 더 떠올랐다. '살면서 이렇게 맛있는 맥주는 처음 이다!'

맨해튼에 돌아와서도, 클라인의 머릿속에는 이 두 가지 생각만이 맴돌았다. 엄청난 연봉을 받았지만 일에 대한 열정은 이미 사라지고 없던 때였다. 게다가 맥주에 대한 생각도 지울 수 없었다. 그래서 그는 제정신인 사람이라면 누구나 하는 행동을 해 버렸다. 수십만 달러를 받는 회사를 그만두고, 맥주 양조업을 시작한 것이다.

그는 열정과 그날 마셨던 벨기에 밀맥주의 섬세한 맛 모두를 되찾았다. 벨기에 맥주 양조의 비밀을 배우고 난 뒤, 클라인은 이를 바탕으로 창업 계획을 세웠다. 먼저 그는 작은 양조장을 열었다. '마이크로 브루어리(소규모 맥주 제조장을 갖춘 주점)'라는 용어가 생겨나기도 전이었다. 그런 다음, 양조장 주변에 스프링 스트릿 브루어리(Spring Street Brewery)라는 회사를 세웠다.

그는 얼마 되지 않아 비싸지만 무척이나 맛있는 맥주를 맨해튼 주변의 주점에 유통시킬 수 있었다. 이 주점들의 주요 고객은 변호사와 투자 은행가들로, 클라인의 맥주를 마시기 위해서라면 얼마든지 웃돈을 낼 수 있는 사람들이었다. 그의 사업은 나날이 번창해 갔다.

하지만 그를 괴롭히는 문제는 여전히 남아 있었다. 금융 담당 변호사로서 열정은 없었지만, 법률적 지식과 재능을 썩히는 일은 낭비처럼 느껴졌던 것이다. 맥주 회사는 잘 되고 있었지만, 앞으로도 전망이 밝은 만큼 확장을 위한 자금을 확보할 필요도 있었다. 그러기 위해선 주식 공모가 필요했다.

하지만 투자 은행들은 클라인의 맥주 회사 IPO 업무에 큰 관심을 갖지 않았다. 클라인은 창의성을 발휘해야겠다는 생각이 들었다. IPO 관련 업무를 잘 알고 있었던 그는 투자자들을 직접 접촉하면 자금을 모을 수 있겠다는 생각을 했다.

1996년에 클라인은 인터넷으로 자신의 회사를 상장했다. 그는 투자 은행을 통하지 않고, 양조회사의 웹사이트를 통해 투자자들에게 고정 가격으로 스프링 스트릿 브루어리의 주식을 공모했다. 며칠 지나지 않아 그는 400만 달러의 투자금을 모으는 데 성공했다. 투자 은행에는 단 한 푼의 수수료도 낼 필요가 없었다.

클라인의 직접 상장은 금융계에서 큰 관심을 끌어 모았고, 그는 곧 이와 관련된 새로운 회사를 세웠다. 스프링 스트릿 브루어리의 대표 매장 이름을 따 위트 캐피탈(Wit Capital)이라 명명한 이 회사는 인터넷 IPO에 대한 자문 서비스를 제공하기 시작했다. 회사는 곧 투자 은행으로 변모했고, 1999년 자사의 IPO를 통해 8,000만 달러를 모금했다.

위트 캐피탈을기 기업공개(IPO) 한 지 수년이 지난 현재, 클라인은 대표직을 사임하고 암스테르담으로 건너가 창업 멘토로 일하고 있다. 그리고 요즘은 인터넷 지역기반 광고 영상을 제작하는 온라인 광고 회사 스팟처(Spotzer)를 운영하고 있다.

클라인의 인생을 '영혼 없는 월스트리트를 떠나 맥주에서 보람을 찾은 사람의 이야기'라고 요약할 수도 있겠지만, 정확히 맞는 말은 아니다. 클라인이 맥주로 돈을 번 것은 사실이지만, 투자 은행 업무로도 복귀했다. 투자 은행 업무에 '영혼이 없다'는 말도 사실이 아니다. 무엇보다 이는 우리 경제의 필수 요소이다. 투자 은행가들은 자본금의 배분에 대해 가장 중요한 결정을 내리는 이들이다. 그들이 옳은 결정을 내리면 경제 전체가 효율적으로 돌아가고, 더 많은 고용이 창출된다. 이를 통해 사람들은 병원비를 낼 수도, 아이들을 대학에 보낼 수도 있다.

하지만 이렇듯 중요한 일에도 열정이 없다면, 위와 같은 흐름을 이끌어 낼 수 없다. 클라인의 경우, 처음 몇 년간은 그저 자신에게 맡겨진 일이기 때문에 기업금융 변호사로 일했다. 그러나 오히려 투자 은행 업무를 떠남으로써 기존 은행보다 더 효율적이면서도 저렴하게 같은 일을 할 수 있다는 사실을 깨달았다. 그리고 그는 또 다시 부를 일굴 수 있었다.

"앤디 클라인은 맥주 한 잔을 마시다 영적 깨달음을 얻었다."라고 말한다면 너무 비약인데다, 우리가 전하려는 메시지도 아니다. 클라인 내면의 무언가가 지금 내부 의지와 멀어지고 있다고 경고했다. 그리고 그는 내면의 소리를 듣고, 행동했다. 클라인의 성공 비결은 토라의 천지창조 이야기와 일맥상통한다. 그는 외부 의지를 내부 의지, 그리고 진정한 자아와 일치시켰다. 그리고 재미있는 인생을 살기 시작했다.

| 비즈니스를 위한 통찰 |
당신의 내부 의지와 진정한 자아를 표현하는 길을 찾아라. 당신이 찾은 재능을 중심으로 원하는 비즈니스를 시도해 보라.

| 인생을 위한 통찰 |
당신이 가장 열정을 느끼는 일들이 무엇인지 메모해 보고, 시간이 제일 잘 가는 일은 무엇인지 떠올려 보라. 이렇게 어떤 일이 당신의 자아를 가장 잘 표현하는지를 파악함으로써, 일상생활에서 그것을 집중적으로 실행할 수 있는 계획을 세워라.

chapter 6

진정한 자아를
막을 수 있는 것은 없다

많은 책들이 사소한 업무를 관리하는 전략을 제시하고 있다. 어떤 책에서는 일단 우선순위를 정해서 하기 싫고 어려운 일을 먼저 하고, 그 다음 보상으로서 재미있는 일을 하면 된다고 주장한다. 이 전략은 엄청난 에너지와 인내심을 필요로 하며, 단조롭고 지루한 일을 억지로 참아야 한다는 단점이 있다. 우리가 앞서 정리한 전략은 이보다 훨씬 간단하다. 사소하고 지루한 일에서조차 열정과 즐거움을 찾는다면 성공은 반드시 따른다는 것이다. 즉, 성공할 수 있는 가장 쉬운 길은 모든 일에서 즐거움을 찾으면 된다. '너무 재미있어서' 동기부여가 되지 않거나 지쳐버리는 사람은 거의 없다.

의지의 힘을 이용하면 큰 난관도 헤쳐 나갈 수 있다. 누군가 "뭔가 하려고 마음먹었더니 되더라."고 말하는 걸 들어본 적이 있는가? 비밀은 아마도 그 순간, 내부 의지가 엄청난 힘을 발휘했기 때문일 것이다. 토라 중에서도 가장 신비로운 내용을 담은 유대 신비주의 책 조하르에는 "사람의 의지를 막아설 것은 아무것도 없다"라는 경구가 있다. 이 문장은 "하늘은 스스로 돕는 자를 돕는다."라는 영어 속담과도 일치한다. 그러나 많은 사람들이 이 문장의 깊은 뜻을 알지 못한다. 또, 목표를 이루기 위해 의지력을 어떻게 이용하는지도 모른다.

이는 '의지'라는 단어가 품은 위대한 신비를 이해하지 못하고 있기 때문이다. 새 차나 큰 집을 간절히 원하면 언젠가는 얻을 수 있다는 뜻이 아니다. 당신의 내부 의지와 일치하는 행동을 하면 마음속 가장 깊은 곳의 욕구를 충족시킬 수 있다는 의미다. "사람의 의지를 막아 설 것은 아무것도 없다."는 말은 내부 의지의 힘과 효력을 증명한다. 내부 의지는 당신이 삶을 살며 진심으로 원하는 것을 이루고자 하는 동기를 부여한다. 당신이 진정 원하는 것은 사회적, 문화적 배경에서 비롯되는 것이 아니라, 당신의 영혼이 요구하는 바이다. 마음의 소리에 귀 기울여서, 영혼이 원하는 것을 깨달아야 한다. 영혼의 밖이 아니라 안을 봐야만 하는 것이다. 그러면 성공할 수 있는 가장 강력한 도구를 이미 획득한 것이나 다름없다.

내부 의지가 원하는 것을 파악하고, 그것을 표현할 방법을 알고 나면 이를 현실화하려는 의지를 막을 길은 없다. 내부 의지로 인해 당신은 열정과 의욕이 넘칠 것이며, 따라서 가장 사소한 일에도 재미를 느끼게 된다. 내부 의지와 열정의 사이를 떼어놓는 건 불가능하다. 게다가 진정한 성공에는 경제적 보상이 항상 뒤따르기 때문에 더욱 즐겁게 일할 수 있다.

| 비즈니스를 위한 통찰 |
내부 의지야말로 가장 강력한 에너지의 원천이다. 내부 의지를 찾아라. 그러면 성공으로 향한 길이 더욱 분명하게 보이며, 그 여정도 단축될 것이다.

| 인생을 위한 통찰 |
당신의 가장 깊은 곳에 있는 욕구는 두 가지와 관련이 있다. 다른 이를 돕는 것, 당신 자신보다 숭고한 무언가와 연결되는 것이다.

명상 | MEDITATION

제2부에서는 내부 의지와 열정적인 욕구를 찾아내기 위한 과정을 다루었다. 인생에서 가장 보람 있었던 경험이 무엇이었는지 생각해 보는 시간을 가져 보자. 먼저 정말 즐거웠던 순간을 떠올려라. 그리고 이 일을 비즈니스에 어떻게 적용할 것인지, 혹은

어떻게 비즈니스로 승화시킬지 고민하라.

이번에는 당신이 하는 일 중 가장 단조롭고 사소한 일을 생각해보고, 이런 일들을 당신의 내부 의지와 열정으로 직결시킬 만한 방법을 찾아라. 이런 생각을 하다 보면, 당신의 내부 의지를 충족시키고 싶은 생각이 커질 것이다. 이렇게 동기부여가 되면, 그 열정을 일에도 적용시켜라. 무엇보다 하는 일에 재미를 느껴야 성공할 수 있다.

Part 3

겸손의 길:
자만하지 않는 사업가

겸손하고자 하는 자에게는
성공의 시간이 기다리고 있다.

He who is willing to humble himself,
the hour of success awaits him.

- 미드라쉬 중에서

자기중심주의는 비즈니스 세계의 두드러진 특징이지만 관심사가 된 적은 별로 없다. 새로운 비즈니스를 시작하고, 새로운 제품 라인을 출시하고, 혹은 아예 새로운 직업을 갖게 만드는 동기는 무엇일까? '돈'은 물론 중요한 동기이다. 그러나 물질적 풍요에 대한 기대만으로 새로운 일을 시작하는 위험을 감수하는 사람은 많지 않다. 모든 일을 시작할 때는, 자기중심주의가 중요한 역할을 한다. 인간이 하는 모든 도전의 뒤에는, 즉 로맨스나 전쟁, IPO 같은 행위의 뒤에는 자기중심주의라는 원동력이 있다.

이런 얘기는 별로 들어본 적이 없을 것이다. 자아가 지나치게 강한 사람에 대해 나쁜 이야기를 할 때, 우리는 그저 '자아' 그 자체가 문제라고 생각한다. 하지만 토라를 바탕으로 하는 많은 저작물에 따르면 자아에게는 못생긴 이복형제인 '이기심'이 존재한다고 한다. 그리고 이런 이기심을 다루는 방법은 물론, 이와 관련된 토론, 에세이, 심지어 행동 지침까지도 제시하고 있다. 물론 랍비들은 건강한 자아존중감 자체는 인간의 필수적 본성이라고 생각한다. 그들은 심지어 인간의 능력이나 감정처럼, 영역에 따라 각기 다른 형태의 자아가 있다고도 했다. 그래서 자아는 자기도취나 겸손처럼 다양한 형태로 발현될 수 있다는 것이다.

그러나 토라는 우리 사회 전체가 긍정적으로 생각하는 전통적인 관념, 즉 자부심이 개인이나 사회에 이롭다는 생각에는 동의하지 않는다. 심지어 마음속이 자부심으로 충만하더라도, 겉으로만 겸손하게 말하거나 행동하면 된다는 식의 현대적 문화규범과 정면으로 충돌한다.

토라는 우리가 다른 사람 혹은 신보다 자신을 우위에 두고 싶어 하는 충동과 싸워야 한다고 조언한다. 또한 직관적으로 판단하기에는 앞뒤가 안 맞는 것처럼 보이지만, 자아존중감에서 겸손이 우러나온다고도 말하고 있다.

사실 비즈니스 세계의 현실은 종교적 가르침과 너무나 다르다. 이기주의자가 보상을 받는 경우는 너무도 흔하다. 이사회 회의실이나 사무실의 복도에서 보이지 않는 수많은 전투가 치러지고 있다. 승자는 득의양양하게 돌아가는 반면 패자는 존엄성을 잃는다. 비즈니스를 더 높은 수준으로 이끌어야 할 사람들이 영역 싸움을 하느라 시간을 허비하는 동안 비즈니스의 건전성은 무너진다.

성공한 사업가들의 공통점 중 하나는 겸손과 건강한 자아존중감의 비율이 적절하다는 것이다. 그러나 그 이상적인 비율에 대해서는 고대 유대교 문헌을 제외한 어떤 자기계발서에도 나와 있지 않다. 그러나 이 유일한 문헌들은 심지어 이를 공개적으로 논하고 있다. 지금부터 고대의 문헌들이 자아와 겸손에 대해 어떻게 말하고 있는지, 비즈니스의 성공에 이를 어떻게 접목시킬 것인지 살펴보자.

그 전에 먼저 이번 3부 제목 중 단어 하나에 주목해 보자. '사업가'

라는 말이다. 물론 이 책 전체적으로도 마찬가지지만, 이번 주제에서 다루는 지혜와 통찰이 사업가에만 국한되지는 않는다. 사업가적인 마음가짐은 자신이 성공하고자 하는 영역이 어떤 것이든 도움이 된다. 자신의 도넛 가게를 열건, 정부 기관에서 일하건, 다국적 회사에서 일하건 간에, 성공하는 가장 빠른 길은 스스로를 사업가로 생각하는 것이다. 진출하고자 하는 시장은 사람마다 다르겠지만, 배고픔을 느끼며 꿈을 갖고, 스스로 동기부여를 하는 사람(이를 테면 사업가적 마인드를 가진 사람)만이 성공을 맛볼 수 있다.

그러니 토라에서 말하는 자부심과 겸손이 무엇인지, 그 둘 사이의 균형을 어떻게 맞추어야 당신의 자아에 도움이 될 수 있을지를 아는 것은 무엇보다 중요하다. 토라가 들려주는 가장 극명한 오만의 예를 먼저 살펴보자.

chapter 1

이집트의 거만한 파라오

히브리인들을 노예로 부렸던 이집트의 파라오는 히브리어로 '저열한 영혼을 가진 자'라는 뜻의 '가스 루아흐(gas ruach)'라고 할 수 있다. 가스 루아흐라는 단어에는 '거만한 자'라는 의미도 포함되어 있다. 과장된 자기애, 근거 없는 자기애를 가진 사람이다.

파라오는 스스로를 신으로 여기며, 자신이 신과 같은 힘을 지녔다고 생각했다. 자신의 실체를 엄청나게 부풀려서 인식하고 있었다는 뜻이다. 그의 적 모세는 정반대의 특징, 즉 겸손한 마음을 가진 자였다. 토라는 모세를 세상에서 가장 겸손한 자라고 말하고 있다 (민수기 12:3).

모세는 어떤 면에서 겸손했다는 것일까? 토라에서 모세에 대해 다룬 첫 번째 이야기(출애굽기 2:11-12)는 모세가 젊은 시절 히브리인들을 함부로 다루는 이집트인을 살해한 사건이다. 바로 다음날 모세는 두 명의 유대인이 싸우는 것을 보고 이렇게 말한다(출애굽기 2:13-14).

"사악한 자여, 왜 동포를 때리느냐?" 이에 그들은 "누가 당신이 우리를 다스리고 판단할 수 있다고 했는가? 어제 죽인 이집트인처럼 우리도 죽일 셈인가?"라고 답했다. 다른 사람들은 처음부터 모세를 건방진 자로 여기고 있었던 것 같다. 그럼에도 불구하고 토라는 모세를 가장 겸손한 자라고 말하고 있다. 그 이유는 무엇일까?

토라의 신비주의 교리를 연구한 학자들에 따르면, 모세가 그 이후에 취한 행동이 그를 매우 겸손한 사람으로 만들었다고 한다. 모세는 누구라도 스스로의 본성과 재능을 발휘한다면, 현재보다 훨씬 나은 결과를 얻을 수 있을 것이라 생각했다. 모세의 지혜는 바로 이런 부분에서 위대하다. 모세는 자기 자신을 잘 알고 있었고, 자신의 재능을 가장 잘 파악하고 있던 사람이었다. 그는 건강한 자아존중감을 갖고 있었다. 또한 그는 자신이 고귀한 지위에 있고, 위대한 지도자가 될 운명임을 알고 있었다. 또한 자신의 역할을 현실적으로 인식하고 있었으며, 자신에게 존경심을 보일 것을 요구하기까지 했다. 그러나 이런 행동을 했다고 해서 그가 가스 루아흐인 것은 아니다. 그는 스스로를 과대평가하지 않았고, 그의 위치에 대해 환상을 품지도 않았다. 모세는 자신의 성취를 자신의 공으로 돌린 적이 없었다. 모든 능력과 재능이 신으로부터 주어진 것임을 알았기 때문이다. 그는 자신에게 주어진 사명을 잘 알고 있었다. 능력을 다해 실행하고도 싶어 했다.

모세의 겸손과 파라오의 거만 사이의 실질적 차이는 신의 부름에 응답하는 자세에서도 알 수 있다. 모세는 불타는 떨기나무에서 신을 만났고, 파라오에게 가서 히브리인들의 해방을 요구하라는 요청을 받았다. 이때 그는 이렇게 되물었다. "제가 누구입니까?(출애굽기 3:11)" 모세는 자신이 신의 사자로서 파라오에게 갈 자격이 있는지를 겸손한 자세로 질문했던 것이다. 그리고 신이 특별히 자신을 원한다는 사실을 깨닫고서야 요청을 받아들였다.

반대로 모세로부터 히브리인들을 노예 신분에서 풀어주라는 신의 요청을 전해 들은 파라오는 의심스럽다는 듯 물었다(출애굽기 5:2). "도대체 신이 누구인데 내가 그의 요청을 들어야만 하느냐?" 모세는 스스로의 가치를 질문한 반면, 파라오는 신의 가치와 중요성을 의문시했다는 데 주목하라. 토라의 현인들은 이를 이사야서의 한 구절에 비교한다.

"그러므로 사치하고 평안히 지내며 마음에 이르기를 나뿐이라, 나 외에 다른 이가 없도다. 나는 과부로 지내지도 아니하며 자녀를 잃어버리는 일도 모르리라 하는 자여. 너는 이제 들을지어다. 한 날에 갑자기 자녀를 잃으며 과부가 되는 이 두 가지 일이 네게 임할 것이라. 이 일이 온전히 네게 임하리라(이사야서 47:8-9)."

이 구절은 가스 루아흐의 타락을 묘사하고 있다. 이런 사람들은 자신이 모든 걸 완벽하게 통제할 수 있다고 확신한 나머지 "나 뿐이라, 나 외에 다른 이가 없도다."라고 말하기도 한다. 그들은 신을 믿지 않는다. 대신 누리는 모든 것이 스스로 일해서 얻은 과실이라 생각한다. 토라는 이를 경고하며 "'내 능력과 손의 힘으로 내가 이 재물을 얻었다'는 말을 마음속으로 하지 말 것이며, 모든 축복이 신에게서 받은 것임을 잊지 말라"고 이르고 있다(신명기8:17). 가스 루아흐는 자신의 힘과 능력을 과대평가하고, 스스로 신의 자리에 서 있다고 믿는다.

위에서 언급한 이사야서의 구절은 이런 유형의 자기중심주의가 파괴와 눈물을 불러올 뿐이라는 사실을 경고한다. 파라오가 바로 이런 경우였다. 그 자신보다 훨씬 더 큰 권능을 가진 존재가 있다는 사실을 인식하지 못했다. 결국 그는 결국 그 자신과 나라에 파멸을 불러오고 말았다. 인생과 비즈니스에서도 마찬가지다. 자신의 능력과 재능을 과도하게 부풀려 생각하고, 자신의 위치를 망각하고 있는 사람들은 결국 실패하게 된다.

비즈니스에서도, 인생에서도 우리의 능력과 재능을 현실적으로 자각하는 것은 매우 중요하다. 능력 있는 비즈니스맨이라 믿고 계약했는데, 알고 보니 그가 과대평가가 되어 있을 뿐만 아니라 일도 제대로 하지 못하는 사람이란 사실을 알게 되면 당신은 정말 혼란스러워질 것이다. 이런 식으로는 비즈니스를 지속할 수 없고, 회사의 실적도 타격을 입게 된다. 자신이 할 수 있는 일에 정직하지 못한 사람은 무능한 비즈니스맨으로 남을 뿐이며, 사람들의 신뢰와 존경을 잃게 된다.

파라오에 대한 모세의 대응은 가스 루아흐를 다루는 가장 교과서적인 방법이라 할 수 있다. 모세는 파라오에게 위협을 가만히 당하고 있지 않았다. 그는 단호했다. 파라오에게 신의 말에 귀를 기울이지 않으면 그는 물론 이집트 전체가 파멸되리라는 사실과 파라오의 망상이 불러올 결과에 대해 분명히 알려주었다. 자신의 능력과 재능, 현실적 위치를 깨닫지 못하는 사람들에게는 이처럼 단호하게 현실을 깨우쳐 주고, 그들의 망상이 불러올 재앙과도 같은 결과를 인식시켜야 한다.

컨트리와이드 파이낸셜(Countrywide Financial): 신용 경색과 '거만한' 모기지 회사

오늘날의 비즈니스 세계에서도 가스 루아흐 기질에 의한 실패를 찾아보기란 그리 어렵지 않다. 먼저 뉴스 헤드라인을 보라. 최악의 부동산 슬럼프와 뒤따른 신용경색 국면에서 근거 없는 만용을 부린

예는 너무도 많다. 회사가 무너지기 직전까지도 그릇된 침묵을 지켰던 베어 스턴즈(Bear Stearns)의 매니저들부터 가치 폭락 직전까지도 위기를 계속 부정했던 지방채보증회사들까지, 2008년의 겨울은 가스 루아흐의 정신이 월스트리트에 생생히 살아있다는 것을 분명히 증명한 시기였다.

그러나 어떤 회사는 거만함과 뻔뻔함의 정도가 나머지 그 어느 곳보다 월등히 높았다. 컨트리와이드 파이낸셜(Countrywide Financial)은 세계 최대의 모기지 판매 회사였다. 이 회사의 주식은 5년간 '최고의 보유주식'이라는 평가를 받으며 2001년부터 2006년까지 연평균 35%에 달하는 주가 상승률을 보였다. 이 시기가 미국의 주택시장 붐과 일치하는 건 우연이 아니다. 주택시장의 호황이야말로 컨트리와이드의 성공비결이었던 것이다. 주택 가격이 상승하고 모기지 대출 규모가 폭발적으로 증가하면서 컨트리와이드는 탄탄대로를 달렸다.

회사의 공동창립자이자 CEO였던 안젤로 모질로(Angelo Mozillo)는 주택시장 호황기의 상승세를 마치 전문 서퍼처럼 탔다. 본인이 자사주를 사지는 않았음에도 불구하고, 보너스의 일부로 받은 주식 덕택에 그는 컨트리와이드의 최대 주주로 올라섰다. 뉴욕타임즈 기사에 따르면, 2007년에 그는 4억 600만 달러의 수익을 올리며 보유주식을 대량 매도했다.

사실 그가 한 행위 중에 잘못된 것은 없다. 모질로는 그토록 긴 기간 동안 회사의 확장과 수익을 관리했다. 좋은 관리자가 괜찮은 보상을 받는 것은 당연하다. 그러나 주택 시장이 급락한 이후, 모질로 내부에 있던 가스 루아흐가 모습을 드러내기 시작했다. 그 파괴성에는 한계가 없었다.

일례로 2006년 말 주택 가격이 내려가기 시작하자, 모질로와 경영진은 서브프라임 모기지 판매에 박차를 가하기로 결정했다. 서브프라임 모기지는 신용등급이 낮은 사람들을 대상으로 하는 고금리 상품으로, 이전에는 매출의 극히 일부만을 차지했던 비주력 사업이었다. 하지만 수익성이 매우 높았기 때문에, 컨트리와이드의 경영진이 그냥 포기할 수는 없는 상품이었다. 2007년 8월에 보도된 뉴욕타임즈의 기사에 따르면, 그들은 세일즈 팀에게 고객을 서브프라임 쪽으로 유도하라는 지시를 내리기도 했다.

그들 내면의 가스 루아흐가 이끌어 낸 거만함 때문에, 모질로와 컨트리와이드는 서브프라임 모기지에 따르는 엄청난 위험을 망각했다. 모질로는 컨트리와이드의 경영진들이 자신들의 행동을 인지하고 있었다고 주장했다. 월스트리트 저널의 기사를 인용하자면 어이없게도 그는 거품 붕괴가 닥치기 몇 년 전, "우리 회사는 어떤 시장 상황에서도 승승장구할 것"이라고 말했다고 한다. 또한 "우리 회사가 우매한 행동을 하지 않을 것이라고 난 확신한다. 우린 단 한 번도 그런 적이 없다."고도 주장했다.

포트폴리오에서 서브프라임 모기지의 비중이 높아지면 높아질수록 컨트리와이드의 신용 리스크도 더욱 커졌다. 그러다 2007년 말, 결국 발목을 잡혔다. 주택 가격이 급락하고, 신용 시장이 경색되면서 컨트리와이드는 더 이상 모기지로 대출해 줄 자금을 빌릴 수 없게 된 것이다. 기존에 판매한 모기지의 가치도 엄청나게 떨어졌다. 포트폴리오 가치가 내려가면서 컨트리와이드의 주가도 덩달아 떨어져, 2007년에는 예년 가격의 50% 정도까지 폭락했다.

그러는 동안 안젤로 모질로가 취한 행동은 무엇이었을까? 그는 단지 금융전문지에 각종 조언을 하면서, '컨트리와이드는 전문가들로 구성되어 있기 때문에 이러한 위기에서도 수익을 만들어 낼 것'이라 허풍을 떨고 있었다. 거품이 빠지고 있을 때에도 그는 경영진들을 계속해서 격려했다. 2007년 3월, 그는 CNBC에 출연해 "컨트리와이드에는 좋은 기회다. 결국 비이성적인 경쟁자들이 모두 사라질 것이기 때문이다"라고 말했을 정도이다. 그의 회사가 서브프라임 마켓에 매진하고 있다는 것 자체가 비이성적이라는 생각은 들지 않았던 게 분명했다.

2008년, 모질로의 호언장담과는 반대로 그의 회사는 완전히 사라졌다. 뱅크 오브 아메리카가 컨트리와이드의 인수에 최종적으로 동의했을 때, 협상가는 겨우 40억 달러 정도였다. 2006년 말의 컨트리와이드 평가가치액에 비하면 10% 가량에 불과했다. 모질로는 회사 매각에 성공해 퇴직 수당으로 1억 달러 이상을 받았지만, 자사주 매각과 경영상 과실로 재판까지 가야 했다(그는 2010년에 6,750만 달러의 벌금형을 선고받고, 현재는 자선사업가로 활동하고 있다.).

안젤로 모질로가 파라오라고는 할 수 없지만(노예제나 대량 학살과 같은 범죄에 비하면 그의 죄는 미미한 것일지도 모른다.), 그의 '거만한' 성향은 그 자신과 회사에 불행을 불러왔다. 상황이 좋을 때는 확실히 그가 회사를 잘 운영하고 있는 것처럼 보였다. 하지만 부동산 시장 침체 등으로 상황이 나빠졌음에도 불구하고, 그는 자신에게 거대 회사 운영 경험이 부족하다는 한계를 전혀 인식하지 못했다. 이런 엄청난 망상으로 인해, 그의 회사 가치는 불과 18개월여 만에 완전히 증발해 버리고 말았다. 자신의 한계를 깨달았다면 모질로는 더 능력 있는 경영진을 고용하거나 부동산 시장에 이해가 높은 이들에게 조언을 구했을 것이다. 그 대신(가스 루아흐들이 그러하듯) 그는 오만하게도 자신이 비즈니스에서는 천하무적이라고 믿으며 떠벌렸다. 그 피해는 컨트리와이드의 주주들이 고스란히 떠안아야 했다.

거만한 자와 어울리고 싶은 사람은 아무도 없다. 이런 사람은 멘토나 재정적 후원자, 파트너나 공급업체를 찾기도 어렵다. 그렇기 때문에 만약 자신에게서 가스 루아흐의 모습이 감지되거든, 이겨내라. 거만해지는 것은 당신에게서 성공 가능성을 가장 빨리 빼앗아 간다. 마찬가지로, 다른 사람에게서 이런 징후가 포착되거든 좋은 말로 그들의 위치를 인식시켜주면서, 자만이 어떤 결과를 불러오는지에 대해 설명하라. 설득이 통하지 않거든 그들을 피하라. 장기적으로 볼 때, 그들은 당신에게 큰 보탬이 되지 않을 것이다.

| 인생을 위한 통찰 |

근거 없는 자부심, 거만한 마음은 당신의 영혼에도 해롭다. 신의 존재를 부정하고 모든 공을 자신에게 돌리는 일은 영적 충만함을 느낄 기회를 스스로 걷어 차는 길이다.

chapter 2

이기적인 고라

유대의 텍스트에는 '바알 가바(Ba'al Ga'ava)'라고 하는, 또 다른 거만한 자도 언급된다. 가스 루아흐와는 달리 바알 가바들은 그들의 능력과 재능, 업적에 대해 현실적이며, 자부심을 가질 만한 근거가 있다. 그러나 자신의 위치를 매우 과대평가하는 경향이 있다. 바알 가바들은 너무 자기중심적이어서 다른 사람의 필요성을 느끼지 못한다. 그들에게 중요한 것은 자기 자신뿐이다.

토라에서 찾을 수 있는 바알 가바의 전형적인 예는 모세의 사촌인 '고라'이다(민수기 16장). 3500년 전, 히브리인들이 사막에서 방랑 중일 때, 모세의 통솔에 도전하며 반란을 선동한 사람이다. 신의 명령으로 모세는 형인 아론에게 대제사장의 자리를 맡겼다. 그 자리는 고라가 기대했던 역할이었다. 250명의 부족원들이 고라에게 동조하여 반역에 가담했고, 모세와 형인 아론이 가장 좋은 직위를 독차지했다고 항의했다.

토라에서는 고라를 영적인 감각이 뛰어났던 성자라고 인정하고 있다. 그는 자신의 능력으로 거대한 성취를 이룬 자였다. 그렇기 때문에 그는 자신이 대제사장의 위치에 적합하다고 생각했다. 이런 판단에 근거해 그는 모세에게 정면 도전했고, 아론에게 돌아간 대제사장 자리를 쟁취하려 했다.

현대적인 시각으로 본다면 고라의 행동에는 잘못된 것이 없는 듯 보인다. 고라의 주장은 대부분의 현대 국가에서 정치지도자들을 선출하는 방식과도 유사하다. 그러나 사막의 히브리인들이 진보적인 민주주의 조직체를 가지고 있었던 것은 아니었다. 그들은 신의 말에 순응하여 살고자 했고, 신이 직접 아론을 대제사장으로 선택한 상황이었다. 고라는 신의 선택에 도전할 권리가 없었다. 모세에 대항해 반란을 일으킨 고라의 동기는 순수하지 않았다. 현인들은 고라의 반란을 "신의 뜻에 따라서가 아니다(아비들의 윤리 5:17)."라는 구절이 등장하게 된 배경으로 보고 있다. 이 반란에는 이기적인 동기가 있었다. 고라는 최고위직을 원했고, 이를 획득하는 데 필요한 일이면 무엇이든 하려 했다. 설령 평화를 위협하고 공동체를 곤란에 빠뜨리는 일이라 해도 상관하지 않았다.

바알 가바는 이런 사람들이다. 그들의 재능과 성취를 현실적으로 인식한다. 그러나 자신이 원하는 것을 얻기 위해서 무엇이든 하려 들고, 이 과정에서 타인이 받는 고통은 생각하지 않는다. 바알 가바는 자신에게만 너무 몰두하여, 그들의 행동이 다른 사람들에게 상처 입힌다는 생각을 하지 못한다.

모세의 겸손함은 고라의 거만한 행동과는 매우 상반된다. 일부 지도자들이 택했을지도 모르는 방법, 즉 고라와 그의 추종자들을 죽이거나 투옥시킴으로써 반란을 진압하는 대신, 그는 이 문제를 해결하기 위해 고라와의 대화를 시작했다. 그는 고라의 반란을 모욕으로 받아들이지 않았다. 모세는 어떤 것도 개인적 차원으로 받아들이지 않았기 때문이다. 신의 의지와 그가 봉사하는 대상의 안녕 외에는 신경 쓰지 않았던 것이다. 모세는 경쟁을 통해 이기는 사람이 대제사장직을 맡자고 제안했다.

반면에, 바알 가바는 이기적인 목적을 이루기 위해 다른 이들의 성공을 방해하기도 한다. 비즈니스의 차원에서 보자면, 그들은 언제나 옳은 결정을 내리지는 않는다. 그들은 자신의 이익과 부합하지 않는다면, 옳은 답이 있더라도 그것을 정답으로 인정하지 않는다. 바알 가바는 팀 플레이가 되지 않는 사람들이므로, 그들의 비즈니스는 결과적으로 곤란을 겪게 된다.

우리는 모세에게서 이런 사람들을 다루는 방법을 배울 수 있다. '그냥 해고해 버리지 말라'는 것이다. 과거에 이룬 성취를 볼 때, 그들에게는 타인에 대한 영향력과 능력, 재능이 실제로 존재하는 경우가 많다. 그렇기 때문에 그들을 바로 해고해 버리면 비즈니스 관계나 조직상에 심각한 피해를 불러올 수 있다. 그들의 불만을 심각하고 진지하게 받아들여서, 자존심 싸움까지 벌어지도록 방치하지 마라. 적절하게 대화를 하되, 그들이 방법적으로 오류를 범하고 있다는 사실을 당신이 반드시 증명해내야 한다. 그래야만 바알 가바와 그 추종자들을 징계해야 할 때, 당신에게로 타당성과 공정성의 무게가 실릴 것이다.

고라 이야기의 결말은 매우 구체적이다. 그와 그의 추종자들이 모세에게 대항하기 위해 모이자, 신은 땅을 쪼개고 그들을 산 채로 묻어 버렸다. 모세는 기꺼이 대화하려 했지만, 고라가 합리적인 의견에도 동의하지 않자 단호하게 결론을 낸 것이다. 현실에서 땅이 사람들을 삼키는 일은 거의 일어나지 않겠지만, 오늘날의 바알 가바들에게 비슷한 운명이 기다리고 있다는 사실은 분명하다.

**롱텀 캐피탈 매니지먼트(Long-Term Capital Management):
뉴스 스크랩을 읽어라**

존 메리웨더(John Meriwether)는 바알 가바의 전형적인 예라고 할 수 있다. 자신의 재능과 성공을 바탕으로, 강력한 권위와 힘을 갖고 있었던 그는 자신도 실수할 수 있다는 생각을 아예 하지 못했다.

메리웨더는 처음부터 월스트리트의 스타였다. 80년대와 90년대 초반, 그는 살로몬 브라더스(Salomon Brothers)에서 채권 트레이더로 일했다. 그는 눈 돌아가게 복잡한 채권 거래 전략을 개척해 회사와 고객, 그리고 스스로에게 엄청난 부를 안겼다. 금융 분야에 포진한 수많은 인재들 중에서도 메리웨더는 가장 뛰어난 자로 칭송받았다.

그러니 그가 1994년에 일하던 회사를 나와 자신의 헤지펀드 회사를 시작했을 때, 초기 자본금으로 10억 달러 정도를 유치하는 것은 그리 어려운 일이 아니었다. 노벨상 수상자를 포함한 저명한 수학자들을 채용하면서, 더 많은 투자자가 모여 들었다. 1998년 초반, 메리웨더가 차린 회사였던 롱텀 캐피탈 매니지먼트(LTCM)가 유치한 투자금은 50억 달러에 이르렀다.

사실 메리웨더는 이보다 훨씬 더 많은 돈을 관리하고 있었다. 그와 동료들은 국내와 해외 채권 간의 '아비트리지 방식'을 고안했고, 이 방법을 통해 매우 낮은 리스크로 소액의 돈을 벌어 들일 수 있었다. 그러나 메리웨더는 겨우 그 정도의 돈을 원한 것이 아니었다. 수익 창출 능력을 극대화하기 위해, 메리웨더는 다른 월스트리트 회사에서 돈을 빌려 자신이 관리하고 있던 자금에 합쳐 투자하는 식으로 포트폴리오를 레버리지(차익거래)했다. 그는 복잡한 파생상품을 거래했고, 그로 인해 회사의 부채는 더 많아졌다.

고객들에게 연 40%의 이익을 배당하던 관행을 지키기 위해, 메리웨더는 보유하고 있는 투자금액의 100배에 해당하는 금액을 월 스트리트 금융회사들로부터 빌렸다. 은행은 그의 능력을 전적으로 신뢰했으므로 막대한 금액을 기꺼이 대출해 주었다. 결과적으로 보면 그는 이런 신뢰를 악용하여 금융계 전반에 악영향을 끼친 셈이다.

메리웨더와 노벨상 수상 경력의 직원들이 고안한 투자 모델은 그에게 엄청난 이익을 보장하는 것 같았다. 그는 투자금을 현금화해서 차입금을 상환하면서도 고객에게 엄청난 수익을 안겨주고 있었다.

하지만 러시아 정부는 다른 생각을 하고 있었다. 1998년, 러시아 정부는 경제 위기에 대한 나름의 해법으로 국가 채무에서 손을 놓아버리기로 결정했다. 그 결과 다른 신흥국가의 채권 시장이 폭락했다. 메리웨더는 휴지조각이나 다름없는 채권에 발목이 잡힐 수밖에 없었다. 그가 쓴 미국 채권 매도 전략도 점점 힘을 잃어갔다. 모두가 안전자산을 찾아 몰리면서 미국 채권의 가격이 올라갔기 때문이다.

메리웨더가 대출금 상환을 위해 투자 금액을 늘려 줄 것을 호소하자, 월스트리트는 LTCM이 잘못되어가고 있다는 사실을 깨달았다. 그리고 이 재앙의 규모가 드러나기 시작하면서, 전 세계의 금융 시스템도 요동치기 시작했다.

1998년, 세계 금융시장이 30조 달러 규모였다는 점을 감안하면,

한 사람의 트레이더가 운용한 50억 달러 정도는 어떻게 하든 수습할 수 있지 않았을까 생각할지도 모르겠다. 그러나 그는 빌린 돈으로 파생상품을 샀고, 그 규모가 1조 2,500억 달러에 이르렀다. 이때 전 세계 금융시장이 붕괴되었다면, 존 메리웨더는 1조 달러 이상의 채무를 지게 되었을 것이다. 한 명의 개인이 상환하기에는 실로 엄청난 액수가 아닐 수 없다.

주식 시장이 폭락하고 채권 시장의 거래가 거의 사라져 버리자, 연방 정부가 메리웨더를 찾아갔다. 잠재적 매수자가 모두 사라진 시점이었으므로, 그가 포트폴리오를 매도하게 되면 전 세계 주식 시장은 더 깊은 수렁으로 빠질 것이 분명했다. 연방준비위원회 의장이었던 앨런 그린스펀은 그에게 한 가지 제안을 내놓았다. 재산가들과 투자 은행을 모아 메리웨더의 회사가 보유한 채권을 낮은 가격에 사들이게 하고, 적정가격을 되찾을 때까지 상황을 유지하자는 것이었다. 한 인간의 어리석음이 불러온 파장에서 전체 금융계를 지키려는 고육지책이었다.

메리웨더는 조금 망설였지만, 곧 항복하고 구제책에 동의했다. 그의 고객들은 LTCM에 투자한 금액의 1달러당 1페니 정도만을 겨우 돌려받았다. 그리고 그는 자신의 판단착오를 인정하지 않은 대가로, 역사에 전 세계 금융시장을 마비시킬 뻔했던 사람이라는 기록을 남기게 되었다.

어떻게 그토록 우수한 두뇌들이 모인 회사에서 이런 최악의 투자를 하게 되었을까? LTCM의 경영진 중 한 사람이 내세웠던 주장을 들어보면 기가 막힌다. 회사의 잘못이 아니라는 것이다. 그들이 수립했던 투자 모델에 따르면, 투자가 실패할 확률은 '텐 시그마 이벤트(ten-sigma event)'만큼이나 낮았다. 텐 시그마란 수학적 개념으로, 10억에 10억을 곱하여 결과로 나온 숫자의 왼쪽 1을 가장 오른쪽으로 옮기고, 가장 앞에 있는 0의 앞에다 소수점을 찍는 것을 말한다. 즉, 자신들의 투자 실패가 10의 24제곱 번에 한 번, 60억 년에나 한 번 일어날 수 있는 일이라고 믿었던 것이다.

그러나 뉴욕대 재무학 교수이며, 파산 전부터 LTCM을 비판해 왔던 나심 탈렙(Nassim Taleb)은 잡지 〈디리버티브 스트레이티 지〉의 기자에게 LTCM이 자만하고 있다며 이렇게 평했다. "텐 시그마가 일어날 확률은 매우 낮지만, 애초에 LTCM의 투자 모델이 틀렸을 가능성도 못지않게 높다." 또, 그들이 이 사실을 인식하지 못하는 것은 계산상의 오류 때문이 아니라 '눈이 멀었기' 때문이라고 말했다.

탈렙의 LTCM 분석에 따르면 메리웨더와 LTCM의 경영진은 자신들의 위상을 과대평가했고, 그렇기 때문에 자신들의 한계를 보지 못했다. 고라와 그를 따랐던 반역자들처럼, 메리웨더와 LTCM의 경영진에게는 능력과 재능이 있었다. 그러나 그들은 자신의 그릇된 목표를 이루기 위해, 다른 이들(투자자들, 대출을 허가한 투자 은행들, 그리고 전 세계 금융시스템)의 안녕과 안전을 주저 없이 위험으로 몰아넣었다. 바알 가바의 전형적인 특성이다.

| 비즈니스를 위한 통찰 |
당신에게는 스스로에게 자부심을 가질 만한 타당한 이유가 있을 것이다. 그러나 당신이 아무리 훌륭하다 해도, 비즈니스나 함께 일하는 팀원들에게 해를 끼칠 권리는 없다. 당신에게 그만한 권위가 왜 주어졌는지를 결코 잊지 말고, 진정성을 지켜라.

| 인생을 위한 통찰 |
당신의 재능이나 능력이 당신 자체를 능가하게 해서는 안 된다. 그 모든 것은 신이 좋은 목적을 위해 당신에게 준 선물임을 잊지 말아야 한다. 결코 다른 이들을 좌우하는 데 써서는 안 된다. 항상 당신만의 이익이 아닌, 더 큰 목적을 생각하라.

chapter 3

전 시대에 걸쳐
가장 성공한 사업가, 모세

이제 다시 모세에게로 돌아가 겸손이란 무엇인지 좀 더 깊이 알아보도록 하자. 모세는 이집트에서 히브리인들이 겪는 고통을 목격하고, 과감한 행동을 취했다. 파라오에게 대적해 승리한 것이다. 신의 명령에 따라 이집트에서 히브리인들을 이끌었으며, 기적과도 같은 방법으로 탈출을 감행했다. 이 기적에는 이집트인들이 굴복할 때까지 퍼부었던 열 가지 재앙도 포함된다. 모세는 자신에게 주어진 사명을 이해했고, 단호한 결의로 이를 실행에 옮겼다. 그의 사명은 한 민족을 노예 생활에서 해방시키고, 궁극적으로는 인류에 큰 공헌을 할 수 있는 민족으로 변화시키는 것이었다. 그는 세계에서 가장 성공한 혁명가라고 할 수 있다. 그의 비전은 당시로써는 매우 독특한 것이었다.

토라의 가르침에 따르면, 모세는 인류 역사상 가장 지적인 사람이었고(마이모니데스, 《방황하는 사람들을 위한 안내서》 1:54), 신과 자주

소통했던 사람이었다(민수기 12:6-8 등). 모세보다 성공한 사람은 역사상 거의 찾아볼 수 없다. 그는 작가로서도 매우 성공한 사람이다. 그가 신을 대신해 쓴 책, 토라가 3000년 이상 베스트셀러의 자리를 지키고 있으니 말이다.

제3부 앞부분에서도 설명하고 있지만, 유대교의 경전들은 모세의 눈부신 성공을 그의 지적 능력, 혹은 언변 덕택이라고 보지 않는다(실제로 모세는 말을 더듬었다.). 그가 대단한 전략가이자 책략가였을 수도 있지만, 이런 면 덕분에 지금까지 칭송 받는 것은 아니다. 유대교 구전 설화에 따르면 그가 가졌던 가장 큰 자산은 겸손이었다.

토라가 전하는 다음 이야기는 그의 겸손을 가장 잘 보여주는 일화로, 비즈니스맨들에게도 매우 유익한 교훈을 담고 있다. 모세의 장인 이드로는 매우 강력한 부족장이자 제사장, 학자, 신비주의자였다. 모세가 이드로의 사위가 되었을 때, 모세는 파라오의 분노를 사 쫓기는 신세였으며 신의 계시도 받기 전이었다. 이드로는 우상숭배자였고, 모세는 유일신을 믿었다. 이런 차이가 장인과 사위 관계에서 도움 될 리 없다는 사실은 두말할 필요도 없다.

인척관계에 불화가 생기면 양쪽 모두 자기 생각에 갇혀서 다른 사람의 입장은 생각하지 않는 경우가 많다. 그러나 모세와 장인은 서로 의견이 달랐음에도 불구하고 자기 생각만 고집하지는 않았다. 이드로는 갈대 바다가 갈라진 기적과 히브리인들을 위해 신이 행한 기적을 전해 듣고, 자신의 종교적 믿음에 문제가 있었다는 사실을 깨달았다. 그는 바로 사막을 건너갔다. 모세를 만나 가르침을 얻고, 진실을 찾고자 함이었다. 그가 도착하자 모세는 따뜻하고 공손하게 그를 맞았다. 그 상황은 다음과 같이 묘사되어 있다. "모세가 나가서 그의 장인을 맞아 절하고 입을 맞춘 후, 서로 문안하고 함께 장막에 들어갔다(출애굽기 18:7)."

이드로는 신이 이스라엘의 자손들을 위해 행한 모든 기적에 대해 들었다. 그는 자신이 지금까지 실수를 범했고, 사위의 종교적 신념이 옳다는 사실에 분개하지 않았다. 오히려 "이드로는 주께서 히브리인들을 위해 행한 모든 경이를 듣고 기뻐했다." 또한 그는 "이제 주께서 다른 모든 신보다 위대하심을 알겠다."라는 말로 우상 숭배를 완전히 회개했다(출애굽기 18:11).

그러나 바로 다음날(출애굽기 18:13-26), 그는 전형적인 장인의 모습으로 돌아가 모세의 통솔력을 비판하고 청하지도 않은 조언을 건넨다. 이드로는 모세가 하루 종일 서서 사람들을 재판하고, 백성들도 재판을 받기 위해 길게 줄을 서서 기다리는 광경을 목격했다. 어떤 사람들은 아침부터 밤까지 기다려야만 했다. 이드로는 모세에게 재판의 과정을 다른 사람에게 위임하라고 말했다. 가족 구성원 사이의 불화는 처가나 시댁에서 청하지도 않은 조언이나 비판을 해 올 때 역시 많이 일어난다. 그러나 모세는 그의 충고에 기분 나빠하지 않았다. 그는 장인의 현명한 조언을 감사하게 받아들이고 바로 실행에 옮겼다.

이렇게 주체성이 뚜렷한 두 사람이 조화로운 관계를 갖고, 서로에게 존경심을 보일 수 있었던 이유는 두 사람 모두 겸손했기 때문이다. 그들이 자신들의 위대함을 몰랐다는 뜻이 아니다. 그들은 자신보다 더 우위에 있는 것이 존재한다고 믿었다. 또한 반드시 알아야 할 위대한 진실이 자신들보다 더 중요하다고 생각했다. 모세와 이드로는 모두 겸손했기 때문에, 옳은 일을 행하는 데 자신들의 자아가 방해되지 않도록 했다. 이드로는 모세에게 유일신에 대한 진실을 배웠지만, 자신이 아니라고 생각하는 부분에서는 다른 태도를 취했다. 진정으로 진실을 추구하는 자였기 때문이다.

모세도 다르지 않았다. 이드로가 모세의 단독 재판을 보고 백성들을 위해 좀 더 효율적으로 방식을 바꿀 필요가 있다고 지적하자, 모세는 감사하게 조언을 받아들이고 대안을 마련했다. 진실이 어디서, 누구에게서 온 것인지는 신경 쓰지 않았다. 그들에게는 진실 그 자체만이 중요했던 것이다.

하지만 이드로의 이름이 우리에게 잘 알려진 이유는 따로 있다. 모세가 조언을 해 준 장인의 공을 기리기 위해 토라의 한 부분에 그의 이름을 붙였기 때문이다. 모세는 그의 생각이 옳다는 사실을 증명한 사람이었다. 신은 모세를 위해 바다를 갈랐다. 신의 도움으로 그는 강력한 권력자인 파라오를 이기고, 신과 조우하기 위해 사람들을 이끌고 사막을 건너가고 있었다. 이드로에게는 이런 업적이 없었으니 모세는 그의 조언을 무시할 수도 있었다. 그러나 모세는 그런 사람이 아니었다. 앞에서 말했듯, 겸손했던 그는 훌륭한 조언이 있으면 그것이 누구의 의견이든 간에 기꺼이 받아들였다. 모세가 우리에게 주는 교훈은 분명하다. 겸손이란 자기 자신이 어떤 사람인가와는 아무런 관계가 없다. 오히려 자신이 지닌 것 이상을 보는 능력이다. 그렇기 때문에 겸손한 사람들은 자신에게 직접적인 이익이 되지 않는 일도 할 수 있다. 또한 더 큰 그림이나 다른 사람을 위해 스스로를 희생시킬 수도 있다.

종종 사람들은 건강한 자아존중감과 자부심을 교만으로 오해하기도 한다. 우리는 자신이 지닌 장점에 대해서 스스로 자부심을 가져야 한다. 단점을 아는 것처럼 자신의 재능을 잘 아는 일은 매우 중요하다. 반대로 교만은 우리의 능력이나 위치를 과장되게 인식하는 데서 비롯된다. 비즈니스에서 성공하려면 겸손이, 그리고 교만이 무엇인지를 정확히 이해해야 한다.

이렇듯 개인의 긍정적, 부정적 특성 모두가 자아에 해당된다. 그럼 우리는 건강한 자부심을 가진 자와 그저 교만한 자를 어떻게 구분할 수 있을까? 토라의 현인들은 이 질문에 '그 사람이 모욕을 당하면 어떻게 반응하는지를 보라.'라고 대답한다.

교만한 사람은 쉽게 모욕감을 느끼고 다른 이에게 앙심을 품는다. 교만한 자들은 대부분 아주 예민한 자아를 갖고 있다. 때문에 다른 사람을 하찮게 여기고 자신의 우월성을 보이길 좋아한다. 그러나 동시에 다른 사람에게 같은 일을 당하면 매우 쉽게 모욕감을 느끼고 상처를 받으며, 깊은 앙심을 품는다. 또한 교만한 사람들의 자존심은 쉽게 회복되지 않는다.

반대로 겸손한 사람들은 모욕을 당하면 깊은 상처를 받지만, 금세 회복한다. 자신이 모욕을 당한 이유가 무엇일까를 생각해 보고, 이를 통해 얻은 정보를 실행에 옮겨 더 나은 사람이 되기도 한다. 모욕도 쓸모가 있다는 사실을 깨달으면, 자신을 모욕한 사람에게 더는 화를 내지 않게 된다. 겸손한 사람들에게 모욕이란 자신이나 자아와는 무관하기 때문이다. 그들에게 가장 중요한 것은 더 큰 명분을 위한 사명이다. 그러나 이기주의자들에게는 그들 자신, 혹은 자신의 위치와 능력이 가장 중요하다. 그들의 눈에 다른 것은 보이지 않는다.

모세처럼 진정으로 겸손한 사람은 자신의 능력과 재능을 정확하게 파악하고 있으며, 자신에 대한 비판이나 조언을 기분 상하는 일 없이 받아들일 줄 안다. 이런 특징이야말로 모세가 위대한 지도자로 성공할 수 있었던 비결이다. 모세는 더 큰 대의를 위해 타인과 순조롭게 협력할 수 있는 사람이었다. 자존심 싸움 같은 일은 안중에도 없었다. 해야 할 일이 있기 때문에, 옳은 일이면 언제나 바로 실행했다. 옳은 일을 하는 과정에 자아가 끼어들 틈을 주지 않은 것이다.

비즈니스에서 진정한 성공을 거두기 위해서도 이렇듯 겸손한 자세가 필수적이다. 하나의 기업은 주주와 고객, 직원들의 합작품이다. 다른 사람의 비판을 받아들일 줄 모르는 교만한 비즈니스맨은 무엇인가를 '함께' 만드는 데서 오는 혜택을 누리지 못한다. 교만한 상사에게 걱정거리나 아이디어를 공유하려는 사람은 거의 없다. 그러나 너무나 많은 비즈니스맨들이 자신의 회사를 그들이 지닌 재능과 능력의 산물, 혹은 자아실현의 결과로 생각한다. 시각을 바꿔, 비즈니스를 이기심을 채우기 위한 것이 아닌 비전을 실현하는 수단으로 여겨야만 더 성공적인 결과가 따를 것이다.

시스코 시스템즈(Cisco Systems): 실리콘밸리의 자존심 싸움

1984년, 스탠포드대학교 컴퓨터 운영자였던 렌 보삭(Len Bosac)과 샌디 러너(Sandy Lerner)에게 좋은 창업 아이디어가 떠올랐다. 그들이 운영하고 있던 네트워크의 규모가 방대해지면서 구내의 다른 네트워크와의 소통이 필요해진 것이다. 그러나 각 네트워크는 각각의 프로토콜(일종의 명령어 체계로 언어와 유사하다.)이 있었다. 그들은 네트워크의 프로토콜이 서로 다르더라도, 각 네트워크의 메시지를 다른 네트워크로 보낼 수 있는 장치를 개발했다.

학계를 떠난 두 사람은 시스템즈(Cisco Systems)를 설립한 뒤, 실력 있는 엔지니어와 프로그래머를 자신들의 회사로 합류시켰다. 시스코 초창기 이 회사에 모인 사람들은 자신의 분야에서 매우 뛰어난 인재들이었다. 그러나 타인과의 교류능력은 그다지 뛰어나지 못했다.

시스코 시스템즈가 사업에 뛰어들었던 당시는 '인터넷 산업의 성숙기'였다. 그들은 장치에 '멀티프로토콜 라우터'라는 이름을 붙였다. 여러 개의 네트워크를 하나로 모을 수 있는 장치라는 의미였다. 시스코의 설립자들이 생각했던 그대로 '혁명'이 시작되었던 것이다.

하지만 이런 환경이라고 해서 일하는 것이 반드시 재미있지는 않았던 모양이다. 초기에는 직원들 사이에 많은 불화와 신경전이 있었다고 한다. 어느 직원의 말에 따르면, 5명의 설립멤버들은 사소한 의견 불일치나 영역 싸움 때문에 서로 몇 달씩 말도 섞지 않고 지내기도 했을 정도였다고 한다.

1988년에 전직 공군 장교이자 컴퓨터 업계의 베테랑이었던 존 모그리지(John Morgridge)가 CEO로 오고 나서야, 내부의 긴장감이 해소되기 시작했다. 모그리지가 처음 취임했을 때의 시스코 시스템즈는 불과 직원 30명, 매출 500만 달러의 작은 규모였다. 2년 후 시스코의 매출은 10억 달러로 뛰었고, 직원은 2,000명 이상으로 급격하게 불어났다.

다양한 자아가 뒤범벅된 집단을 승리 팀으로 이끈 모그리지의 비결은 무엇일까? 바로 '대의를 위해 자아는 후순위로 두어야 한다'는 믿음이었다. 이런 믿음이 있었기에, 그는 항상 열정과 정의감을 갖고 분쟁을 중재했다. 모세와 마찬가지로, 모그리지는 자신의 자아가 멍드는 것에는 그다지 신경 쓰지 않았다. 그는 목표를 이루기 위해 해야 할 일들만 생각했다. 당시 시스코의 가장 큰 목표는 성장이었다. 때문에 모그리지는 직원들이 각자 잘하는 업무에 집중할 수 있도록 했다. 직원들에게 자신의 이기적인 목적이 아니라 회사를 위해 일할 것을 주문한 것이다.

모그리지는 시스코 시스템즈의 CEO로서, 다른 사람들과 똑같이 이기적인 행동을 할 수도 있었다. 하지만 그는 모세처럼 자신의 권위를 활용해, 직원들이 자신의 재능과 자질을 회사의 성장을 위해 쓰도록 만들었다. 이제 시스코 시스템즈의 주가 총액은 1,800억 달러 이상이며, 세계 최대 기업 10위 안에 드는 회사가 되었다. 모그리지는 오랫동안 시스코의 명예회장직을 맡았다.

겸손에 대해 논할 때 우리가 명심해야 할 중요한 개념이 한 가지 있다. '겸손한 사람'과 '바보 같은 사람'은 엄연히 다르다는 점이다. 바보 같은 사람은 어떤 기업에도 해가 된다. 다른 사람이 우리를 밟고 올라가게 용납해서는 안 된다. 우리에게는 자신의 권리를 지킬 의무가 있다.

모세와 고라의 이야기로 돌아가 더 깊게 들여다 보자. 겸손한 모세 역시 과대망상증 환자였던 고라가 자신이 힘겹게 세운 조직을 파괴하도록 가만히 내버려 두지 않았다. 대신, 모세는 그를 단호하고도 공정하게 다뤘다.

이를 통해 당신은 모세가 겸손한 사람이긴 하지만, 완수해야 하는 사명을 다른 사람이 망치도록 용납하지는 않았다는 사실을 알 수 있다. 그는 자신이 계속 그런 대접을 받도록 방관하지 않았다. 결국 모세는 고라와 자신을 경쟁무대에 세웠고, 고라는 그 싸움에서 패배했다. 겸손하다고 해서 다른 사람들이 당신을 밟고 지나가거나, 당신의 목표를 우습게 알도록 해서는 안 된다. 물론 앞에서도 말했듯 자존심과 자아를 지키기 위한 싸움만 계속하라는 의미는 아니다.

| 비즈니스를 위한 통찰 |

당신이 힘이 있는 자리에 있다면, 모세의 행동을 따라라. 자신의 강점과 특기를 잘 파악하되, 이기적인 목적에는 결코 사용하지 않아야 한다. 또한 누가 하는 말이든 좋은 조언은 열린 마음으로 받아들여라. 그렇다고 다른 사람이 당신을 좌지우지하게 만들지는 말라. 자신을 잊지 말고, 다른 이들이 당신의 의견에 귀 기울여 듣도록 해야 한다. 바보가 되는 것은 겸손이 아니다. 약하다는 증거일 뿐이다.

교만이나 자아과잉으로 인간관계를 망치지 마라. 과거에 모세와 장인 사이에는 심각한 불화가 있었다. 또 모세는 아무도 말릴 사람이 없을 정도로 막강한 힘을 가진 사람이었다. 그럼에도 불구하고 자신에게 교훈을 주는 장인을 사랑하고 존경했다는 사실을 잊어서는 안 된다.

명상 | MEDITATION

제3부에서는 자기표현의 네 가지 형태를 다루었다. 각각 가스 루아흐(거만한 사람), 바알 가바(이기적인 사람), 겸손한 사람, 바보 같은 사람이다. 이 네 가지 사람들을 이해해 보려는 마음으로 명상을 시작하되 그 전에 각 유형의 성격과 행동을 잘 파악해야 한다. 네 가지 유형을 잘 이해했다는 생각이 들면 명상은 이미 시작된 것이다. 가장 먼저 가스 루아흐에 대해 곰곰이 생각해 보라. 가스 루아흐라는 단어를 계속해서 반복하면서, 그 의미와 성격 유형을 깊게 생각해 보는 과정이다. 계속 이를 떠올리다 보면 이런 유형의 성격이 역겹게 느껴질 것이다.

이 단계까지 왔으면, 당신이 가스 루아흐의 특징을 갖고 있는지는 않은지에 대해 생각해 보라. 당신에게 이런 특징이 있다면(그렇다 해도 정상이다.) 그것이 당신의 일과 삶에 어떤 영향을 미쳤는지 생각해 보라. 그리고 자신, 비즈니스, 직업에 각각 어떤 '부정적인' 영향을 미쳤는지에 대해서까지 연결해 보라. 당신에게 변화가 필요하다는 생각을 하게 될 것이다. 같은 단계의 명상을 바알 가바적인 특징에도 대입해 보라.

이제 겸손에 대해 생각해 보고, 이를 깊이 있게 이해할 수 있도록 노력하라. 완전히 이해했다는 생각이 들면 명상을 시작하라. 겸손이 당신의 비즈니스와 인생에 어떻게 영향을 미쳤는지 생각해 본 후, 겸손으로 인해 생기는 좋은 점을 마음 가장 깊숙한 곳에 새겨 보라. 또 자신이 더 겸손해지면 어떤 혜택이 생길지를 떠올려 보라. 더 겸손해짐으로써 비스니스와 당신의 삶이 더 풍요로워질 수 있다는 깨달음이 생기면, 겸손하게 살아야겠다는 의지는 더욱 강해질 것이다.

마지막으로 바보 같은 유형에 대해서도 같은 방법으로 생각해 보자.

Part 4

가부장적 비즈니스 모델: 성공을 위한 청사진을 창조하라

이에 야곱이 매우 번창하여
노비와 낙타와 나귀가 매우 많았더라.

In this way the man [Jacob] grew exceedingly prosperous and
came to own large flocks,
and maidservants and menservants, and camels and donkeys.

- 창세기 30:43

우리 자신을 바꾸기도 어려운데, 세상을 바꾸기란 얼마나 어려울까? 아주 가끔, 세상을 더 나은 곳으로 바꾸는 개인도 존재하기는 하지만, 대개의 경우는 많은 사람들이 함께 노력해야만 가능하다.

그런데 수천 년 전, 단 세 사람이 세상을 바꾸었다는 기록이 남아 있다. 변화는 아브라함이 세상을 창조하고 유지하는 신은 단 하나라는 깨달음과 함께 시작되었다. 그리고 그의 아들 이삭과 손자 야곱은 이 깨달음을 실행에 옮겨 나라를 건설하고 종교를 일으켰다. 변화는 3세대에 걸쳐 천천히 일어났다. 그들의 여정은 수많은 성공과 실패의 연속이었다. 하지만 아이가 자라 십대가 되고 어른이 되듯, 세 사람의 성장과 함께 유일신 교 역시 성숙해 갔다. 또한 그들의 자손들도 유대 왕국을 건설하는 등 제 역할을 다했다. 이 과정은 토라와 첨부 문헌에 잘 나와 있다.

세 명의 유대 조상들이 난관을 극복하는 과정을 각각 살펴보면, 그들의 '경영 철학'을 알 수 있다. 아브라함은 그의 권위를 남에게 위임하지 않고 모든 일을 자신이 나서서 직접 처리했다. 반면 이삭은 자신의 비전을 직접 실행에 옮기기보다는 다른 사람들에게 권한을 위임하고, 전적으로 믿어주었다. 야곱은 이 두 유형의 중간 지점을 잘 찾아냈고, 아버지와 할아버지에게서 배운 교훈 덕택에 강력한 종교의 근간을 완성했다. 이 종교는 이후 수천 년간의 고난을 굳세게 견뎌냈다.

이 세 사람 각각의 리더십과 경영 방법은 오늘날의 비즈니스 세계에 어떤 교훈을 주는가? 또 그 교훈을 요즘의 시대에 어떻게 적용해볼 수 있을까? 이를 알기 위해 우리는 10년에 걸친 통신 산업의 변화상을 추적했다. 수년 전만해도, 통신은 국가가 통제하는 독점산업이었다. 수년간 기술적, 제도적 문제가 계속해서 발생했고, 뛰어난 경영진도 찾아보기 힘들었다. 그러나 최근의 경제면 기사를 꼼꼼히 읽으면서, 우리는 창세기가 펼쳐진 것 같은 느낌과 함께 4부의 이야기를 풀어낼 실마리를 찾았다.

chapter 1

경쟁에서 이기다

아브라함의 이야기가 적힌 미드라쉬(브레시트 라바 38:13)에 따르면, 이 소년은 아버지의 가게에서 일종의 품질 관리 업무를 맡고 있었다. 아브라함의 아버지 데라는 메소포타미아(현재 이라크의 일부)인들에게 우상을 팔고 있었다. 이 곳 주민들은 데라가 다른 지역 상인들보다 훨씬 강력한 우상을 팔고 있다고 믿었다. 메소포타미아인들은 강한 우상을 지니는 것을 오늘날에 좋은 승용차를 모는 것과 비슷한 의미로 여겼다. 그들은 우상이 악을 물리쳐준다고 믿었을 뿐 아니라, 강한 우상을 지닐수록 친척들이나 동료들에게 부러움을 살 수 있다고 생각했다.

훌륭한 사업가들이 대개 그렇듯, 데라는 여러 수단을 활용해 수익을 창출했다. 일례로 그는 우상을 대여하기도 했다. 약간의 돈만 내면, 손님들은 가게 안의 우상에게 제물을 바칠 수도 있었다는 뜻이다. 어느 날 그는 볼일이 있어 아들 아브라함에게 가게를 맡기고

외출했다. 사실 이건 위험한 일이었다. 아브라함은 미신을 믿는 가게 손님들을 짓궂게 조롱하는 버릇이 있었기 때문이다.

아브라함은 이미 회의와 의심을 바탕으로 진실을 추구하는 과학적인 접근법을 갖고 있었다. 윗사람을 대하는 태도도 조숙한 편이었다. 또한 진정한 성취를 위해서라면, 그는 가게의 매출 정도는 희생시킬 수 있는 사람이었다. 사실 아브라함은 이미 판매의 달인이기도 했다. 다만 아버지가 원하는 방식으로 상품을 판매하지 않았을 뿐이었다.

아버지가 외출한 뒤, 한 여자가 큰 접시에 음식을 가득 담아 들고 가게로 들어왔다. 아브라함은 "저 주려고요?"라고 물었지만 진지한 질문은 아니었다.

여자는 얼굴을 찌푸리며, 아브라함에게 자신이 가장 좋아하는 우상 앞에 그 접시를 놓아달라고 말했다. 가게에서 가장 작은 우상이었다. 그녀는 돈을 지불하고는 만족스럽게 가게를 나갔다.

그러자 아브라함의 머릿속에는 번뜩이는 계획이 떠올랐다. 그는 아버지의 도끼를 들고는, 가게에 있던 모든 우상을 부숴버리고 가장 큰 것 하나만 남겨놓았다. 그 후 접시를 남은 우상 앞으로 옮기고는 아버지가 돌아오기를 기다렸다.

그날 저녁, 귀가한 데라는 엉망으로 어질러진 가게를 보고 깜짝 놀랐다. 바닥에는 우상들의 부서진 팔다리가 나뒹굴었고, 공중에는 먼지가 뿌옇게 날리고 있었다. 그는 아들에게 도대체 무슨 일이 일어났던 것이냐고 물었다. "글쎄요." 아브라함이 대답했다. "어떤 여자가 와서 작은 우상 앞에 큰 접시를 놓으라고 하더라고요. 그러자 그 우상보다 조금 더 큰 우상이 그걸 달라고 하면서 낚아채 갔는데, 이번엔 그보다 더 큰 우상이 와서 가져가 버렸어요. 그 다음엔 아주 우상이 나타나 접시를 가져가 버려서, 제가 어찌 하기도 전에 우상들 간에 대판 싸움이 났어요."

"결국에는……." 아브라함은 쉬지 않고 아버지에게 설명했다. "제일 큰 우상이 도끼를 들고 와서 다른 우상을 다 부숴버리고, 음식을 차지하더라고요." 당연히 가게 한복판의 가장 큰 우상의 발 아래에는 음식이 가득 담긴 접시가 놓여져 있었고, 손에는 도끼가 쥐어져 있었다.

버릇 없는 자식을 둔 아버지들은 이해하겠지만, 데라는 몹시 화가 났다. "날 놀리는 게냐!" 그는 아들에게 소리쳤다. "우상들이 움직일 수가 있겠느냐? 그저 돌과 나무 조각인데. 음식을 먹지도 못하고, 싸울 수도 없다!"

아브라함은 어린애 같은 목소리로 대답했다. "우상들이 힘이 없다면, 도대체 왜 섬기세요?" 데라는 화가 났겠지만, 아마 결국에는 아들의 의견을 받아들이고, 유일신교로 개종한 첫 번째 신도가 되었을 것이다.

아브라함의 전략은 매우 위험했다. 아버지의 분노를 사는 것은 그나마 나았다. 아브라함은 우상 숭배가 국교인 나라에 살고 있었다. 당시 왕인 니므롯은 스스로를 신으로 생각했고, 그와 닮은 우상을 제작해 국민들로 하여금 숭배하도록 했다. 그러므로 아브라함의 행동은 사실 왕에 대한 모욕이었다. 미드라쉬에 따르면 아브라함은 이 일로 사형선고를 받았다. 아브라함은 공개적으로 우상에 절을 하든지, 불길이 타오르는 용광로에 던져지든지 둘 중 하나를 선택해야만 했다.

그러나 우리는 아브라함이 단순히 어리석어서 아버지의 우상을 파괴한 것은 아니라는 점을 명심해야 한다. 이런 위험하고도 충격적인 행위를 저지른 데에는 결심한 바가 있었기 때문이다. 그에게 규범에서 벗어나 사랑하는 아버지에게 상처를 주고, 사형을 당할 수도 있는 반역행위를 저지르라고 종용했던 것은 과연 무엇일까?

우연히 일어나는 일은 없다. 아브라함이 기업의 고대 버전이라 할 수 있는 상인의 집안에서 태어난 것 역시 우연은 아니다. 그는 어릴 때부터 판매는 어떻게 하는지, 손님은 어떻게 대하는지, 장부는 어떻게 쓰고, 이윤은 유지하되 경쟁력은 떨어지지 않을 정도의 가격 책정은 어떻게 하는지를 배웠다. 게다가 아브라함에게는 다른 상인들이 가지고 있지 않은 경쟁력이 있었다. 바로 '강력하고 새로운 신'이라는 더 좋은 상품이었다. 한낱 돌과 나무로 만들어진 우상보다 더 큰 보상을 약속해 주는 존재를 지니고 있었던 것이다.

이 이야기는 유일신교가 탄생하게 된 배경을 설명하고 있다. 유일신에 대한 믿음이 매우 강했기 때문에, 아브라함은 우상 숭배를 반대하는 자신의 견해를 굽히지 않았다. 니므롯 왕이 그를 용광로에 던져 넣으려고 했을 때조차 마찬가지였다. 전해 오는 이야기에 따르면, 용광로의 불길은 신비롭게도 아브라함의 몸에 닿지 않았다고 한다.

아브라함의 '홍보 활동'은 아버지의 우상 숭배로 인해 방해를 받았지만, 그의 예상을 뛰어 넘을 만큼 크게 성공했다. 그는 메소포타미아인들에게 우상 파괴자이자 신성한 자라는 명성을 얻게 되었다. 이제 이미 거둔 선전 효과를 발판 삼아 종교를 일으키기만 하면 되는 상황이었다. 그러나 아브라함의 전술은 그가 추구하는 궁극적인 성공으로 곧바로 이어지지는 않았다.

| 비즈니스를 위한 통찰 |
어떤 비즈니스에서나 마케팅은 당신이나 판매하는 물건 자체 못지않게 중요하다. 하지만 장기적인 성공을 위해서는 그 외의 다른 요소들도 필요하다는 것을 명심하라.

| 인생을 위한 통찰 |

옳은 일을 행해야 하는 이유는 그것이 당신에게 명성과 부를 가져다 주기 때문이 아니라 단지 '옳기' 때문이다. 용기를 갖고 당신이 옳다고 생각하는 것을 행하라. 분위기에 휩쓸려 당신의 가치를 희생하지 마라. 당신이 하는 일에서는 언제나 신뢰받을 수 있도록 노력하라.

chapter 2

사막의 풀뿌리:
아래에서 위로

아브라함은 성공적으로 새 브랜드를 만들고 싶었다. 그는 새 신도들에게 유일신이라는 개념을 알리고, 신의 권능과 영광, 신에게 가까이 가야 하는 사명에 대해 깨우쳐주고자 했다. 미드라쉬는 아브라함의 비즈니스 모델에 대해 구체적으로 다음과 같이 설명한다 (브레시트 라바 48:9).

니므롯 왕의 분노를 피해 도망쳐 나온 후 아브라함은 메소포타미아 밖의 사막에 가게를 차렸다. 이 지역은 교역로가 있어 사람들이 붐비는 곳이었다. 아브라함은 가게에 들른 사람 모두에게 식사를 대접했다(브레시트 라바 54:6). 그리고 손님이 식사하는 동안 유일신교와 신에 대해 설교하곤 했다.

종교를 알리는 데 목표를 두었던 아브라함에게 이 전략은 성공적이었다. 식사를 대접하느라 경제적으로 궁핍해지긴 했지만, 많은 사람들을 개종시킬 수 있었다. 새로운 세상에 대한 비전과 새로운 생활

방식, 가치를 듣고 감명 받은 사람들이 생겨나기 시작했던 것이다. 그의 가게를 찾았던 손님들은 아브라함의 천막을 떠나기 전, 이전에 행했던 우상 숭배를 비난하고 유일신을 믿기로 맹세하곤 했다. 여기에 그치지 않고 그들의 깨달음을 더 넓은 세계로 전파하기도 했다.

하지만 토라에 서술된 내용이나 미드라쉬의 해설을 상세하게 읽어보면, 아브라함의 성공이 그리 오래 가지는 못했다는 사실을 알 수 있다. 그가 복음을 전했던 장소는 주로 사막의 천막이었다. 그러나 여행자들이 개종한 것과는 달리 그의 가족들은 계속해서 우상을 숭배했고, 그만두라는 간청을 무시했다. 곧 여행자들의 의지는 사그라졌고, 다시 다신교적인 세계관으로 돌아가곤 했다. 한때 수천에 이르렀던 신자들은 독실한 이들만 몇몇 남게 되었다. 그마저도 아브라함의 가족이 대부분이었다. 왜 아브라함의 개종자들은 그의 가르침을 오랫동안 따르지 못했을까?

현대의 마케팅 컨설턴트가 이 이야기를 듣는다면 이렇게 결론을 내릴 것이다. '개종자들이 신도로 오래 남아있지 못했던 이유는 아브라함이 천막 밖에서의 적절한 고객 서비스 인프라를 구축하지 못했기 때문이다.'라고 말이다. 아브라함은 광고 홍보와 신뢰도 창출에는 매우 뛰어났지만, 종교가 번창하기 위해 필요한 사회적 시스템과 지원망을 구축하지는 못했다. '카발리스트'라고 불리는 유대교 신비주의 지도자들은 아브라함의 전략을 풀뿌리 전략이라는 의미의 '밀마타 레말라(milmatah lemalah, '아래에서 위로'라는 뜻)'라는 용어로 설명한다. 하지만 창업을 할 때와 마찬가지로, 종교를 번창시키려면 고객의 만족도를 증진시킬 수 있는 또 다른 요소가 필요하다. 일련의 지원 시스템이 구축되어 있어서, 고객이 편안함을 느끼고 신뢰감을 쌓을 수 있어야 한다는 뜻이다. 이를 경험한 고객 혹은 신도들만이 해당 브랜드의 단골로 남게 된다.

아브라함은 고객 관리 인프라의 핵심을 잊은 것이라 할 수 있다. 그는 고객, 즉 그의 신도들에게 신경을 쓰긴 했지만, 시간과 자원을 하나의 프로세스에만 지나치게 집중했다. 자신과 새 신도 간의 일대일 관계가 바로 그것이었다. 그는 덩치가 큰 조직을 세우지 않고, 수많은 신도들을 개별적으로 거느렸다. 그들은 아브라함의 유일신교를 열정적으로 받아들였지만, 몸 담을 수 있는 공동체가 없었기에 곧 떠나갔다.

아브라함은 개개인들과 상호작용을 하는 것만으로도 지속적인 성과를 창조해낼 수 있다고 생각했던 것 같다. 그러나 그는 신도들의 한결같은 충성심을 이끌어내지는 못했다. 물론 아브라함은 소수의 독실한 추종자들은 거느릴 수 있었다. 또한 그의 아들과 손자(이삭과 야곱)의 업적과 더해져 오늘날까지 눈부시게 유지되고 있는 성공을 거둘 수 있었다. 아브라함은 훌륭한 세일즈맨이었지만(다신교로 괜찮은 사업을 하고 있던 아버지까지 유일신교를 믿도록 만든 것을 보면 분명 사실인 듯하다.), 수천에 이르는 신도들의 요구를 모두 충족시킬 만한 거대 조직을 만들지는 못했다. 큰 조직을 세우기 위해서, 아브라함은 자신의 업무 중 일부를 다른 사람에게 위임할 필요가 있었다. 그랬더라면 새로운 신도들의 요구를 충족시킬 만한 자원을 더 많이 확보할 수 있었을 것이다. 그러나 앞에서도 말했듯 아브라함은 자신의 일을 거의 위임하지 않았다. 공동체를 세울 만한 자원과 인력은 자연히 부족해졌다. 개종자들이 아브라함의 품을 떠난 뒤에는, 지원 받을 수 있는 인프라가 거의 없었다는 의미다.

보나지(Vonage): 부실한 고객 서비스

아브라함처럼, 자원 배분에 실패해 고객에게 충분한 사후 서비스를 제공하지 못했던 기업의 사례를 들어보려 한다. 보나지(Vonage)라는 기업이다. 그들은 전화 회사가 설치한 기존의 전화선 대신 인터넷을 네트워크로 사용하는 전화를 최초로 시장화 했다. '음성패킷망(VoIP)'라고 불리는 신기술의 덕분에, 신규업체들도 통신 분야에 진출할 수 있었던 시기였다.

이 기술이 처음 도입되었던 시기, 보나지는 빠른 속도로 시장 선두를 차지했다. 공격적인 가격정책과 세심한 광고 전략으로, 그들은 다른 신생업체를 제치고 수백만 명의 개인 이용자와 소규모 사업자들을 고객으로 유치하는 데 성공했다. 2005년에 보나지의 VoIP를 이용하는 누적 유료 고객은 130만 명이 넘었다. 이는 전체 시장의 절반이 넘는 숫자였으며, 이후 2년 내에 두 배로 성장할 것이라 예상되었다.

하지만 고작 1년 후, 보나지의 기업공개에 문제가 생겼고 투자자들은 보나지의 주식을 팔기 시작했다. 2006년 3월, 보나지가 마침내 기업공개를 실시했지만, 주식의 가격은 바로 몇 달 전 예상됐던 것에 비하면 불과 4분의 1 정도였다. 그 후 겨우 2년이 지난 2008년에는 거의 85% 이상 추락했다.

그 사이에 무슨 일이 일어났던 것일까? 보나지는 마치 아브라함처럼 초기 판매에 집중했고, 세심한 고객 지원 시스템을 구축하는데는 상대적으로 소홀했다. 2006년 2월, 보나지는 고객 1인당 광고비로 200달러 이상을 지출하고 있음을 인정했다. 신규 고객에게서 이 광고비를 회수하는 데 적어도 1년은 걸린다는 의미였다. 마케팅의 세계에서는 전례 없이 낮은 투자 수익이었다.

이렇듯 보나지는 고객 서비스보다 광고에 더 많은 돈을 지출했고, 그 결과 형편없는 전화 회사라는 평판을 얻게 되었다. 전화가 끊기거나 갑자기 먹통이 되는 경우가 많았고, 잡음도 심했다. 그 결과,

고객 이탈율이 매우 높아졌다. 다시 말해 보나지는 고급스러운 마케팅 전략을 이용해 고객을 끌어들일 수는 있었다. 하지만 고객의 충성도를 유지할 수 있을 만큼의 적절한 인프라를 갖추지 못했다.

아브라함과 마찬가지로, 보나지의 경영진도 바닥에서부터 비즈니스를 시작해 정상으로 끌어올릴 수 있다고 생각했다. 그러나 고객을 유치하기 위해서는 생각보다 훨씬 더 많은 비용과 수고가 들어갔다. 아브라함처럼, 그들은 아주 잠깐 동안만 강력한 조직을 유지할 수 있었다.

그들은 고객들에게 초기에 제공한 서비스 이상의 총체적 경험을 주지 못했다. 두 경우 모두 고객에 대한 사후관리가 없었기 때문이다. 이유도 비슷하다. 아브라함과 보나지는 고객 유치에 총력을 기울였지만, 적절한 고객 서비스를 할 수 있는 자원은 확보하지 못했다. 한 가지에 너무 집중한 나머지 새 고객(신도)들이 의지할 수 있는 인프라 구축을 위한 시간, 에너지, 인력을 전혀 남기지 못했던 것이다.

보나지와 아브라함이 고객 서비스 향상을 위해 자원을 적절히 배분했다면, 고객들은 총체적인 브랜드 경험을 통해 계속적으로 충성을 맹세했을 것이다. 많은 소기업들이 실패하는 이유도 비슷하다. 그들에게는 고객 서비스에 자원을 충분히 배분할 수 있는 능력이 거의 없다. 따라서 고객의 충성도 또한 확보할 수 없다. 보나지의 고객 서비스가 충분치 않았던 이유는 경영진들이 그 필요성을 몰랐기 때문이고, 아브라함의 경우에는 어떤 권한도 다른 이에게 위임하지 않고 CEO로서 모든 일에 직접 관여했기 때문이다. 소규모 비즈니스 경영자들은 모든 일을 혼자서 할 수는 없다는 사실을 깨달아야 한다. 자원과 책임을 고르게 분배해야 고객들의 니즈에 다방면으로 대응할 수 있고, 이로써 비즈니스가 성장할 수 있다. 24시간 내에 한 사람이 할 수 있는 일의 양은 매우 제한적이다. 모든 일에 관여하겠다는 전략은 기업 조직의 성장을 막을 것이 분명하다. 한 사람이 대응할 수 있는 고객의 수는 매우 한정적이기 때문이다.

| 비즈니스를 위한 통찰 |
당신과 당신의 가족들만으로 회사의 규모를 크게 키우기란 아주 어렵다. 비즈니스가 커질수록 고객의 니즈에 적절하게 대응할 수 없다. 따라서 고객들이 당신에게 충성심을 가질 이유도 사라진다. 고객 충성도 창출은 획기적이고 효율적인 마케팅 못지않게 성장에 중요한 요소이다.

| 인생을 위한 통찰 |
유대의 위대한 유산인 '아비들의 윤리'에서는 이렇게 말하고 있다. "일은 혼자서 다 하라고 주어지는 것이 아니다. 또 하다가 중도에 그만 두라고 주어지는 것도 아니다." 모든 일을 혼자 다 해야 한다고 생각하지 마라. 다른 이들의 도움을 받아라. 당신의 목표와 꿈에 친구와 가족을 동참시켜라.

chapter 3

새로운 패러다임 등장:
위에서 아래로

토라에 따르면(창세기 18:3-8) 아브라함은 99세의 나이가 되도록 모든 것을 홀로 통제했다. 그가 신의 명령으로 고통스러운 할례를 받은 지 3일 후, 인간의 모습으로 위장한 천사 세 명이 그의 천막에 나타났다. 그와 부인 사라, 어린 아들 이스마엘은 천사들에게 빵을 구워주고 식사를 만들어 대접했다. 그 즈음의 아브라함은 하인에게 음식을 준비시킬 정도의 여유는 가지고 있었다. 그러나 그와 비슷한 또래였던 그의 아내는 여전히 사소한 일들까지도 직접 하고 있었다. 그가 일으킨 종교가 크게 성장하지 못한 것은, 그리고 독실한 신도가 수백 명에 지나지 않았던 것은 어찌 보면 당연한 결과였다.

하지만 천사들은 그에게 새로운 '직원', 즉 이삭이 곧 태어날 것이라 말해주었다. 아브라함에게 새로 생길 아들은 아브라함의 유산을 물려받기에 적합한 자인데다, 아브라함과는 다른 방식으로 일을 할 자였다. 아버지의 경영 스타일을 지켜보면서 자란 이삭은 조직의 확장을 위해서 꼭 해야 할 일이 있다는 생각을 품게 되었다. '아래에서 위로'라는 뜻의 '밀마타 레말라' 방식으로 경영했던 아버지와 달리, 이삭은 '밀마라 레마타(milmalah lematah)', 즉 '위에서 아래로' 경영하는 방식을 취했다. 그는 문제를 조사하고 해결책을 찾아, 다른 이들로 하여금 실행하게 했다. 그는 불간섭주의 접근법을 택했다. 일례로, 그는 결혼할 시기가 되자 하인에게 배우자를 대신 찾아보라 시켰다(아버지 아브라함이 집안의 종인 엘리에셀에게 시킨 일이기도 하다.). 이삭은 자신에게 딱 맞는 신부감을 찾을 수 있는 판단력이 하인에게 있다고 믿었던 것이다.

이삭의 경영방식을 엿볼 수 있는 다른 예는 '우물'이다(창세기 26:18). 이삭은 '우물 파는 자'라는 별명이 붙을 정도로 여러 곳에 우물을 팠다. 샘물만 발견하면 계속해서 물을 공급 받을 수 있도록 만든 것이다. 우물은 구멍으로부터 자체적인 압력을 받아 천연 샘물이 위로 솟아오르는 원리이기 때문에, 한 번 파놓으면 유지나 관리가 필요치 않다. 이삭의 우물은 그의 비즈니스 모델을 짐작해 볼 수 있게 한다. 우물 파기와 마찬가지로, 이삭은 적절한 곳에 알맞은 사람들을 배치하고, 사업이 자생할 수 있게 관망할 뿐 추가적인 에너지를 쏟지는 않았다.

이삭의 '위에서 아래로' 접근법, 즉 불간섭주의 경영 스타일은 토라 속 '사기꾼' 장면(창세기 27:6-29)에서도 찾아볼 수 있다. 이삭의 아들 야곱이 자신의 아버지 이삭을 속여 형인 에서가 받아야 하는 '장자'로서의 축복을 대신 받으려는 장면이다.

당시의 부족 전통에 따라, 장자상속권은 당연히 먼저 태어난 에서에게 가야 했다. 그러나 에서는 자신의 장자상속권을 죽 한 그릇을 받고 팔아버렸다. 게다가 에서에게는 야곱과는 반대로 장점도 거의 없었다. 토라도 야곱이 장자상속권을 대신 받은 사실을 옹호하고 있다.

이삭은 야곱과 에서 사이의 일을 모르고 있었다. 에서가 태어날 때부터 상속자로 정해져 있으니 그뿐이었다. 그는 야곱이 뛰어난 통솔력을 가졌고, 에서는 자질이 부족하다는 사실조차 몰랐던 것이다.

야곱의 어머니 리브가는 한 가지 계책을 세웠다(창세기 27:6-13). 그녀는 야곱에게 염소의 가죽을 입고 이삭의 천막으로 가서 축복을 청하라고 말했다. 그 즈음 눈이 점점 멀어가던 이삭은 손을 뻗어 자신의 앞에 서 있는 사람이 누구인지 확인했다. 염소 가죽을 만진 이삭은 당연히 그가 털이 많은 에서라고 생각하고, 장자의 축복을 내렸다.

토라에 따르면 야곱은 부족을 위해 필요한 최선의 행동을 한 것이다. 그렇기 때문에 이 부족은 번성할 수 있었다. 유대교의 전통적 해석에 따르면, 야곱은 남의 것을 가로챈 사기꾼이 아니라 후손들에게 일어날 수도 있었던 재앙을 막았던 영리한 지략가였다.

한편 이삭이 아무리 능수능란하게 권한을 위임하고 비즈니스를 일으키는 사람이었다 하더라도, 그의 불간섭주의 경영 스타일 역시 문제는 있었다. 그의 아내와 작은 아들의 기지가 없었다면 이삭은 그대로 자질이 부족한 에서에게 장자의 축복을 내리고 말았을 것이다.

MCI 월드컴(MCI World com): 비전의 부족

버니 에버스(Bernie Ebbers)의 경영은 과도한 불간섭주의 경영이 어떤 결말을 불러오는지를 아주 명확하게 보여주는 대표적인 사례이다. 에버스는 인터넷 호황기 시절, 월스트리트의 아이콘과 같은 존재였지만 상황이 나빠지자 회사를 파멸로 이끌었다. 그가 경영했던 MCI 월드컴(MCI Worldcom)은, 90년대 후반에 장거리 전화 서비스를 제공하던 대기업이었다. 당시 장거리 전화 서비스는 신기술의 등장으로 수익률이 낮았을 뿐만 아니라 매출도 감소하는, 사양산업이었다.

그러나 에버스는 MCI의 방대한 자본력을 이용해 전국의 지방 전화 업체들을 사들이기 시작했다. 그는 매우 빠른 속도로 합병을 추진했다. 새로운 업체를 거의 매달 하나씩 사들였을 정도였다. 곧

MCI의 방대한 현금 자원으로도 이 추세를 감당하지 못하게 되었다. 그러자 에버스는 월스트리트의 금융기관들로 눈을 돌렸다. 금융기관에서는 투자 수익을 확대하고자 레버리지를 통한 대출을 제공했다. 1999년 무렵의 에버스는 망해가던 회사를 고속 성장하는 거대기업으로 변모시킨 것으로 유명했다. 한때 고등학교의 농구 코치였던 그는 자수성가형 억만장자가 되었다.

하지만 그의 성공은 오래가지 않았다. 2001년 주식 시장이 폭락하자 에버스의 '덩치 키우기' 전략은 당장 역효과를 보기 시작했다. MCI의 주식은 급락했고, 엄청난 대출의 상환일이 다가오고 있었다. 회사의 차입금은 분에 넘치게 많았고, 자본금은 지나치게 적은 상태였다. 2002년이 되자 MCI는 파산했고, 에버스는 해고되었다. 투자자들은 1,800억 달러라는 어마어마한 손실을 입었다.

그러나 아직도 최악의 상황은 끝난 것이 아니었다. 에버스와 경영진이 회계부정으로 기소된 것이다. 그는 스스로를 변호하기 위해 "나 같은 늙은이가 어떻게?" 같은 식의 전략을 구사했다. 에버스는 배심원단에게 만약 그의 부하 직원들이 부정을 저지른 게 사실이라고 하더라도, 정작 자신에게는 직원들이 제시하는 복잡한 회계 원칙을 이해할 능력이 없었다고 호소했다. 에버스는 피고인석에서 이런 말을 남긴 것으로도 유명하다. "저는 체육 교육 전공자인데요."

에버스의 말이 전부 사실이라고 하더라도, 회사를 부실하게 경영한 책임은 그가 져야 마땅하다. 에버스는 불간섭주의 경영 전략을 펼침으로써 적절한 관리감독을 병행하지 못했고, 결국 회사를 재앙으로 이끌었다. 현재 버니 에버스는 루이지애나 교도소에 수감되어 있으며 2028년까지 가석방이 금지되어 있다.

| 비즈니스를 위한 통찰 |
비즈니스나 프로젝트를 일단 시작하고 나면, 손을 떼고 알아서 굴러가게 두고 싶은 유혹이 들 것이다. 그러나 그런 충동을 이겨내고 상황을 계속 주시해야 한다. 구체적인 관리감독을 지속적으로 실시하라. 지나친 불간섭주의 접근법은 좋은 결말을 내지 못하는 경우가 대부분이다.

| 인생을 위한 통찰 |
당신이 지금 하는 일이 어떤 것이든 관계없이, 지속적인 성공을 위해서는 적극성이 필요하다. 관계 유지를 위해서도 그 상대에게 끊임없는 관심을 쏟아야만 한다. 일단 결혼만 하면 알아서 잘 살게 될 것이라는 생각은 관계를 방치하는 것이나 마찬가지이다.

chapter 4

야곱, 마침내 제대로 해내다

아브라함의 간섭주의 전략은 불완전했으며, 이삭의 불간섭주의 전략에도 결함이 있었다. 그렇다면, 야곱은 어떻게 성공할 수 있었던 것일까? 전통적으로 유대교에서는 야곱을 이상적인 리더로 여기며 존경한다. 야곱의 성공 비결이 앞에서 살펴본 두 경영 전략 사이의 적절한 균형이란 사실은 이미 잘 알려져 있다. 야곱은 아버지 혹은 할아버지의 지혜를 무시하지 않았다. 오히려 훨씬 더 강력한 리더십을 발휘하기 위해, 두 사람의 교훈을 결합했다.

다시 토라로 돌아가 야곱의 이야기를 자세히 살펴보자(창세기 29장). 형 에서는 자신의 동생 야곱이 장자의 축복을 가로챘다는 이야기를 듣고는, 동생을 죽이기로 결심한다. 이 이야기를 전해 들은 야곱은 가나안에서 도망쳐 나와 몇 년간 삼촌인 라반의 집에서 일을 도우며 지냈다. 라반은 사기꾼으로 유명한 자였다. 그는 야곱에게 원하는 신붓감을 주기로 약속했지만, 그마저 지키지 않았다. 라반에게는 딸이 두 명 있었는데, 각각 라헬과 레아였다. 야곱은 라헬과 사랑에 빠졌고, 이후로 7년간 일을 하는 대가로 라헬과 결혼하게 해 달라고 라반에게 제안하여 허락을 받았다.

그러나 라반은 야곱을 속였다. 결혼식 다음날 잠에서 깬 야곱은 자신이 라헬이 아닌 레아와 결혼했다는 사실을 알게 된다. 결혼식에서 여성들이 얼굴을 베일로 가리던 때여서 가능한 일이었다(오늘날까지도 유대인 결혼식에서는 식이 시작하기 직전, 신랑이 신부에게 베일을 직접 씌워 준다. 자손들은 야곱이 당했던 것과 같은 속임수에 빠지지 않게 하기 위해서이다.). 라반은 야곱을 속였고, 엉뚱한 여자와 결혼하게 했다. 그는 야곱에게 라헬도 아내로 맞고 싶으면 7년을 더 일하라고 요구했다. 이렇듯 야곱의 '동업자'는 믿을 수 없는 사람이었다. 이런 환경에서도 야곱이 비즈니스를 키웠다는 사실을 눈여겨 보아야 한다. 모든 역경을 이겨내며 야곱의 농업은 점차 융성해져 갔고, 두 번째 7년이 지난 후에는 라반보다도 더 부유해져 있었다.

야곱은 이런 척박한 환경에서 어떻게 부자가 되었을까? 토라를 비롯한 고대 문헌들은 이 질문에 대해 아주 자세하게 해석해 준다. 토라에 따르면 야곱은 라반의 농장에서 그 누구보다 열심히 일했다. "내가 낮에는 더위를 무릅쓰고 밤에는 추위를 당하며, 눈 붙일 겨를도 없이 지냈나이다(창세기 31:40)." 야곱은 일에서 잠시라도 손을 뗀다면, 그 보상을 제대로 받지 못하리란 사실을 잘 알고 있었고,

때문에 잠시도 쉬지 않고 땀과 고통으로 부를 일구었다.

토라에는 야곱이 직접 관리 감독하는 일꾼이 많았다는 내용이 있다. 즉, 일을 직접 추진하면서 위임도 하는 스타일이었던 것이다. 반면 그는 고된 농사일을 직접 했다. 이렇듯 균형 잡힌 경영이 바로 그가 성공할 수 있었던 비결이다.

| 비즈니스를 위한 통찰 |

아무런 불평불만 없이 열심히 일하는 자세는 최고의 성공비결이다. 하지만 동시에 가장 필요한 곳에 에너지와 자원을 적절하게 나누는 영리한 경영도 필요하다. 비즈니스의 모든 영역에 대한 지식을 가지고, 적절하게 관리감독 해야 하는 것이다. 문제가 예상되는 부분이라면 더욱 그렇다.

| 인생을 위한 통찰 |

당신과 가장 가까운 사람일지라도, 당신보다는 자신의 이익을 우선한다는 사실을 알아야 한다. 다른 사람이 당신을 조종하지 않도록 보호 장치를 설치하라.

가족이나 친구의 조언을 귀담아 듣는 것도 좋다. 하지만 최종 판단은 당신 스스로가 내려야 한다. 현인들은 "내가 나를 위하지 않으면 누가 할 것이며, 내가 나만 위한다면 나는 무슨 쓸모가 있는가?(아비들의 윤리 1:14)"라고 말하기도 했다. 성공적인 인생에는 나 자신을 돌보는 태도와 다른 사람을 배려하는 태도 사이의 균형이 반드시 필요하다.

chapter 5

경쟁자보다 똑똑해지기

야곱이 간섭주의와 불간섭주의 접근법 사이에서 찾은 균형에는 또 다른 특징이 있다. 자신의 비즈니스 메커니즘과 기술을 구체적으로 파악해서, 척박한 환경에서도 살아남을 수 있었다는 점이다. 삼촌인 라반의 속임수에 당해 운명적인 사랑을 잃을 위기에서도, 야곱은 라반이 제시한 게임을 받아들였을 뿐만 아니라 더 훌륭하게 해냈다.

야곱은 라반에게 한 가지 희한한 제안을 했다(창세기 30장). 삼촌이 얻는 이익의 일부를 현금으로 지급받는 대신, 라반의 농장에서 태어나는 모든 얼룩 염소와 갈색 양을 자신에게 달라는 것이었다. 야곱의 계획을 이해하지 못한 라반은 이 제안이 자신에게 훨씬 유리하다고 여기고, 기쁘게 받아들였다. 그리고 라반은 야곱이 보지 않을 때 얼룩 염소와 갈색 양들을 몰래 모두 없애버렸다. 야곱에게 고된 노동에 대한 대가를 주지 않으려 했던 것이다.

토라에 적힌 그 다음 내용은 조금 불분명하다. 야곱은 나무 막대를 주워 줄무늬가 생기도록 껍질을 벗겨냈다. 이 막대 주변에서 교미한 염소들은 얼룩무늬가 있는 새끼를 낳았다. 마찬가지로 줄무늬가 있는 막대 근처에서 짝짓기한 양들도 갈색 양을 낳았다. 문학적인 표현이 드물고, 아주 간결하게 쓰인 토라의 특성상 어떻게 이런 마법이 가능했는지는 알 수 없다. 아마도 신의 초자연적 개입이 아니었을까. 혹은 껍질이 벗겨진 나무가 일종의 화학 물질을 뿜어내 돌연변이를 만들어 냈을 수도 있다. 어쩌면 얼룩무늬나 갈색 새끼를 낳는 유전자를 가진 가축만이 이 줄무늬 막대를 좋아해, 그 옆에서 새끼를 낳았을 수도 있다.

이유가 무엇이건 야곱의 지혜가 어디서 비롯된 것인지는 분명하다. 수년 동안 가축을 돌보면서, 목축에 대한 지식이 쌓았던 것이다. 그에게는 자신만이 아는 가축의 번식 비밀이 있었고, 이 정보를 이용해 막대한 부를 축적할 수 있었다. 그는 라반의 탐욕을 자신에게 유리하게 이용함으로써, 거짓말을 하거나 죄를 짓지 않고도 엄청난 부자가 되었다. 야곱이 경영에 대해 균형 잡힌 접근법을 갖고 있었다는 증거다. 그는 자신이 운영하는 비즈니스의 모든 부분에 전문가적 지식을 가지고 있었다. 이처럼, CEO로서 성공하기 위해서는 자신이 속한 분야에 가장 정통해야 한다는 사실을 명심하자.

이 성경 이야기에는 오늘날에 적용해 볼 만한 교훈이 한 가지 더

있다. 야곱의 '줄무늬 막대'는 진보된 신기술이라 할 수 있다. 야곱
은 라반보다 신기술을 더 잘 이해하고 있었다. 그것을 자신에게 유
리하게 이용할 줄도 알았다. 오늘날 기업체의 경영진들은 자신의
분야에 적용될 수 있는 복잡한 신기술을 이해하고, 이를 통해 회사
가 이익을 창출할 수 있도록 전략을 세우는 일을 가장 중요하게 여
겨야 한다.

| 비즈니스를 위한 통찰 |

지속적으로 변하는 비즈니스 환경을 이해하고 새로운 환경에 적용하
는 것은 성공적인 비즈니스를 위해 필수적이다. 이것은 환경이 매우 천
천히 변했던 수천 년 전에도, 매우 빨리 변하는 오늘날에도 마찬가지이
다. 당신의 비즈니스에 필수적인 기술과 메커니즘의 습득을 절대 남에
게 미루지 말라. 경쟁에서 이기려면 당신은 당신의 분야를 전문적으로
알고 있어야 하며, 이 지식을 근거로 결정을 내려야 한다.

| 인생을 위한 통찰 |

상황이란 변하게 마련이다. 사랑도, 인간관계 마찬가지다. 새로운 상황
과 환경에 빨리 적응하는 법을 배워라.

하워드 조나스(Howard Jonas)와 IDT: 야곱의 비전을 오늘날에 적용하다

오늘날 야곱의 발자취를 따랐던 사람을 찾아보자면, 뉴욕 브롱스 출신의 거부 하워드 조나스(Howard Jonas)를 들 수 있다. 조나스는 '인터내셔널 콜백(international call-back, 국내 이용자가 미국의 통신회선 판매사업자의 교환기로 전화를 걸어 발신음만 듣고 끊으면, 미국에서 다시 전화를 걸어 통화할 수 있게 만든 서비스)'이라는 통신 기술을 접하고 난 뒤, 1992년 IDT라는 회사를 설립했다. 당시 외국에 있는 사람이 미국에 전화를 걸려면 분당 5달러의 요금을 물어야 했다. 그러나 전화가 미국 내에서 발신된 것처럼 경로를 재설정하는 이 시스템을 사용하면 국제전화 요금을 분당 1달러로 낮출 수 있었다.

그의 회사는 빠른 속도로 성장해 1년에 수천만 달러를 벌어들이는 통신 업계의 거물이 되었다. 하지만 그가 정작 명성을 얻은 것은 미국에서 가장 큰 통신 기업인 AT&T가 그의 기술을 불법이라 주장하며 소송을 제기한 이후였다. 조나스는 소송에 철저히 대비했다. 콜백 시스템은 국제 전화 조약의 허점을 이용한 것이긴 했지만 분명 합법한 기술이었기 때문에, 소송에서 이길 수 있었다.

1990년대 후반, 조나스는 넷투폰(Net2Phone)이라는 회사를 설립해서 음성패킷망(VoIP) 서비스 투자에 나섰다. 2001년이 되어 IT 붐이 최고조에 이르자 그는 이 회사를 AT&T에 11억 달러를 받고 매각했다. 그리고 1년이 지나 통신 시장이 붕괴했을 때, 조나스는 이 회사를 겨우 1억 달러에 되샀다. 또한 파산한 통신 서비스 회사들이 재고를 정리하기 위해 관련 장비들을 파격적인 가격에 내놓자, 기회를 놓치지 않고 남은 10억 달러로 이 장비들을 사들였다. 오늘날, IDT는 세계 기업 순위 중 수천 위 안에 드는 회사이다. 약 20년 전만해도 존재조차 없었던 회사임을 생각하면 괜찮은 결과가 아닌가.

조나스는 세계에서 가장 운이 좋은 사람일 수도 있다. 운명의 주사위를 잘 굴린 덕분에 가장 낮은 가격에 사서 가장 비싼 가격에 팔았다고 가정하면 말이다. 하지만 그가 비즈니스를 운영하면서 이런 일을 여러 번 겪었다는 사실은(앞으로도 아마 여러 번 있을 것이다. 그는 아직 50대 밖에 되지 않았다.) 야곱이 그러했듯 조나스 역시 통신 산업과 기술, 관련법을 누구보다 깊이 이해하고 있었다는 사실을 의미한다. 그가 IDT를 세운 후 처음 1년간은 직원이 한 명도 없었다. 야곱이 그랬던 것처럼, 그는 회사의 일상적인 운영에 깊이 개입하면서도, 동시에 넓은 시각으로 업계 전반을 주시함으로써 현명한 전략적 결정을 내릴 수 있었다. 조나스는 신기술의 잠재적 영향력을 경쟁업체들보다 더 빨리 받아 들였다. 또한 위에서 아래로 향하는 전략과 아래에서 위로 향하는 전략을 융합했고, 간섭주의와 불간섭주의 전략을 결합한 경영전략을 구사했다.

chapter 6

야곱의 진정한 유산

라반의 농장을 떠난 후에도 야곱의 도전은 끝나지 않았다. 장인을 위해 일하면서 부를 일군 후, 그는 마침내 노역에서 풀려났다. 비즈니스 기회가 가득한 세상이 그의 앞에 펼쳐져 있었다.

하지만 야곱은 양 목축을 계속하면서, 그의 아버지와 할아버지가 시작한 일을 끝맺는 데 주력했다. 바로 새로운 종교를 세우는 일이었다. 사실 유대교를 세상에 널리 퍼뜨린 주역이 야곱 본인은 아니다. 그의 아들 12명이 각자 새로운 부족을 만들어, 이스라엘의 12지파로서 세상에 널리 퍼진 덕분이었다.

하지만 아들들을 교육하고 이끄는 데 적극적으로 임했던 사람은 바로 야곱이었다. 창세기의 마지막 부분은 죽음을 앞둔 야곱이 아들들에게 유언으로 민족과 새로운 종교를 이끌 수 있는 조언과 지혜를 남기는 장면을 묘사하고 있다.

토라의 가르침은 유대교의 아버지들인 아브라함, 이삭, 야곱이 없었다면 세상에 어떠한 영향도 끼치지 못했을 것이다. 이 세 명 모두 신실한 신자였고, 유대 민족과 종교의 건설에 지대한 공헌을 한 이들이다. 아브라함과 이삭은 족장으로서 실패도 겪었지만, 이들의 자손인 야곱에게 큰 교훈이 되었다. 야곱의 지도력은 꿈을 실현하려는 세 사람의 노력이 누적된 결과라고 할 수 있다. 신이 예언한 대로, 그들은 하나로 뭉쳐 마침내 성공한 것이다.

'3명의 위대한 아버지' 이야기를 다시 읽으며, 세 사람 각자의 강점을 이해해 보자. 그리고 이들과의 비교를 통해 자신이 어떤 유형인지를 판단해 보자. 당신은 야곱처럼, 아브라함의 '아래에서 위로'를 지향하는 간섭주의 접근법과 이삭의 '위에서 아래로' 지향하는 불간섭주의 접근법 사이의 완벽한 균형을 찾아낼 수 있을 것이다. 이 둘 사이의 균형이 바로 비즈니스를 성공적으로 운영할 수 있는 비결이다.

| 비즈니스를 위한 통찰 |
자신이 일하고 있는 분야에 대해 가장 사소한 것부터 가장 복잡한 것까지 모두 이해하고 있어야 한다. 모든 일을 직접 할 필요는 없지만, 조직 내에서 발생하는 일들을 모두 알고는 있어야 한다. 또한 책임을 위임하는 것도 중요하지만, 관리감독까지 놓아 버려서는 안 된다. 정상에서

바닥까지, 그리고 바닥에서 정상까지의 모든 프로세스를 지켜보는 것이 중요하다.

| 인생을 위한 통찰 |
인생의 모든 부분에서 균형을 잡아라. 한쪽으로 치우치면 다른 곳에서 문제가 생길 것이다.
친구와 가족의 조언을 진지하게 받아들여라. 그러나 동시에 자신의 삶에 필요한 결정을 남이 하도록 허용하지 마라.

명상 | MEDITATION

제4부에서는 경영과 리더십에서의 적절한 균형에 대해 다루었다. 당신이 불간섭주의 경영과 간섭주의 경영 사이에서 적절하게 균형을 잡고 있는지 생각해 보라. 사소한 것 하나하나까지 직접 통제하고 있지 않은가? 아니면 모든 일에 손을 떼 버리고 물러나 있지는 않은가? 당신의 어떤 면을 바꿔야 할지 생각해 보라.

그런 다음 "경영과 리더십을 위해 적절한 균형을 찾아야 한다."라는 말과 함께 명상해 보라. 너무 통제가 많다면, "나는 좀 간섭을 덜 해야 해."라는 말을 더하라. 관리가 더 필요할 것 같다면 "나는 좀 더 신경을 많이 써야겠어."라는 말을 더하라.

이런 말을 스스로 해 봄으로써, 당신의 비즈니스에 대해 생각하고, 이런 균형이 무너졌을 때 어떤 피해가 발생할지도 상상해 보라. 당신이 현재 취하고 있는 접근법으로 인해 어떤 피해가 생길지도 생각해 보고, 마음 속 깊이 새겨라. 이 느낌을 기억하라. 업무와 책임을 더 나눌 것인가? 지도와 감독에 좀 더 집중할 것인가? 어떤 방법이 당신의 비즈니스를 더욱 큰 성공으로 이끌 수 있을지 생각하라. 그리고 어느 쪽이건 그 결론을 오래 유지하라. 이런 식으로 명상하면 당신의 삶과 비즈니스에 필요한 변화를 이끌어낼 의욕이 생길 것이다. 명상을 위한 도움이 필요하다면 부록으로 첨부된 가이드를 읽어 보자.

Part 5

토라에서 찾은
협상의 기술

만약 네가 말한 대로 열 명이 있다면,
그 열 명으로 인해
내가 그들을 구원할 것이다.

If there are ten as you say I will save them on account of the ten.

-하나님이 아브라함에게, 창세기 중에서

협상은 삶의 모든 측면에 영향을 미친다. 사회적 인간으로서 우리는 타인과의 상호작용을 필요로 한다. 개개인마다 생각도, 욕구도 모두 다르므로, 무엇을 할 때든 타인과 끊임없이 협상해야 한다. 그러나 우리는 자신이 배우자, 가족, 친구, 동료들과 협상을 하고 있다는 사실을 쉽게 잊곤 한다. 그저 일상적인 대화로 여길 뿐이다.

비즈니스에서는 공식적인 협상을 할 때가 많다. 회의실 테이블을 가운데 두고 마주 앉아, 각자의 이익에 부합하는 결과를 얻기 위해 정확하고 정교한 문장을 구사한다. 이렇게 회의실에서 배운 협상 기술들은 어디에서건 우리에게 도움이 된다.

협상이란 유사한 목표를 가졌지만 필요한 것은 다른 두 사람이 서로의 차이를 존중하면서 각자 원하는 바를 얻기 위한 과정이다. 상대방의 바람을 존중하지 않으면 협상은 실패하게 된다. 두 사람 모두가 성공하기 위해서는 전략적인 협상 기술이 필요하다. 유대교의 토라는 효과적인 협상 기술에 대해서도 방대한 통찰을 담고 있다. 이는 우리가 비즈니스 상황은 물론 일상생활에서 하는 모든 의사소통에 도움이 된다. 상대방을 대하는 올바른 방법을 알고 있다면, 협상을 힘들어하거나 두려워할 필요가 없다.

토라를 살펴보면, 인간들이 신과 격렬한 협상을 벌였다는 사실을 알 수 있다. 삶이 위태로웠기 때문에, 인간들은 절박한 마음으로 신과 협상했다. 다음부터 살펴볼 예시는 인간과의 협상을 통해 신이 마음을 돌리고, 사람들을 구원하는 모습을 보여 준다. 또 다른 사례에 선 비록 사람들을 구하지는 못했지만, 협상으로 인해 소기의 목적을 거두는 과정도 살펴볼 수 있다.

뿐만 아니라, 토라에서는 등장인물들 사이의 협상을 심심찮게 볼 수 있다. 야곱은 중요한 결정을 앞두고 협상을 벌이곤 했다. 예를 들면 배우자 선택, 14년짜리 비즈니스 계약, 장자상속권 등이었다. 토라에 나와 있는 협상과 전략을 분석하면, 효과적인 협상 기술에 대한 통찰력을 기를 수 있다. 수천 년 전, 시내산 정상에서 발휘된 협상 기술이 현대의 회의실에서도 적용 가능하다는 이야기이다.

| 비즈니스를 위한 통찰 |
인식하지 못할지라도 당신은 현재 협상 중에 있을지 모른다. 모든 비즈니스 상황에 반드시 협상 기술이 필요하다는 것도 잊지 말아야 한다. 협상 기술을 갈고 닦을수록, 당신의 비즈니스에는 더 큰 성공이 따를 것이다.

| 인생을 위한 통찰 |
친구와 이야기를 나눌 때, 혹은 데이트를 할 때에도 당신은 '협상 중'이라는 사실을 기억하라. 이렇듯 협상은 인간의 의사소통에서 필수적인 부분인데도, 사람들은 큰 관심을 두지 않는다. 논쟁이 심각하게 과열된 경험이나 그로 인해 상대와의 사이가 틀어진 경험이 있다면 당신에게는 더 세련된 협상 기술이 필요하다는 뜻이다.

chapter 1

아브라함, 신과 협상하다

토라에는 '소돔과 고모라'라는 두 도시의 이야기가 실려 있다. 미드라쉬(브레시트 라바 41:8)에 따르면, 두 도시 모두 부도덕하고 극악무도한 사람들로 가득 했다. 예를 들어 소돔과 고모라에서는 타인을 환대하는 행동이 금지되어 있었고, 이를 어기는 시민은 사형에 처할 수 있었다고 한다. 게다가 성적으로도 매우 문란했다.

두 도시를 모조리 파괴하기로 결심한 신은 아브라함에게 자신의 결심을 전했다. 아브라함은 그중에 섞여 있을지도 모르는 선량한 사람들까지 모두 죽이는 것에 대해 반대하며, 비폭력적인 방법을 찾기 시작했다. 이 과정에서 아브라함은 다양한 협상 기술을 발휘했다. 우선 신에게 소돔과 고모라를 파괴하려는 이유가 정당한지를 먼저 물었다. 선량한 사람과 악한 사람을 함께 죽이는 행위가 과연 정의의 실현이냐는 것이었다. 또한 아브라함은 소돔과 고모라에 단 50명 정도라도 선량한 사람들이 있지 않겠느냐고 말하며, 신에게 그래서는 안 된다는 암시를 넌지시 던졌다. 신이 행하기에 두 도시를 용서해 주는 것보다 집단적으로 벌을 주고 학살하는 일이 더 적절한 처사인지 물은 것이다. 아브라함은 여기서 더 나아가 세상의 재판관인 신이 좀더 공정한 심판을 해야 하지 않겠느냐고 말했다. 마침내 신은 그에게 소돔과 고모라에 선량한 사람이 실제로 50명이나 있다면, 두 도시를 파괴하지 않겠다고 약속한다.

그러나 문제는 두 도시에 선량한 사람이 50명도 채 되지 않는다는 것이었다. 아브라함은 포기하지 않고, 신에게 45명의 선량한 사람들이 있다면 두 도시를 살려줄 것인지 물었다. 그러나 45명도 찾을 수 없었다. 결국 신이 마지막으로 양보하여, 선량한 사람들을 10명만 찾을 수 있다면 이들 도시를 멸하지 않겠다고 약속했다. 그러나 아브라함은 선량한 사람들을 단 10명도 찾을 수가 없었다. 이렇게 해서 소돔과 고모라의 운명이 결정되었고, 두 도시는 이튿날 멸망했다.

아브라함의 협상을 분석해 보면 그가 '질문'을 주된 전략으로, 양면적 접근을 시도했다는 사실을 알 수 있다. 첫 번째로 그는 집단 처벌의 개념을 묻고, 이를 통한 정의실현에 대해 이의를 제기했다. 두 번째로 소돔과 고모라에 선량한 사람들이 많이 있다고 말했다. 현인들에 따르면, 사실 아브라함의 이야기는 대홍수(신이 노아와 그의 가족을 제외한 전 인류를 휩쓸어버린 사건) 이후로 신이 선량한 사람, 악한 사람 할 것 없이 무차별적으로 죽인다는 인식이 널리 퍼져 있다는 사실을 암시하고 있다. 만약 소돔과 고모라에 선량한 사람들이 있는데도 두 도시의 모든 주민을 죽이는 것은, 신의 평판을 훼손시키는 큰 실수가 될지도 몰랐다. 아브라함은 질문을 영리하게 이용하며, 그 사실을 신에게 넌지시 알려주었다. 결국 이런 요청은 근거 부족으로 퇴짜를 맞는다. 소돔과 고모라에 있는 선량한 사람들이 10명도 채 되지 않았기 때문이다.

선량한 사람들을 10명도 찾을 수 없었다는 사실은 곧 주민 대부분이 악했기 때문에 벌을 받아 마땅하다는 의미다. 어쨌거나 아브라함은 협상을 통해 신에게 기회를 제공했다. '소돔과 고모라에 선량한 사람들이 있다면, 이들을 봐서라도 사악한 주민까지 모두 살려주겠다'고 말할 수 있는 기회였다. 비록 아브라함이 두 도시를 구할 수는 없었지만 그는 자신의 목표를 달성했다. 그의 목표는 정의가 실현되고, 악한 사람들 때문에 선량한 사람들까지 벌을 받지 않도록 하는 것이었다.

결과적으로 아브라함은 대가(소돔과 고모라의 멸망)가 아닌 조건(정의 체제를 위한 선례의 수립)을 두고 협상하는 전략을 발휘했다고 볼 수 있다. 그는 신에게 소돔과 고모라를 멸망시키려는 결정을 번복해달라고 애원하며 매달리지 않았다. 대신 그는 선량한 사람들을 악한 사람들과 함께 죽이는 것은 편향된 생각이라며 이의를 제기했다. 이로 인해 아브라함은 협상에서 유리한 위치를 차지했다. 실제로 선량한 사람들을 찾아 나설 수 있는 기회도 생겼다. 그가 실제로 선량한 사람들을 찾았다면, 파멸을 보류시킬 수도 있었을 것이다. 여기서 아브라함이 선량한 사람들을 결국 찾을 수 없었다는 사실은 중요하지 않다. 우리가 주목해야 할 것은 일단 신과의 협상을 성사시킨 일이다. 신은 자신이 원하는 것을 얻었다. 두 도시의 멸망이었다. 아브라함 역시 자신이 원하는 것을 얻었다. 그는 진정한 정의의 실현을 위해, 무고한 선량한 사람들까지 처벌받는 사태를 막은 것이다.

비즈니스를 할 때 아브라함의 전략은 매우 유용하다. 상대방이 이미 마음의 결정을 내려 입장이 확고할 때에는 아브라함처럼 상대방과 정면으로 맞서지 않는 태도가 중요하다. 대신 특정한 결과 이외에 받아낼 것이 없는지 생각해 보라. 일단 협상이 개시되면 계약 조건들을 잘 살펴보라. 거래의 역학관계를 크게 바꿀 수도 있을 것이다. 이렇듯 협상을 추구하는 과정에서, 상대방의 입장을 묵살하지 않아야만 쌍방의 목표 실현이 가능한 협상을 이룰 수 있다.

대부분의 거래에는 부수적인 사안들이 따르게 마련이다. 이런 사안들도 역시 서로 충돌하지 않고도 모두가 원하는 결과를 낼 수 있다. 예를 들어 주택을 구매하는 경우를 생각해 보자. 가장 먼저 주택의 가격이 있고 가구, 수리, 보수, 융자 등 다른 영역이 있다. 이런 부수적인 항목들로 인해서도 협상의 결과가 완전히 달라질 수 있다. 거래의 역학관계를 크게 바꾸지 않더라도, 성공적인 협상의 가능성은 언제나 열려 있다는 뜻이다.

사우스웨스턴 에너지(Southwestern Production Corporation): 조건을 두고 협상하다

짐 윌리엄스(Jim Williams)는 지질학 석사 학위 취득 후, 천연가스 관련 대기업 현장에서 일했던 지질학 전문가였다. 1992년, 윌리엄스는 자신의 회사를 세우기로 결심했다. 그가 설립한 회사 사우스웨스턴 에너지(Southwestern Production Corporation)의 첫 번째 업무는 콜로라도 두랑고 근처의 대규모 가스전 부지를 매입하는 일이었다. 이 가스전은 사실 그들에게 큰 득이 되지는 못했다. 가스전을 매입해 현대화 설비를 갖추면 생산 수명은 매우 길어지겠지만, 수명이 짧은 가스정을 주로 보유하고 있었던 사우스웨스턴의 입장에서는 그 투자가 오히려 손실로 이어질 가능성이 높았다. 그러나 윌리엄스는 구입 가능한 인근의 부지를 함께 파악하기 시작했다. 그는 근처 부지를 매입해 전체 규모를 확장하면, 자산가치가 올라간다는 사실을 알고 있었기 때문이다.

그런데 한 가지 문제가 있었다. 그 대규모 부지의 소유주가 세계적인 석유회사 모빌(Mobil Corporation)이었던 것이다. 윌리엄스는 이 부지가 모빌의 핵심 자산이 아니란 사실을 알았고, 그들이 기꺼이 부지를 매각할 것이라고 기대했다. 예상한대로 모빌은 부지 매각에 관심을 표했다. 하지만 매입 진행 과정에서 윌리엄스는, 모빌의 경영진들과 전화 한 통도 제대로 하기 힘들었다.

그래서 윌리엄스는 모빌에 대한 정보를 철저하게 분석했다. 모빌의 신뢰도는 문제가 없어 보였다. 어떤 일을 하겠다고 하면 지키는 편이었다. 하지만 내부 업무 절차가 너무 느렸다. 윌리엄스는 이런 점을 협상에서 이용하기로 결심했다. "상대방의 조건 중 가격을 바꾸는 것은 거의 불가능하다. 그러므로 가격 대신 당신이 원하는 다른 무언가를 요구하는 게 낫다. 원하는 가격으로 계약을 성사시킬 수만 있다면, 상대방도 큰 손해가 되지 않는 사소한 조항 때문에 거래를 망치지는 않는다."라고 윌리엄스는 말했다.

이렇게 협상 전략을 결정한 그는 이미 동의한 가격을 두고 실랑이를 벌이지 않았다. 계약에 특정 조건을 끼워 넣기 위해 강경한 태도를 보이지도 않았다. 대신 그는 상대방이 개의치 않을 조건 한 가지를 이야기 도중 슬쩍 꺼냈다. 만약 최종 계약서에 그 조건이 누락될 경우, 계약을 파기할 생각이었다.

그가 제시한 조건은 양 측이 처음 접촉한 바로 그 날을 부지 매각

날짜로 정하는 것이었다. 전통적으로 석유, 가스 산업에서는 계약서에 서명을 해야 거래가 확정된다. 하지만 윌리엄스는 모빌이 한 가지 일을 처리하는 데 꽤 오랜 시간이 걸린다는 사실을 이미 알고 있었다. 그러나 그는 매각 조건에 합의한 후 최종 계약에 서명하기까지의 기간 동안에도 가스 생산으로 수익을 거둬들이고 싶었다.

당연히 모빌은 그가 요구한 조건에 반대하지 않았다. 오히려 부지 판매 가격을 두고 흥정을 벌이느라 협상이 지체되는 일을 피할 수 있다며 반가워했다. 예상대로 모빌 내 계약 확정 절차는 아주 느리게 진행되었다. 최종 계약이 성사되기까지 8개월이나 걸렸다. 그러나 윌리엄스의 회사는 그 여덟 달 동안, 가스 생산으로 수십만 달러에 달하는 수익을 얻을 수 있었다. 이로 인해 부지 구매 비용에 대한 부담도 크게 줄어들었다. 부지 가격 자체는 그대로였지만, 결국 사우스웨스턴으로 돈이 돌아온 셈이었다. 몇 달 후, 사우스웨스턴은 이 부지를 팔았고, 30% 이상의 이득을 봤다.

짐 윌리엄스는 온갖 방법을 동원하여 가격을 낮추는 것보다 유리한 조건 하나를 거는 편이 더 많은 돈을 벌어들일 수 있다는 사실을 정확하게 파악하고 있었다. 아브라함이 대가(두 도시의 파멸)보다는 조건(정의)에 집중함으로써 그의 목적을 달성할 수 있었던 것과 마찬가지이다.

| 비즈니스를 위한 통찰 |

협상을 할 때는 항상 전체적인 그림을 먼저 보라. 때로는 작은 문제를 해결하면 큰 문제까지 저절로 해결이 된다.

| 인생을 위한 통찰 |

당신이 사람들의 생각을 크게 바꿀 수 있을 것이라고 생각하지 마라. 비즈니스 파트너를 당신이 완전히 변화시킬 수 있는 사람으로 봐서는 안 된다. 그러나 만약 협상을 통해 상대의 행동에 작은 변화라도 이끌어 낼 수 있다면 당신의 삶에 큰 변화가 생길 것이다.

chapter 2

야곱, 형 에서와 협상하다

협상과 관련해 토라로부터 배울 수 있는 또 다른 교훈은 완벽한 '원-윈 전략'이다. 앞선 4부에서 야곱이 죽 한 그릇과 장자상속권을 맞바꾼 이야기를 언급했다. 사연은 이렇다(창세기 25:29-34). 에서는 사냥을 마치고 돌아와(브레시트 라바의 미드라쉬 63:12에 따르면 그는 살인도 저질렀다.) 시장기를 느꼈다. 마침 죽을 끓이고 있던 야곱에게, 에서는 죽을 조금만 달라고 부탁했다. 야곱은 "형의 장자상속권을 제게 파십시오."라고 말했다. 그러자 에서는 자신에겐 장자상속권이 필요 없으니 죽을 주면 기꺼이 팔겠다고 대답했다. 에서는 야곱에게 장자상속권을 팔았다는 확답을 했고, 거래가 성사되었다.

여기서 우리는 전형적인 윈-윈 전략의 예를 찾아볼 수 있다. 윈-윈 협상 시나리오는 한 쪽에는 중요하고 소중하지만, 다른 쪽에게는 중요성이 덜한 것을 두고 거래를 할 때 성공률이 가장 높다. 주석서[라쉬(Rashi) 주석본, 창세기 25:32]에 따르면, 에서는 장자상속권을 그다지 중요하게 여기지 않았다. 그러므로 장자상속권에 따라오는 의무에도 부응하지 못했을 확률이 높다. 당장 그에게는 죽 한 그릇이 가장 중요했기 때문에, 기꺼이 장자상속권과 교환했던 것이다. 역으로 생각해 보면, 야곱은 죽을 몇 그릇이든 더 끓여낼 수도 있었다. 장자상속권이 있으면 가족 내에서 특별한 지위가 보장되고, 나중에는 아버지 이삭으로부터 특별한 축복을 받을 수도 있었기 때문이다. 그러므로 야곱에게는 죽 한 그릇을 주고 장자상속권을 사는 것이 상당히 괜찮은 거래였던 것이다.

시티그룹(Citi group): 무거운 화강암을 살 사람?

어느 날, 투자 은행가 스콧 패턴(Scott Pattern)의 손에는 무거운 짐이 가득 들리게 되었다. 몇 톤이나 나가는 짐이었다. 캘리포니아 소재의 잘 나가는 화강암·대리석 유통 회사를 매각해야 하는 업무를 맡게 되었기 때문이었다.

문제는 이 유통 회사의 콜로라도 지사가 문을 닫았다는 점이었다. 그들이 처분하고 싶어 했던 것은 실패한 콜로라도 지점이 아니라 덴버 창고에 보관되어 있는, 150만 달러가 넘는 화강암이었다. 보통 사업이 실패하면 남아있는 재고품은 경매를 통해 가장 높은 가격을 부른 응찰자에게 넘어간다. 이 경우에도 물건이 같은 방식으로 처분되었다면, 회사는 큰 손실을 입었을 것이다. 돌의 무게와 캘리포니아까지 반송하는 비용을 따져보면, 화강암을 운송하는 것 자체가 불가능했다. 그래서 이 회사는 다른 방식으로 화강암을 처분할 수 있을 때까지 화강암을 콜로라도에 계속 보관해야만 했다. 임대료 역시 계속 지불해야 했기 때문에 화강암을 보관하는 기간이 길어질수록 그 가치는 점점 내려갔다.

패턴은 고객사의 문제를 전형적인 윈-윈 전략을 이용해 해결했다. 그는 이 회사를 매입하고 싶어 하는 암석 유통 업체를 찾아냈다. 이 업체는 덴버에 사업소를 여러 개 두고 있었다. 그는 업체에게 수익성이 좋은 캘리포니아 지점을 인수하는 동시에 덴버에 보관되어 있는 150만 달러 상당의 화강암도 같이 매입하는 게 어떻겠냐는 제안을 내놓았다. 또한 해당 업체에서 1년간의 보관 임대료 중 절반을 지불하면 나머지 절반은 판매자 측에서 부담하겠다고 제시했다. 또 양측은 계약 성사 후 1년 이내에 화강암을 모두 사용할하지 못할 경우, 회사 인수 가격에서 남은 화강암 가격을 제외하는 데도 동의했다.

덴버 소재의 유통업체는 야곱, 캘리포니아 소재 화강암 회사는 에서와 같다. 에서가 죽을 얻은 대가로 기꺼이 자신의 장자상속권을 넘겨준 것처럼, 캘리포니아 소재의 화강암 회사는 돈을 받는 대가로 화강암을 처분해야 할 필요가 있었다. 또한 야곱이 장자상속권을 위해 대가를 지불했던 것과 마찬가지로, 덴버 소재의 유통 업체도 필요에 의해 시장가격을 지불하고 화강암을 구입했다. 즉 양측은 자신에게는 덜 중요하지만 상대방이 필요로 하는 것을 갖고 있었기 때문에, 협상을 통해 그들 자신에게 더 중요한 것과 맞바꿀 수 있었다. 이렇게 그들은 공통된 상황에서 둘 다 이기는 결과를 낼 수 있었다.

| 비즈니스를 위한 통찰 |

협상에서 당신이 성취하고자 하는 정확한 목표를 확인하고, 그 목표를 달성하기 위해 유연한 태도를 취하라. 합의를 이끌어낼 때는 창의적으로 생각하라. 중요한 것은 당신의 목표를 달성하는 일뿐이다.

| 인생을 위한 통찰 |

다른 사람들과 관계를 맺게 되면, 그들에게는 아주 중요하지만 당신에게는 덜 중요하기 때문에 나눌 수 있는 것들을 찾을 수 있다. 시간도 그중 하나다. 사랑하는 사람들과 더 많은 시간을 보내라. 그들에게는 상당히 의미 있는 시간이 될 것이다. 또한 당신도 이 시간을 우선순위에 둔다면, 다른 일들 때문에 고민할 필요도 줄어들게 된다.

chapter 3

모세, 신의 입장을 이해하다

토라에서 찾을 수 있는 또 다른 협상 전략은 상대방의 입장을 이
해하는 것이다. 모세는 시내산을 올라가 신으로부터 십계명이 새겨
진 돌판과 가르침을 받았다(출애굽기 31:18). 모세는 40일 동안 산에
있기로 되어 있었다. 하지만 히브리인들은 상황을 잘못 판단했다(출
애굽기 32:1-8). 40일이 되는 날에도 모세가 돌아오지 않자 그들은 그
가 죽임을 당해 내려오지 않는 것이라고 생각했다. 명백한 착오였
다. 그래서 백성들은 모세의 형이기도 한 대제사장 아론에게 가서,
모세는 다시 돌아오지 않을 것이니 그의 자리를 대신할 우상을 만
들고 싶다고 말했다.

아론은 마지못해 이들의 요청을 받아들여 히브리인들에게 아내와
자식이 차고 있는 금귀고리와 보석을 빼서 가져오라고 했다. 아론은
시간을 벌어볼 요량으로 이런 전략을 택했지만 마음속으로는 여인
들이 그런 불경한 목적으로 장신구를 사용하는 데 반대하길 바랐다.

그러나 남자들은 여인들과 아이들에게 반대할 기회조차 주지 않았다. 그들은 무력까지 동원해서 여인들의 귀에서 귀고리를 빼내는 등 보석을 빼앗았고, 얼마 지나지 않아 우상을 만들기에 충분한 금이 모였다. 아론은 모든 금을 가져다 황금 송아지를 만들고, 그것이 히브리인들을 이집트에서 이끌어 낸 이스라엘의 왕이라고 선포했다.

다음날, 사람들은 아침 일찍 일어나 황금 송아지 앞에 희생제물을 바치기 시작했다. 또한 근친상간이나 간통 같은 부도덕한 행동을 저지르며 이교도 식으로 잔치를 벌였다. 히브리인들은 이집트에서 노예로 있을 때처럼 다시 우상 숭배를 시작한 것이었다. 신은 모세에게 산 밑에서 벌어지고 있는 일들에 대해 전해줬다. 히브리인들이 유일신을 버리고 우상을 만들어, 그것이 자신들의 신이라 선포했다는 이야기였다. 그리고 신은 이렇게 말했다. "내가 이 백성들을 보니 참으로 목이 뻣뻣한 백성들이다. 그러니 이제 나를 두고 가거라. 저들 때문에 내 진노가 부글부글 끓는구나. 내가 저들을 진멸하지 않을 수가 없다. 그리고 나서야 내가 너를 큰 나라로 만들 것이다(출애굽기 32:9-10)."

모세는 신이 히브리인들 전체를 죽이려 한다는 말을 듣고 자비를 베풀어줄 것을 간청한다. 여기서 모세는 아브라함과 같은 방법은 사용하지 않았다. 히브리인들 중 선량한 사람들이 있으니(사실이 없을 수도 있다.) 부당한 일은 하지 말아 달라는 애원은 아니었던 것이다. 대신 그는 약간 다른 방법을 사용했다. 모세가 정확히 뭐라고 말했는지 살펴보자(출애굽기 32:11-14).

"주여 어찌하여 그 큰 권능과 강한 손으로 이집트 땅에서 인도하여 내신 주의 백성에게 진노하시나이까. 어찌하여 이집트 사람으로 이르기를 '주가 분노하여 그 백성을 산에서 죽이고 땅에서 진멸하려고 인도하여 내었다' 하게 하려 하시나이까. 주의 맹렬한 분노를 그치시고 뜻을 돌이키사 주의 백성에게 화를 내리지 마옵소서. 주의 종 아브라함과 이삭과 이스라엘을 기억하소서. 주께서 주를 가리켜 그들에게 맹세하여 이르시기를 '내가 너희 자손을 하늘의 별처럼 많게 하고 내가 허락한 이 온 땅을 너희의 자손에게 주어 영원히 그들의 것으로 하리라' 하셨나이다." 그러자 신이 화를 누그러뜨리고, 자신의 백성들에게 재앙을 내리려던 마음을 접었다.

모세는 히브리인들 모두에게 벌을 주려는 결정을 철회하고, 자신의 후손들과 함께 새롭게 시작하자고 신을 설득했다. 모세의 협상 전략을 분석해 보면, 그가 세 가지 행동을 했다는 것을 알 수 있다. 먼저 그는 질문을 사용해 신의 자부심을 일깨웠다. 다음으로 신이 지금부터 하고자 하는 일이 정말 득이 되는 것인지를 물었으며, 마지막으로 신의 방침과 일치하는지를 확인했다.

가장 먼저, 모세는 질문을 통해 신의 자부심에 호소했다. 나중에 히브리인들을 죽일 요량이었다면 왜 굳이 기적을 일으키면서까지 그들을 이집트에서 이끌어냈는지 물은 것이다. 그리고 만약 그런 행동을 하게 되면, 신은 판단을 잘못 내려 '강한 손'을 엉뚱한 사람들을 위해 쓴 셈이될 것이라고 말했다. 모세는 아브라함처럼 질문을 통한 협상 기술을 사용했고, 실제로 효과가 있었다.

다음으로 모세는 히브리인들을 죽이는 행동이 그에게 득이 되지 않을 것이라고 말한다. 이집트인들은 신의 힘을 믿지 않았다. 그래서 그들을 무너뜨렸던 신이 사실은 대단한 존재가 아니었다고 말할 기회만 엿보고 있었다. 그렇기 때문에 신이 히브리인들을 죽인다면, 이집트인에게 그럴 기회를 주는 것이나 다름없다고 말했다. 이집트인들이 "히브리인들의 신이 힘을 잃었다. 그들을 약속의 땅으로 보내야 하는 과업을 끝낼 수 없어서, 체면을 지키기 위해 그는 사막에서 자신의 히브리인들을 죽였다."고 조롱할 것이라는 뜻이었다. 이렇게 되면 세상 사람들에게 미치는 신의 영향력 또한 약해질 터였다. 이 전략은 모든 협상에서 매우 효과적이다. 이렇듯 그들의 주장만으로 득을 얻을 수 없다는 사실을 보여주면, 협상에 성공하기 훨씬 쉬워진다.

모세의 세 번째 전략은 신이 히브리인의 조상 아브라함, 이삭, 야곱에게 했던 약속들을 상기시키는 것이었다. 신은 이들의 후손이 약속의 땅을 물려받고 번창하여 훌륭한 나라를 이루게 될 것이라 약속했다. 그렇기 때문에 모세는 신이 히브리인들을 죽인다면 이 약속을 깨는 것이라고 주장했다.

모세는 신에게 맞서지도, 신의 정의나 능력에 이의를 제기하지도 않았다. 대신 신으로 하여금 자신이 온전히 신의 편임을 깨닫게 했다. 모세는 자신이 신의 뜻에 합당한 일만을 생각한다고 말했다. 히브리인들을 멸망시키면 안 되는 이유 역시 '신의 진짜 목표에 가까워지지 못할 것이기 때문'이라고 조심스럽게 말하고 있는 것이다. 신의 목표는 이 세상의 유일한 신으로 인식되는 일이었다. 하지만 히브리인들을 죽이는 순간 그는 조소의 대상이 될 것이 분명했다. 이는 히브리인들을 이집트에서 구해냈던 신이 달성하고자 했던 목표와는 배치되었다. 이렇게 근거를 가지고 상대를 설득하기 위해서는 먼저 그가 정말로 원하는 것이 무엇이고, 그가 히브리인들을 죽이려고 하는 이유는 무엇인지를 파악해야 했다.

모세는 히브리인들이 황금 송아지를 숭배하는 모습에서 신이 화난 이유를 찾았다. 히브리인들은 신을 모욕하고, 그의 권위를 떨어뜨리고 있었다. 그러므로 모세는 히브리인을 죽이게 되면 신에 대한 인식이 나빠질 뿐, 그가 원하는 방향으로 일이 진행되지 않을 것이 분명하다는 사실을 설명했다. 신은 이집트인들과 다른 민족들, 그리고 심지어 모세에게도 신뢰 받지 못할 터였다. 히브리인들을 죽이게 되면 아브라함, 이삭, 야곱에게 했던 약속을 어기는 것이 되기 때문이었다. 그래서 모세는 신에게 히브리인을 죽이는 행위가 그의 방침에 반하는 것이라고 주장했다. 모세는 상대방의 니즈를 진정으로 이해함으로써, 그에게 진정으로 필요한 해결 방법을 보여주었다. 그리고 이러한 모세의 협상 기술은 대단히 효과적이었다.

요약을 해 보자. 신은 황금 송아지를 섬기는 등의 죄를 지은 히브리인들을 죽이려고 했다. 그리고 모세는 그런 일이 일어나지 않기를 바랐다. 협상을 통해 진노한 신을 진정시켜야 했던 모세는 완벽한 전략을 생각해냈다. 우선 그는 신에게 자신과 신의 목표가 일치한다는 사실을 보여줬다. 모세의 바람은 히브리인들이 죽음을 면했으면 하는 것이었다. 또한 신의 목표는 세상에 자신의 힘을 인식시키는 것이었다. 이런 사실이 명확히 증명되자 신은 처음의 계획을 따를 이유가 없었다.

이 전략은 비즈니스 협상에서도 효과가 있다. 한쪽이 상대방에게 거의 모든 것을 양보한다 하더라도, 양보하는 쪽 또한 자신이 원하는 결과를 얻을 수 있다는 이야기이다. 질문과 의견을 적절히 잘 활용하면, 상대방을 기존 입장에서 한 발 물러나게 만들 수 있다. 이렇게 되면 최상의 결과가 나타난다. 물론 상대방이 그런 질문에 제대로 반박하며 자신의 입장이 유리하다는 걸 증명할 수도 있다. 물론 협상이 결렬될 수도 있지만, 이 경우에도 최소한 감정 싸움은 일어나지 않을 것이다. 그리고 이후 또 다른 거래를 할 만큼의 관계는 견고하게 유지될 것이다.

'상대방의 니즈를 파악한다'는 개념은 베스트셀러 《협상의 법칙》

의 저자 허브 코헨(Herb Cohen)이 간결하게 언급한 바 있다. "성공적인 협상의 비결은 상대방이 정말 원하는 것을 찾아, 이를 가질 수 있는 방법을 보여주는 동시에 당신이 원하는 바를 얻는 것이다." 모세는 이러한 협상 기술을 수천 년 전에 터득했고, 토라를 배우는 사람들 역시 이 기술을 물려 받아 수천 년간 이용했다.

게다가 모세는 신에게 더 나은 방법이 있다는 사실을 보여주었다. 협상은 BATNA(Best Alternative To a Negotiated Agreement, 협상에 의한 합의가 불가능할 경우 취하는 다른 대안)보다 나은 결과를 도출할 수 있는 경우에만 지속되는 것이 옳다. 위 사례의 경우 신의 BATNA는 히브리인들을 죽이는 것이었다. 그러나 모세는 협상을 통한 합의, 즉 히브리인들을 죽이지 않는 것이 신에게 더 나은 결과물을 가져다 줄 수 있다고 설득했다. 이처럼 협상을 할 때는 적어도 상대방의 BATNA보다는 더 나은 제안을 제시해야 한다는 사실을 기억하라. 그렇지 않으면 협상은 실패할 것이다.

| 비즈니스를 위한 통찰 |
협상을 체결하는 비결은 정보와 지식이다. 당신 자신에 대해, 협상 상대에 대해, 그리고 거래의 적정 가치에 대해 알아야 한다. 정보와 지식

이 있으면 다양한 전략을 펼칠 수 있다. 질문을 통해 상대방이 고수하는 입장이 그들 자신의 가치나 방침에서 어긋난다는 것을 보여주거나, 상대방에게 가장 이득이 되는 것에 대해 능숙하게 주장을 펼치면 상대방의 생각을 당신의 목표 쪽으로 바꿔 놓을 수 있다. 상대방의 상황, 방침, 목표에 대해 공부하라. 그래야 당신에게 득이 되는 타협안이 그들에게도 똑같이 득이 된다고 주장할 수 있다.

| 인생을 위한 통찰 |

다른 사람의 감정과 욕구를 이해하기 위해 상대방을, 그리고 자신을 더 깊이 탐구하라. 인간으로서 우리 모두는 비슷한 감정을 갖고 있다. 기본적 욕구 역시 사실상 똑같기 때문에 모든 인간은 연결되어 있다고까지 볼 수 있다. 상대방의 내면에서 어떤 일이 일어나고 있는지 파악함으로써 잠재적 갈등을 훨씬 쉽게 해결할 수 있을 것이다.

서버러스 캐피털(Cerberus Capital): 상대방의 문제를 해결하다

2007년, 초 크라이슬러 그룹(Chrysler Corporation)을 두고 미국 기업 역사상 가장 치열했던 입찰 경쟁이 벌어졌다. 여러 경쟁자 중 서버러스 캐피털(Cerberus Capital)이 관련자 모두가 원하는 바를 달성할 수 있도록 하는 창의적인 협상 전략을 통해 낙찰에 성공할 수 있었다. 협상 당사자들의 니즈를 충분히 이해했기에 가능한 일이었다.

서버러스는 1990년대 초반, 월스트리트의 베테랑들이 모여 설립한 회사다. 이들의 경영 목표는 다른 기업의 지분을 소유하는 정도에 그치지 않았다. 경영난을 겪는 기업들을 인수한 후 운영을 정상화해서, 기업 가치를 올림으로써 수익을 거두는 것이었다. 이들이 설립한 사모펀드에는 수십억 달러 규모의 자본금이 쏟아져 들어왔고, 2000년대 초반 유명세를 탔다.

사모투자 전문회사들은 대부분, 투자 수익을 위해서 수천 명의 대량 해고도 망설이지 않는 약탈자로 악명 높다. 그러나 모두가 그렇지는 않다. 예를 들어 서버러스는 대규모로 직원을 해고하거나 기업에 장기간 피해를 입히지 않으면서도 많은 회사들을 성공적으로 살려냈다.

이런 긍정적인 이미지와는 달리, 서버러스 창립자들은 회사의 이름을 그리스 신화에 나오는, 지옥을 지키는 머리 세 개 달린 개의 이름을 따서 지었다. 경쟁 업체나 노동조합과의 협상에서 우위를 점하는 데 이러한 위협적 이미지를 이용하고자 했기 때문이다. 포트폴리오 매거진과의 인터뷰에서 한 크라이슬러 노조 간부가 말했듯이, 이들이 회사 이름을 조그맣고 귀여운 강아지의 이름으로 짓지 않은 것은 우연이 아니다.

2007년 2월, '다임러-크라이슬러' 간부들이 크라이슬러를 매각하겠다고 발표했지만, 자동차 업계를 잘 아는 사람들은 그다지 놀라지 않았다. 메르세데스(Mercedes)의 모회사 다임러(Daimler)는 1999년 당시 경영난에 봉착한 크라이슬러를 370억 달러에 인수했다. 당시 모두가 새로운 형태의 세계적인 초대형 기업이 탄생했다고 반기며, 유럽과 미국 양 대륙의 엄청난 생산력을 이용해 수익성을 높일수 있을 것이라고 입을 모았다. 그러나 이 기업은 새로운 형태의 세계적인 적자 기업이 됐다. 메르세데스는 명품 틈새시장 덕분에 큰수익을 올리고 있었다. 하지만 크라이슬러는 트럭 부문 침체와 9만명에 달하는 연금 수령자로 인한 엄청난 부담으로 휘청거리고 있었다. 크라이슬러의 연금부채액은 지나치게 높아져서, 자동차 부서가있는 연금회사로 묘사되기도 했다.

2007년 초반이 되자 크라이슬러-다임러 합병은 실수였음이 분명해졌다. 크라이슬러가 싼 값에 매각될 것이라는 예측도 명확해졌다. 다임러는 이 미국 출신의 부실한 자매사를 어떤 방법으로든 처분하고 싶다고 분명히 밝혔다.

3월이 되자 입찰이 시작됐다. 몇몇 사모투자 회사들은 50억 달러정도 밖에 안 되는 지나치게 낮은 입찰가를 제시했다. 그중에는 블랙스톤(Blackstone)이나 억만장자 커크 커코리안(Kirk Kerkorian)이 운영하는 투자사 트라딘사(Tradinsa Corporation) 같은 거대기업도 포함돼 있었다. 경쟁사 GM은 자신들도 입찰에 뛰어들 수 있다는 소문만 내고 있었다.

이때 서버러스가 입찰 대열에 합류했다. 얼핏 보기에 서버러스가 제시한 78억 달러의 입찰가는, 수지타산이 안 맞을 정도로 높은 것처럼 보였다. 그러나 사실 그 모든 돈이 다임러에게 지불되는 것은 아니고 크라이슬러에 재투자될 예정이었다. 크라이슬러의 은행 잔고(40억 달러)까지 계산에 넣고 나자 마치 다임러가 크라이슬러에서 손을 떼기 위해 서버러스에게 돈을 내고 있는 격이었다.

서버러스에 절대적으로 유리해 보이는 거래임에도 불구하고, 다임러 간부들은 어째서 그런 결정에 동의했을까? 거기에는 남모르는 이유가 있었다. 다른 입찰자들에게 매각을 하게 될 경우에는 전미자동차 노조(United Auto Workers, UAW)와의 계약 갱신이 변수로 작용했기 때문이었다. UAW와는 그 해 가을에 협상하기로 예정이 되어 있었다. 만약 노조 계약이 실패할 경우 매각이 취소되고, 다임러가 다시 크라이슬러를 떠안아야 하는 상황이었다.

모든 입찰자들이 파업이 일어날 경우, 크라이슬러가 치명적인 타격을 받을 수 있음을 알았고, 그 때문에 아주 낮은 가격을 제시한 것이었다. UAW와의 협상이 매각의 주요 안건이었다. 이때 서버러스가 다른 입찰자들 중 누구도 하지 않았던 제안을 해 왔다. UAW와의 좋은 노사관계를 약속한 것이었다.

먼저 입찰을 위한 사전 작업의 일환으로, 서버러스 경영진(자문위원으로 고용된 전 크라이슬러 경영진 포함)이 노조 지도부와 만나 친밀한 관계를 맺었다. 구체적으로 합의가 이뤄진 것은 없었지만, 새로운 UAW 계약이 어떤 모습을 갖추어야 하는가에 대한 대략적인 의견이 교환됐다. 다임러가 최종 입찰자를 결정할 때가 되자, UAW 지도부는 서버러스가 이 회사를 매입할 경우 반대하지 않겠다는 뜻을 전해왔다. 다임러가 크라이슬러를 매각하고자 한 주된 이유는 크라이슬러를 처분하여 악화된 재무 상태를 회복하기 위함이었다. 그리고 서버러스는 협상을 시작하기 전에 사전 조사를 통해, 그러한 다임러의 목적을 충분히 파악했다. 다임러가 정말 필요로 하는 것을 알았기 때문에, 유일하게 노조 계약과는 상관없는 제안을 할 수 있었다. 그리고 그들은 결국 최종 입찰자가 되었다.

2007년 9월, 서버러스 소유가 된 크라이슬러는 UAW와 합의를 도출하기 위해 강경한 담판을 벌였다. 노조는 크라이슬러를 대상으로 파업을 선언했다. 하지만 파업은 하루 만에 끝났고 3년간의 새로운 노조 계약이 체결되었다. 월스트리트 금융가들과 블루칼라 노동자들 사이의 격심한 충돌을 예상했던 사람들은 놀라움을 금치 못했다.

남아 있는 문제들을 계속해서 성공적으로 해결할 수 있을지는 아직도 의문으로 남아 있지만, 한때 승승장구하던 거대 자동차 기업의 사기 회복에는 분명히 큰 진전이 있었다. 수천 명이 해고를 당했지만, 서버러스는 회의론자들이 예상했던 것처럼 크라이슬러를 분리시켜 일부만 매각하지는 않았다.

서버러스는 이처럼 많은 협상 전략을 통합적으로 사용했다. 첫 번째로 그들은 거래의 이해당사자들 즉 서버러스, 다임러, UAW를 정확하게 파악했다. 그 후에는 아브라함과 모세처럼 노조와 협조적이고 충돌 없는 합의를 이끌어 냈다. 서버러스(지옥을 지키는 개)라는 이름과는 전혀 다른 행동이었다. 서버러스는 모세처럼 다임러의 니즈를 정확히 파악했다. 다임러는 그 무엇보다 크라이슬러를 완전히 처분하길 원했다. 또한 그들은 노조를 협상 테이블에 앉히는 데 성공했다. 그럼으로써 다임러와의 실매입가 협상에서 아주 유리한 가격을 이끌어낼 수 있었다. 결국 서버러스는 야곱과 에서의 거래처럼, 모두가 이기는 거래를 성사시켰고, 다임러는 크라이슬러의 엄청난 연금부채라는 짐을 내려놓았고, 서버러스는 좋은 가격으로 크라이슬러를 매입했다. 양측 모두 목표를 달성한 것이다.

chapter 4

질문과 신뢰 구축

아브라함과 모세가 사용한 협상 기술에는 공통된 특징이 있다. 질문으로 협상을 시작했다는 점이다. 두 사람 모두 협상을 제안이나 요구로 시작하지 않았다. 그러나 이들이 한 질문은 신이 원했던 것과 정확히 맞아떨어졌다. 아브라함은 신에게 악한 사람들과 함께 선량한 사람들도 죽일 것인지 질문함으로써 정의에 관한 문제를 제시했다. 모세는 신에게 히브리인들을 이렇게 죽일 것이었다면 왜 기적까지 일으키며 그들을 이집트에서 구해냈는지 질문함으로써 신이 전능한 힘을 그릇되게 사용하려 한다는 사실을 암시했다. 이처럼 아브라함과 모세 모두, 상대방에게 합리적인 대답을 구하는 질문을 조심스레 던졌다.

질문은 협상을 위한 아주 훌륭한 전략이다. 해리 밀스는 자신의 저서 《세상 물정에 밝은 협상가》를 통해, 질문은 협상가들이 사용할 수 있는 가장 강력한 의사소통 도구라고 말했다. 협상을 할 때 질문을 하면 몇 가지 좋은 점이 있다. 먼저 무례하지 않게 자신의 생각을 밝힐 수 있다. 둘째로 자신의 의견이 가진 결함에 대해 다시 생각해 볼 수도 있다. 셋째로 상대방이 적절한 대답을 해 온다면, 현재의 상황을 그들에게 더욱 자세히 설명할 수 있는 기회가 되기도 한다. 마지막으로 상대방의 동기에 대해 잘못 추측하고 있었던 경우라면 질문은 그로 인한 실수를 피할 수 있게 해준다.

게다가 아브라함과 모세는 신과 깊은 신뢰 관계를 구축했다. 신은 두 사람 모두가 본인에게 충실하며, 옳은 일의 실천을 최우선 순위로 여긴다는 사실을 알고 있었다. 두 사람은 이렇듯 충성스럽고 신뢰할 수 있는 사람으로서, 신과 좋은 관계를 형성해 왔다. 그렇지 못했다면 애초에 협상 시도조차도 불가능했을 것이다.

신뢰는 어느 협상에서건 필수적이지만, 많은 돈이 걸린 경우에서는 특히나 중요하다. 양 당사자 간에 신뢰가 없다면 관계를 위한 기반도 쌓을 수 없다. 거래는 말할 것도 없다. 신뢰 구축에는 시간이 걸린다. 또한 과거의 다양한 거래나 평판으로도 형성된다. 어떤 경우에서건 협상을 성공적으로 하고 싶은 사람이라면, 협상에 앞서 신뢰 구축을 우선순위로 둬야 한다. 해리 밀스가 말했듯이, 부정직하다는 평판이 있는 사람들은 진실을 말할 때조차도 신뢰를 얻지 못한다. 협상 전문가들이 정직하다는 평판을 철저하게 유지하는 이유이다.

설득력이 떨어지는 주장을 상대방에게 이해시켜야 할 때는 직접적으로 말하지 않는 편이 낫다. 다른 대안이 있다. 당신이 말하고자 하는 바를 직접 깨달을 수 있도록, 상대방에게 날카로운 질문을 던져라. 상대방은 질문에 대답하는 과정에서 자신들의 입장을 더 명확히 밝히거나 오류를 발견하게 될 것이다. 이로써 상대방은 당신과 더 가까운 관계를 형성할 수 있게 된다.

| 인생을 위한 통찰 |

대인 관계에서 신뢰를 구축하는 데에는 시간이 걸린다는 사실을 깨달아야 한다. 신뢰 없이는 어떠한 협상도 없다. 그러므로 사람들과 신뢰, 존중, 우정을 형성하기 위해 시간과 노력을 들여라.

chapter 5

거래 조건의 확인

로버트 E. 건서, 스티븐 J. 호크, 하워드 C. 쿤로더의 공동 저서인 《와튼스쿨 연구자들이 들려주는 의사 결정 가이드》에 인용된 연구에 따르면, 협상가의 28%는 협상을 할 때 공동의 이해가 걸린 사안에 대해 거짓말을 한다고 한다. 또한 문제가 있어도 드러내지 않거나 직접적으로 질문을 받지 않는 한 거짓말을 한다고 답한 협상가는 100%였다. 여기서 신뢰할 수 없는 상대방에게서 어떻게 협상을 이끌어낼 수 있는가에 대한 딜레마가 생긴다. 성경에 나오는 야곱도 똑같은 딜레마를 겪었다. 앞에서 이미 나왔던 내용이므로 여기서는 짧게 요약만 하겠다.

야곱은 라반의 집에 도착한 후, 한 달 내내 돈도 받지 않고 그를 위해 일했다. 이후, 라반은 야곱이 한 일에 대한 돈을 지급하겠다고 했고, 보상에 대한 협상이 시작되었다. 야곱은 라반과 협상을 시작하기 전, 한 달간 미리 일하며 자신의 재능과 능력을 보여줌으로써 가치를 증명해 보였다. 그는 스스로 일을 잘하는 사람이라는 이미지를 만들었기 때문에 협상하기에 매우 유리한 위치에 설 수 있었다. 야곱은 라반의 작은 딸 라헬과 사랑에 빠져 그녀와 결혼하길 원했다. 그래서 7년 동안 라반을 위해 일하는 대신 그 보상으로 아름다운 라헬과의 결혼을 허락해 달라고 요청한다. 라반은 딸을 다른 남자보다는 야곱에게 시집 보내는 게 낫다며 선뜻 승낙했다.

약속한 7년이 지나 결혼 날짜를 잡았지만, 라반은 야곱을 속였다. 라헬이 아닌 그녀의 언니 레아와 결혼시킨 것이었다. 아침에 눈을 뜬 야곱은 속았다는 사실을 알고 당연히 분노했다.

앞서 나온, 죽 한 그릇과 장자상속권을 맞바꾼 이야기에서 야곱은 에서에게 거래에 대한 맹세를 하게 했다. 이 과정을 통해 장자상속권이 자신에게 실제로 넘어왔음을 확인했다. 그러나 야곱이 라반과 거래를 했을 때는 확인절차를 밟지 않았다. 자기고장에서는 큰딸보다 작은딸을 먼저 시집보내는 법이 없다며, 라반이 자신의 행동을 정당화할 빌미를 제공한 셈이었다. 야곱이 라반과의 거래 조건을 확인만 했더라면 7년 동안이나 더 일하지는 않았을 것이다. 이 이야기에서 우리는 이러한 교훈을 얻을 수 있다. 당신이 생각하고 있는 것에 상대방도 동의했다는 사실을 확인하기 전까지는 협상장을 떠나지 말라. 가장 좋은 방법은 이해관계자 모두가 주요 협상 내용에 동의했음을 적은 각서나 메모를 남기는 것이다. 협상 내용에 대한 이해가 서로 다를 수 있기 때문에, 내용을 문서화하고, 세부사항에 대해 승인하는 과정은 필수적이라고 할 수 있다.

아브라함, 야곱, 모세는 모두 신을 적대적으로 상대해서는 성공적인 협상을 할 수 없다는 사실을 잘 알고 있었다. 대신 이들은 효과적인 협상을 위해서 상대방의 욕구, 강점, 약점과 같은 특성을 이해하려고 노력했다. 훌륭한 태도다. 상대방의 상황을 진정으로 이해할 때에만 문제를 심층적인 수준에서 이해하고, 이야기할 수 있다. 자신의 관점에만 골몰해 있으면 상대방의 입장은 보이지 않는다. 그러나 아브라함과 모세는 신이 진정으로 원하는 바를 알았다. 때문에 자신이 원하는 바를 신에게 보여주고, 양측의 이해관계가 어떻게 부합하는가를 살피도록 했다. 그들이 협상에 성공할 수 있었던 이유이다.

대부분의 협상들, 심지어 아주 힘들 것 같은 협상에서도 마찬가지다. 당신은 상대방과 어떠한 공통분모를 찾을 수 있을 것이다. 그러나 우리는 대부분 우리의 입장을 준비하는 데에만 지나치게 많은 시간을 보내고, 상대방의 입장을 이해하는 데에는 아주 인색하다. 결과적으로 양측이 만나서는 자신의 입장만을 납득시키려 하기 때문에, 중간 지점을 찾기가 어려워지는 것이다. 그러나 앞에서 살펴봤듯 협상에서 성공적인 결과를 이끌어 내기 위해서는 대립을 피하고, 상대방의 니즈를 파악해야만 한다.

협상 자체가 엄청나게 복잡한 경우도 있다. 그러나 협상이 실패하게 되는 이유는 대개 아주 사소한 조항들 때문이다. 상대방의 의도가 무엇인지 항상 확인해야 함을 잊지 말라. 추측만으로는 충분하지 않을 뿐더러, 도리어 재앙과도 같은 결과를 초래할 수도 있다. 확인하고, 확인하고 또 확인하라.

| 인생을 위한 통찰 |

타인의 행동 때문에 상처를 받고도 마음을 치유하지 않은 채 방치하거나, 밖으로 드러나는 행동이 우리 내면의 욕구와 감정 때문이란 사실을 깨닫지 못하면, 마음속에 분노와 증오가 생겨날 가능성이 커진다. 상대방이 왜 저렇게 행동하는지를 이해해 보라. 어떤 관계든 유지하고자 한다면, 결론으로 바로 건너뛰는 행동은 결코 삼가야 한다.

명상 | MEDITATION

제5부에서 제시된 아이디어를 당신의 비스니스 협상에 적용하기란 쉽지 않을 것이다. 습관은 바꾸기 어렵고, 협상 전략을 바꾸는 것은 더 어렵기 때문이다. 이럴 때 명상이 도움이 된다. 중요한 협상 전에 최소 10분 동안 이 책에서 배운 것들을 바탕으

로, 상대방에 대해 알고 있는 것과 당신이 사용할 협상 전략을 되짚어 보라. 당신이 구상한 전략에 전적으로 만족감을 느끼게 되면 명상을 시작하라. 처음에는 일반적인 협상 전략을 생각해 보고, 그 다음으로 당신만의 협상 전략을 하나씩 만들어 보자. 그리고 시간을 충분히 들여 각각의 세부사항을 살펴라. 당신만의 전략이 머릿속에 계속해서 떠오르도록 하는 것이다. 당신이 어떻게 협상을 할 것인가를 계산하려는 의도가 아니다. 그것은 이미 지난 단계다.

이제 당신이 사용하기로 결정한 전략을 충분히 이해했는지 확인하라. 당신의 협상 전략을 묵상하고 세부사항을 다시 한 번 깊이 생각해 보면, 당신의 최종 목표와 어떻게 연결되어 있는지를 알 수 있을 것이다. 이쯤 되면 당신이 사용할 협상 기술은 제2의 천성처럼 간단하고 자연스러워져서, 손쉽고 자신감 있게 사용할 수 있게 된다.

Part 6

실패에 대처하는 법:
성공적인 미래를 위한
필수 과정

지혜가 많으면 번뇌도 많으니
지식을 더하는 자는 근심을 더하느니라.

Much wisdom comes through much grief.

- 전도서 1:18 중에서

모든 인간이 인생에서 실패를 겪는다는 것은 피할 수 없는 진리이다. 토라에 의하면 그 누구도 완벽하지 않다. 모세조차도 반석에게 명하여 물을 내라는 하나님의 말을 거역하고 지팡이로 반석을 치는 실수를 범했다. 여기서 우리는 모든 인간이 본질적으로 실수하는 존재라는 메시지를 얻을 수 있다. 또한 실패는 미리 경고하고 찾아오지도 않는다. 문제는 바로 실패에 대처하는 방식이다. 어떻게 대처하느냐에 따라 더 큰 실패를 맞게 되거나 혹은 반대로 더 큰 성공을 불러올 수 있기 때문이다.

실패는 종종 일어나기 때문에 매번 좌절할 필요는 없다. 축복할 일은 아니지만 실의에 빠지거나 자학할 일도 아니다. 실패는 피해갈 수 없으며 성공한 사람들도 실패를 했다는 사실을 깨달으면, 당신에게 스스로 붙인 '실패자'라는 낙인도 떼어낼 수 있을 것이다. 여기서 한 가지 주의해야 할 사실은 비즈니스의 실패 대부분이 개인의 성격적 결함에서 비롯된다는 점이다. 같은 실수를 반복하지만 않으면, 성공은 저절로 따라온다. 제6부에서는 비즈니스와 인생에 실패를 불러오는 오류를 인지하고 극복하는 전략을 소개한다. 이를 따르면 성공의 문이 열릴 것이다.

chapter 1

실패를 최소화하기

실패를 줄이고 대처하는 방법을 논하기 전에, 실패가 어떻게 찾아오는지를 먼저 살펴보자. 심각한 실패는 이유 없이 일어나지 않는다. 아주 작고 사소한 실수들이 누적된 결과이다.

루바비처 레베로 불리며 존경을 한몸에 받았던 고(故) 메나헴 멘델 슈니어슨(Menachem M. Schneerson, 1902-1994)은 한 캠브리지대 학생에게, 유대인 학생들을 돕기 위해 무엇을 하고 있는지 물었다. 대학생의 이름은 조나단 삭스(Jonathan Sacks)였다.

조나단이 "지금 상황에서 저는……."하고 더듬거리며 말을 시작했다. 그러자 루바비처 레베는 그의 말을 가로막으며 "누구도 어떤 상황에 속하지 않는단다. 상황은 네가 만드는 거야."라고 말했다. 훗날 이 질문을 받은 대학생은 영국 유대교의 최고 지도자가 되었다. 이렇듯 본질적인 사실만 깨닫는다면, 우리는 비즈니스나 실생활에서 생기는 실수를 관리할 수 있다. 사소한 실수들에 대하여 책임을 지고 그것이 반복되지 않도록 하면, 큰 실패는 막을 수 있는 것이다.

하지만 안타깝게도 대부분의 사람들은 내적 성찰을 하지 않기 때문에 같은 실수를 반복한다. 그들은 수치심 때문에 실패를 인정하지 않으며, 스스로를 부정하기도 한다. 이런 부류의 사람들은 큰 실패를 겪게 되면, 탓할 다른 무언가를 찾아 책임을 전가한 후 또 다시 같은 실수를 반복한다. 이것이 비즈니스가 실패하는 대부분의 원인이다. 자기 자신의 실수에서 교훈을 얻고 스스로 잘못된 부분을 바로 잡기 전까지는 수많은 실패를 경험할 수밖에 없다.

실수는 그 즉시 바로 잡을 수 있으며, 그래야만 한다. 벤자민 프랭클린은 "미친 짓의 정의는 같은 행동을 반복하면서 다른 결과를 바라는 것이다."라고 했다. 물론 같은 실수를 반복해서는 안 된다는 사실을 부정하는 이는 없다. 그러나 실제로 실천하는 사람은 매우 드물다. 자신이 실수를 한다는 사실을 인지하지 못하거나 그러한 사실을 부정하기 때문이다. 이렇게 되면 일상생활, 경력, 비즈니스, 인간관계 등 모든 측면에서 실패를 겪게 된다. 다행히도 토라는 실패를 만회하고 극복하기 위한, 보장된 방법을 제시한다. 이는 비즈니스와 일상생활 모두에 적용할 수 있다.

비즈니스에서는 순익이 모든 사실을 나타내기 때문에 실수와 실패가 용인될 수 있는 영역이 아니다. 그러나 만약 실수를 했다면, 재빨리 자백하거나 제대로 인식해야 한다. 그렇지 않으면 비즈니스에 더 큰 지장을 초래할 것이다. 실수를 즉시 바로 잡지 않으면 비즈니스는 완전히 실패로 하게 된다는 사실을 명심해야 한다.

| 인생을 위한 통찰 |

자신 이외의 아무도, 아무것도 탓하지 말아야 한다. 책임을 전가함으로써 같은 실수를 반복하게 되고, 인간관계에도 문제가 생길 것이다. 무언가 잘못되었을 때는 자신의 내면을 들여다보는 것이 중요하다. 대체로 문제는 자기 자신에게 있기 마련이다.

chapter 2

실패 바로잡기

종교적인 삶을 산다는 것은 신이 원하는 행동을 하고, 신의 뜻에 어긋나는 일은 하지 않는다는 의미이다. 하지만 모든 종교인은 이따금 실패하기도 하고, 종교적 기대를 충족시키지 못할 때도 있다. 솔로몬 왕은 "선을 행하고 죄를 범치 아니하는 의인은 세상에 아주 없느니라(전도서 7:20)."고 하였다. 이러한 관점에 따르면 모든 종교인은 죄인이다. 그렇기 때문에 대부분의 종교는 죄를 극복할 수 있는 방법을 제공한다. 유대교에서는 그 과정을 '트슈바(t'shuva)'라고 부른다.

일반적으로 '회개'라는 뜻으로 번역되지만 이 단어를 직역하면 '돌아옴'이라는 의미이다. 토라에 의하면, 회개는 죄를 고백하는 것 이상의 의미를 지닌다. 죄를 말로 풀어내는 과정을 포함하여, 죄를 씻어내고 다시는 반복하지 않을 것을 약속함으로써 죄를 제거하는 과정이라는 것이다. 그들은 트슈바를 올바르게 끝냈다면 신이 인도하는 길로 다시 돌아갈 수 있다고 믿는다.

회개의 개념을 이해하려면 먼저 죄의 개념에 대해 살펴보는 것이 좋다. 죄라는 행위에서 도덕적 오류를 떼어내고 나면 무엇이 남는가? 바로 실수이다. 토라에 의하면 죄에는 올바른 길을 가지 않는 것뿐만 아니라 자신의 이익에 반하는 행위도 포함된다. 사람은 '어딘가에 그렇게 하라고 적혀있기 때문에' 신의 뜻을 따르지 않는 것이 아니다. 그렇게 하는 것이 자신에게 가장 이익이 되기 때문이다. 종교인에게 신의 법을 위배하는 것은 곧 개인의 실수이다.

이런 관점에서 보았을 때, 도덕적 혹은 종교적 죄를 회개하는 과정은 비즈니스나 일상생활에서의 실수를 바로 잡는 일에도 적용될 수 있다. 회개를 '실수를 바로 잡는 방법'이라고 해석하면, 거의 모든 실수 유형에 적용 가능하다. 물론 일을 미룬다거나 계획을 잘못 세우는 등의 사소한 실수가 모두 도덕적 죄를 의미하지는 않는다. 중요한 것은 도덕적 혹은 종교적 죄처럼 바로 잡을 수 있다는 사실이다. 토라는 이런 실수들을 바로 잡고 반복하지 않을 수 있는 방안을 제공한다.

이 방안은 4단계를 과정으로 이루어지므로, 하나하나 자세히 살펴보도록 하자.

첫째, 실수를 제대로 인지하고 책임을 져라.

첫 번째 단계는 실수를 인지하고 책임을 지며, 그것이 비즈니스나 인생에 가져올 잠재적 영향을 직시하는 것이다. 이 과정은 생각의 깊이를 요한다. 반복되는 실수의 대표적인 예는 바로 '미루는 습관'이다. 일을 미루는 습관은 실질적인 성공을 하는 데 큰 걸림돌이 된다. 아무리 중요한 일이라도 마감이 올 때까지 미루다가, 결국 그 일을 망치고 마는 사람들이 아주 많다. 그 결과 비즈니스와 자신의 평판에 문제가 생길 뿐 아니라 일을 제때 처리했을 때보다 더 많은 걱정과 스트레스를 얻게 된다. 자신에게 정직해진다면 스스로에게 문제가 있음을 깨닫겠지만 문제를 바로 잡는 것은 쉽지 않다.

이를 위해서 가장 먼저 할 일은 미루는 습관에서 비롯된 문제들이 다른 모든 일에도 영향을 미친다는 사실을 깨닫는 것이다. 실수가 가져올 악영향에 대하여 깊이 생각해 보면, 그 행위 자체가 성공으로부터 멀어지게 하고 있음을 인식할 수 있다. 올바른 인식이 이루어지면, 일을 미루는 것에 대한 경계는 자연히 따라온다. 또한, 비슷한 상황이 왔을 때도 습관에 대해 저항하고자 하는 동기가 부여될 것이다. 이는 분노 관리, 집중력 분산, 오만함, 부정 등 다른 문제들에도 동일하게 적용될 수 있다.

둘째, 사고방식의 오류를 인지하라.

실수가 인생에 미치는 악영향을 인지했다면, 이제 두 번째 단계를 진행해도 된다. 그것은 자신을 실패로 이끄는 사고방식의 오류를 인지하는 것이다. 이 단계를 설명하기 위해 오만함의 오류를 예로 들어보겠다. 오만함은 다른 사람보다 자신이 더 우월한 가치를 지닌다는 사고의 오류에서 비롯된다. 신의 형상으로 똑같이 창조되었기 때문에 모든 인간이 동등함에도 불구하고, 오만한 사람은 자신이 다른 이들보다 나은 존재라고 믿는다. 결국 이러한 생각은 위험한 자기숭배에까지 다다르게 된다. 하지만 오만함을 가지게 되기까지의 사고 과정을 주의 깊게 되짚어보면, 어떤 계기로 그런 생각을 하게 되었는지 알게 될 것이다. 이유를 깨달았다면 그 부분부터 바로 잡기 시작하면 된다. 이 과정은 당신을 실패로 이끄는 다른 성격적 결함 모두에 적용될 수 있다.

셋째, 스스로에게, 또 주변 사람들에게 실수를 인정하라.

세 번째 단계는 실수를 당신 자신과 주변 사람들 모두의 앞에서 인정하는 것이다. 여기에는 지혜가 필요하다. 한 유명한 인생 상담 코치는 자신이 전화를 걸고 관리를 해줄 것이라는 사실을 아는 것만으로도, 상담자는 일을 효율적으로 수행하게 되었다고 말한다. 다른 사람이 자신의 문제나 실수에 대해서 알고 있다는 사실 자체만으로도 그 문제가 다시 벌어지는 상황을 막은 것이다. 그렇기 때문에 문제를 주변 사람들에게 알린다면 같은 실수를 반복하기 더욱 어려워진다. 예를 들어, 직장 동료들에게 자신이 미루는 습관을 가지고 있다고 인정한다면 그 습관을 지속하기 어려워진다. 프로젝트를 미루는 이유가 단순히 습관 때문이라는 사실을 모두가 알고 있는데, 더 이상 어떻게 미룰 수가 있겠는가? 이 과정 역시 다른 실수에도 동일하게 적용할 수 있다.

넷째, 굴복하지 않겠다고 약속하라.

네 번째 단계는 잘못된 사고방식을 더 이상 따르지 않겠다고 다짐하는 것이다. 그것은 간단한 구두서약일 수도 있고, 서면으로 작성할 수도 있다. 그것을 자기 자신이나 친구, 가족, 배우자, 인생 상담 코치, 혹은 우리가 믿는 신에게 보여 주자. 당신의 생각과 태도에 변화를 가져다 줄 것이다.

| 비즈니스를 위한 통찰 |
업무상 차질과 실수를 인지하는 것만으로는 부족하다. 같은 실수를 반복하지 않도록 적합한 전략을 찾아내고 실행할 수 있어야 한다. 명상은 순익에 악영향을 미치는 요소를 제거하는 데 강력한 도구가 된다. 비즈니스의 수익성을 막는 실수를 인지하고, 또 경계해야 한다.

| 인생을 위한 통찰 |

주변 사람에게 자신의 문제를 인정하고, 알려라. 만약 부정적인 습관을 버리기로 다짐했다면 친구들과 가족에게 알리는 과정이 필요하다. 그들은 당신이 다시 나쁜 습관으로 돌아가는 길을 막아주는 방패 역할을 할 것이다.

chapter 3

실패는 성공의 어머니

유대 신비주의자는 위에서 언급된 4단계의 과정을 매일, 혹은 적어도 주 2회는 수행하는 것이 좋다고 말한다. 이 과정은 헤스본 하네페시(h'esbon ha'nefesh) 혹은 '영혼의 성찰'이라고 불린다. 자신의 내면을 들여다 보는 과정을 통해 강점과 약점을 알아볼 수 있는 과정이기 때문이다. 영혼의 성찰을 위해, 전날이나 그 주에 있었던 일에 대해 명상하고, 실수했던 부분을 다시 살펴보라. 그리고 실수 혹은 실패한 경험이 떠오르면 곧장 위에서 열거한 4단계를 수행하라. 이후 당신은 실수나 나쁜 습관을 반복하기 전에 한 번 더 경계하게 될 것이다. 같은 실수를 다시는 반복하지 않겠다고 다짐했다면, 또 다시 같은 행동을 하려고 하는 무의식에 저항하는 힘이 생기게 된다.

사실 위 4단계를 수행하는 것이 말처럼 쉽지는 않다. 본능을 이기기란 얕잡아볼 만한 일이 아니다. 예를 들어 분노 조절에 문제가 있는 사람이 변화될 가능성은 아주 낮다.

하지만 17세기의 유명한 유대교 윤리학자이자 《마음의 의무》의 저자 바히야 이븐 파쿠다(Bahya ibn Paquda)는 "오만한 사람이 지속적으로 겸손하게 행동한다면 마음 깊은 곳에 오만한 성향이 남아있다고 할지라도, 겸손이 제2의 천성화 된다."고 했다. 이는 오만한 성향뿐 아니라 다른 성격적 결함 혹은 우리가 반복하는 실패에도 적용될 수 있다. 비즈니스 혹은 인생을 망치는 일을 아예 하지 않기 위해 노력하면, 그것이 바로 제2의 천성이 된다. 실수를 막거나 반복하지 않는 것은 어렵다. 이를 위해 현자들은 매일 혹은 주 2회 영혼을 성찰하는 노력이 필요하다고 말하는 것이다.

영혼의 성찰은 자신을 실패로 이끄는 행동과 태도를 막을 수 있도록 도와주는 동시에 긍정적이고 건설적인 마음가짐, 태도, 그리고 행동으로 이끌어 준다. 영혼을 성찰하며 일련의 사건들을 떠올려보면 분명 잘한 일도 하나쯤 있을 것이다. 우리는 그 부분도 놓치지 말아야 한다. 습관을 바꾸려면, 자신의 긍정적인 부분에도 실패한 사례만큼이나 주목해야 하기 때문이다.

실수와 실패를 바로 잡는 이 방안은 비즈니스적으로나 개인적으로나 모두 적용할 수 있다. 영혼을 성찰했던 방식으로 비즈니스 역시 성찰해 보자. 개인의 실수나 성격적 결함은 비즈니스 실패로 그대로 이어지기 때문에, 이 두 가지의 성찰은 양립과 병행이 가능하다. 이 조언에 따른다고 해서 실패를 하지 않으리라는 보장은 없지만, 최소한 반복되는 빈도는 낮출 수 있을 것이다. 그리고 적은 실패와 더 많은 성공은 결국 비즈니스의 순익에 긍정적인 영향을 미친다.

MDC 홀딩스(MDC Holdings): 실패하기에는 너무나 바쁘다!

아주 성공한 부동산 투자가이자 자선가인 래리 미젤(Larry Mizel)이 20대였던 시절 겪은 이야기다. 그는 1942년 미국 오클라호마 주 북동부에 있는 도시인 털사에서 태어나 오클라호마대학을 졸업한 후, 그곳에서 로스쿨 1년을 수료했다. 그 후 1965년, 덴버대학교 법학대학으로 편입하게 된 그는 고향인 오클라호마를 떠날 준비를 하고 있었다. 그의 동료들은 법과 관련된 직업을 얻기 위해 법대에 입학했지만, 미젤은 자신만의 사업을 하고 싶다는 꿈을 위해 공부했다.

어느 날, 그는 덴버 시내 변두리에 위치한 한 카페에 운명적으로 들르게 되었다. 그곳은 젊은 전문직들이 즐겨 찾는 장소였다. "사람들은 그곳에서 일종의 네트워킹을 하고 있었어요. 하지만 그 당시만 해도 그런 화려한 단어는 없었으니 그냥 같이 어울렸다는 표현이 맞겠네요."라고 미젤은 회상했다. 그 가을밤, 미젤은 부동산 전문가 버트 하임리히를 알게 되었다. 그는 미젤에게 자신의 첫 번째 부동산 거래에 대해 말해 주었다. 멕시코 대로와 콜로라도 대로변에 공터가 있는데, 그 땅에 10층짜리 아파트를 건축하려는 사람들이 있다는 것이었다. 미젤은 재빨리 기회를 읽어냈고, 투자하기로 결정했다.

당시 그는 학생이었지만, 할아버지로부터 2만 달러를 상속 받은 상태였다. 건축가 로날드 윌슨을 만난 그는 아파트 짓기 프로젝트에 10%의 이자율로 1만 8,000달러를 투자했다. 다른 투자자들 역시 건물을 짓기 위한 돈을 모았고, 공사비를 대출받기도 했다. 그 후 18개월간, 미젤은 프로젝트에 완전히 몰두하기 위해 휴학을 결정했다.

빌딩이 한 층 한 층 높아짐에 따라 미젤의 부동산 개발에 대한 열정 역시 솟구쳤다. 그는 "매일 아침 일하는 게 너무나 기다려졌다"고 말했다. 그 이유가 빌딩이 건축되고 있다는 사실 때문이었는지 아니면 열정의 원천이던 돈 때문이었는지를 묻는 질문에 그는 고개를 저으며 말했다. "전진하는 행동 자체 때문이죠. 그것은 무에서 유를 창조하는 행동이었어요."

그러나 프로젝트가 완성되기 전에 문제가 발생했다. 공사는 80%나 진행되었는데, 자금이 거의 바닥난 것이다. 미젤은 곧 대부분의 건설 프로젝트에는 시간과 예산이 추가적으로 필요하다는 사실을 알게 됐다. 하지만 미젤을 비롯한 투자자들은 그런 만일의 사태에 대비해 둔 것이 아무것도 없었다. "프로젝트에서 일이 완전히 잘못 진행됐을 때, 나는 그 다음부터 어떻게 해야 할지를 확실히 배웠다"

고 미젤은 당시를 회상했다.

곧 프로젝트를 계속 진행하기 위해서는 추가적인 자금이 필요하다는 사실이 명백해졌다. 그렇지 않으면 건축현장 직원들이 일당을 받지 못하게 될 것이고, 대출기관은 프로젝트가 정지됐다는 사실을 알고 소유권을 행사하려 들 터였다. 그는 '프로젝트를 천천히 진행해 자금을 회수할 때까지 시간을 벌어야 해.'라고 생각했지만, 문제는 초기 대출 때 이미 모든 담보를 저당 잡힌 프로젝트를 위해서 누구도 추가 대출을 해주려고 하지 않았다는 사실이었다.

미젤과 그의 파트너들은 채권자들에게 빌딩을 넘기고, 프로젝트를 그대로 포기할 수도 있었다. 하지만 이는 무슨 일이 있어도 절대 포기하지 말자는 미젤의 인생철학에 어긋나는 일이었다.

당시 미젤은 아파트 건설 투자 외에도 두 번째 개발 프로젝트를 시작하며, 신예 기업가로서의 성공 기반을 다져가고 있었다. 그는 자신의 성실함과 집중력, 그리고 헌신을 보여주며 사람들에게 위험을 감수하면서라도 그와 더 많은 비즈니스를 하고 싶도록 만들고 있었다. 미젤은 프로젝트 자금을 끌어오기 위해, 자신이 쌓은 신용과 창의력을 이용하여 매도인들을 계속해서 설득했다.

아파트는 1967년에 비로소 완성되었으며 '드 메디치 아파트'라는 이름이 붙여졌다. 그 건물은 여전히 멕시코와 콜로라도 대로변에 위치해 있으며, 미젤은 지금도 이곳에서 나오는 수입을 배당받는다. 그는 또한 미국에서 가장 큰 규모의 주택건설업체 중 한 곳인 MDC 홀딩스(MDC Holdings)의 창립자이자 회장 및 CEO가 되었다. 이 회사는 수천 명의 직원을 거느리고 있으며, 미국 역사상 최악의 주택 불경기였던 2008년 4월의 주식시장에서도 20억 달러 이상의 가치를 인정받았다. 이렇듯 거대한 규모의 MDC 홀딩스는 1972년, 단 5만 달러의 초기투자로 창립되었다.

미젤은 1966년 드 메디치 아파트를 건설하며 겪었던 아찔한 경험 이후로도, 부동산 개발 사업을 통해 수많은 고난과 역경을 겪었다. 하지만 그는 그 역경 속에서 살아남았으며, 도전을 통해 더욱 강해졌다. 미젤은 실패에 대해 '사건이 아닌 태도'라고 말한다. 실패에 어떻게 대처하느냐는 질문에 그는 "모르겠다. 실패를 경험한 기억이 없다. 나에게 실패란 없다."고도 대답했다.

미젤은 첫 번째 프로젝트에서 겪었던 실패를 다음 프로젝트를 시작하는 촉매제로서 사용했다. 그리고 자신의 첫 번째 실수가 무엇이었는지 파악한 후, 다시는 그 같은 실수를 저지르지 않겠다고 다짐했기 때문에 성공적인 부동산 투자가가 될 수 있었다. 미젤은 위에서 언급한 자아성찰 단계를 수행하지는 않았지만, 사소한 실수를 초기에 바로 잡아 반복하지 않음으로써 큰 실패를 막았던 것이다.

가계부를 적는 것만큼이나 자주 영혼을 성찰하라. 그러면 자신의 성격적 결함이나 비즈니스를 실패로 이끄는 실수들을 파악하게 될 것이다. 영혼을 성찰하면서 얻은 정보는 큰 실패를 막는 데 도움이 되므로 매주 두 번은 수행하라.

| 인생을 위한 통찰 |

당신을 실패로 이끄는 성격적 특성이 있다면 지금 당장 멈춰라. 대신 좋은 습관을 꾸준히 실천하면, 그것은 제2의 천성이 된다. 긍정적인 태도를 가지고 싶을 때도 마찬가지이다. 실제로 긍정적으로 변할 때까지 긍정적인 척 하라.

chapter 4

실패는 개인적인 것이다

자아의 성찰은 실수를 초기에 잡아내고, 그것이 반복되는 것을 방지하는 데 효과적이다. 성공한 모든 기업인들은 자아성찰과 유사한 방법을 통해 실수를 반복하지 않으려고 노력했다. 자아성찰의 또 다른 장점은 성공과 실패 모두에 대하여 긍정적으로 생각할 수 있도록 도와준다는 것이다. 개인과 비즈니스의 문제 및 성취도에 대해 사색하면 할수록, 우리는 스스로가 이룰 수 있는 성공의 유형을 더 정확히 평가할 수 있다. 그래서 성공과 실패를 타인과는 관계 없는, 지극히 개인적인 것으로 받아들이게 된다.

저명한 유대 신비주의자인 랍비 메슐람(Meshulam Zusha of Anipoli, 1718-1800)은 "사후 세계에서 신은 나에게 왜 아브라함이나 모세만큼의 업적을 이루지 못했냐고 묻지 않을 것이다"라고 했다. 대신에 그는 '랍비 메슐람으로서' 할 수 있는 업적을 왜 이루지 못 했냐는 질문을 받게 될 것이라고 말했다. 성공은 굉장히 개인적인 것이어서 한 사람에게는 성공인 일이 다른 사람에게는 실패일 수 있고, 또는 그 반대일 수 있다. 예를 들어, 미국 마이애미 해변에 위치한 아이스크림 가게의 성공을 아이오와의 작은 마을에 위치한 가게와 비교할 수 없는 것과 같다. 이처럼 한 사람의 성공이 다른 누군가에게는 실패로 비춰질 수도 있다. 개인의 재능과 강점도 마찬가지이다. 즉 성공은 개인의 상황, 위치, 재능 그리고 능력과 관련되어 있다. 그러므로 다른 사람과 자신을 비교하는 것은 도움이 되지 않으며, 실제로 개인적 성공의 정당한 지표가 되지도 않는다.

그러나 많은 사람들이 이러한 사실을 잊고 산다. '돈을 얼마나 많이 가졌느냐'만을 성공의 잣대로 취급하는 경향이 있기 때문이다. 사회에서는 으레 값비싼 차를 몰거나 으리으리한 집에 사는 것을 성공했다고 간주된다. 하지만 사실 꼭 그렇지만은 않다. 돈이나 물질적 소유가 개인적 잠재력에 도달했다는 의미는 아니기 때문이다. 각 개인이나 비즈니스는 저마다 서로 다른 능력을 가졌고, 사회와 경제에 각기 다른 방식으로 기여할 수 있다. 앞서 이 책의 제2부에서는 당신만의 특별한 능력과 진실된 열망을 찾으라고 했다. 같은 능력을 가지고, 같은 방식으로 사회에 기여하는 사람은 없다는 이야기다. 탈무드는 "사람들의 얼굴이 각기 다르듯, 생각하는 방식도 모두 다르다(브라홋 58a)"고 이야기했다. 우리는 세상에 기여하기 위한 각자 다른 능력과 취향을 가지고 있다. 당신이 현재 당신만의 능력을 발휘하지 못하고 있다면, 아무리 많은 돈과 지위를 가졌다고 할지라도 완전한 성공을 이룬 것은 아니다. 비즈니스에서도 마찬가지이다. 각 사업장마다 그들 역량에 꼭 맞춰진 성공의 척도가 있다.

탈무드에는 모든 사람이 "세상은 나를 위해 창조되었다(산헤드린 37a)"고 말할 자격이 있다고 쓰여 있다. 이기주의자가 되라는 뜻이 아니다. 우리 모두가 세상이 더 좋아지도록 기여할 만한 무언가를 가지고 있다는 의미이다. 스스로 그 특별함을 부정한다면 자신의 존재를 부정하는 것과 다름없다. 이보다 더 큰 실패가 어디 있겠는가?

주기적인 사색을 해야만, 자신이 사회에 어떻게 기여할 수 있는지, 어떤 것을 비즈니스 해야 적합할지 등을 알 수 있다. 성공과 실패는 다른 사람에 의해 결정지어지는 것이 아니라 자기 자신이 스스로 평가하는 것이다. 이것이 바로 '진짜' 성공을 위한 길이다.

| 비즈니스를 위한 통찰 |
자신에게 꼭 맞는 비즈니스를 찾으려면 자신만의 특별한 능력과 재능을 먼저 찾아야 한다. 깊은 사색과 자아성찰만이 그것을 가능하게 해줄 것이다.

자신의 성공과 실패를 타인과 비교하지 마라. 성공은 개인적인 것이다. 당신의 성공은 다른 이에게는 실패일 수도 있지만, 혹은 그 반대일 수도 있다. 자신만의 특별한 재능과 능력을 잣대로 삼아 스스로를 평가하라.

chapter 5

실패를 두려워하는 사람

우리가 이 책을 쓰기 위해 인터뷰한 몇몇 사람들은 자신의 사전에 실패란 단어가 없다고 했다. 아무리 나쁜 일을 겪어도, 그 상황을 완전한 끝이라고 보지 않기 때문이라고 했다. 가장 좋은 사례로 애티커스 증권(Atticus Capital)의 헤지펀드 파트너, 데이빗 슬레거(David Slager)의 태도를 들 수 있다. 그는 "실패라는 단어는 너무 극단적이다. 상황이 완전히 끝나는 법은 없다. 보통 만회할 기회가 생긴다." 라고 말했다.

실패에 대한 이러한 접근법은 탈무드의 등장인물 중 한 명인 나훔에게서 영감을 얻은 것이다. 나훔이라는 단어는 히브리어로 '위로'라는 뜻이다. 탈무드(타닛 21a)에 등장하는 나훔은 아무리 나쁜 일이 생겨도 '이 또한 좋아지는 과정이다'라고 생각했기 때문에 이런 이름을 얻었다고 한다. 아무리 끔찍한 일이 생겨도, 나훔의 관점에서는 모든 것이 더 좋아지기 위한 과정이었다. 그리고 시간이 지나면 실제로 그 말이 맞다는 사실이 드러났다.

이러한 접근법을 바탕으로, 데이빗은 개인의 판단 오류와 실제 결과를 별개의 문제로 보았다. 그리고 그 누구도 완벽하지 않을 뿐만 아니라 실수를 저지를 수 있다는 점을 인정했다. 그는 "판단 오류를 저질렀을 수도 있지만, 결국에는 다 좋은 일로 가는 과정이다. 주식시장이 어떻게 되든 결국 잘 되게 되어 있다."고 말했다.

데이빗은 또한 "나는 투자를 결코 포기하지 않는다. 한 번 한 결정을 변덕부리며 바꾸거나 포기하지 않기로 회사에서도 유명하다. 투자에 실패 징조가 보이더라도, 그것을 그저 더 싸게 더 많이 살 수 있는 기회로 읽곤 한다."고 했다.

마지막으로 그는 "부정적인 상황을 보는 방법에는 두 가지가 있다. 예를 들어 투자했던 주식의 가격이 내려가면, 조금 비싼 레슨비를 주고 배웠다고 생각한 후 넘어갈 수도 있다. 하지만 더 긍정적인 방법은 그 상황을 기회로 보고 주식을 더 사들이는 것이다. 실패했다고 생각하는 대신 호전될 미래를 위한 기회를 얻었다고 보는 것이다."라고 설명했다.

이 개념은 실수를 영원한 실수가 아닌, 성공을 위한 기회로 보기 위한 필수적인 사고과정이다. 어떤 사람은 실패를 자아와 연결시켜 생각하는데, 그것은 희망을 볼 줄 모르는 사고방식이다. 주식이 내려가면 그들의 자아도 함께 가라앉는다. 하지만 매사에 희망을 볼 줄 아는 사람들은 자신의 능력 너머로 더 강력한 힘이 있음을 알기 때문에 그 상황을 실패라고 생각하지 않는다. 이처럼 그들은 한 수 위를 읽을 줄 아는 사람들이다. 판단오류를 저질렀다고 인정하기는 하지만, 그것을 완전한 실패로 내버려 두지는 않는다. 다른 사람들은 그저 실패라고 믿는 그 너머에 성공이 분명 존재한다고 믿기 때문이다.

이 접근법은 어려운 상황을 헤쳐 나가기 위한 새로운 방식이다. 실패만을 보는 사람은 주식의 가격이 곤두박질치면 손을 떼고, 투자 가치가 휘청하면 포기한다. 그러나 데이빗 같은 사고방식을 하는 사람은 다르다. 시장 자체가 어려워져서 모두가 그만둘 때에도, 그들에게는 여전히 투자를 유지할 힘이 있다. 데이빗은 이것이 바로 성공의 열쇠이며, '비즈니스의 승자는 쉽게 흔들리지 않는 사람'이라고 말한다. 또 그는 위대한 발명가 토마스 에디슨의 "인생의 많은 실패는 그들이 성공에 얼마나 가까워졌는지 알아채지 못한 채 포기해버린 결과이다."라는 말을 인용하기도 했다.

| 비즈니스를 위한 통찰 |
거의 모든 비즈니스맨들이 한 번씩은 실패를 겪는다. 그러나 절대 자신

의 비즈니스를 실패했다고 단정 짓지 마라. 실패 징조가 보인다면, 그 안의 희망을 봐라. 성공한 모든 비즈니스맨들은 그 단계를 거쳤으며, 또 극복했다. 현재 상황 너머로 밝은 미래를 보고, 믿을 수 있어야 한다.

| 인생을 위한 통찰 |
개인의 진짜 실패는 상황이 아닌 마음가짐으로 판단된다. 우리는 모두 실패를 겪지만, 실패했다고 자신을 놓아버리는 순간이 바로 진짜 실패 하는 때이다.

셰임스 마콥스키 부동산(Shames-Makovsky Realty Corporation): 이 길의 끝은 또 다른 여행의 시작이다

미국 덴버에서 부동산 개발업을 한 지 15년이 된 이반 마콥스키 (Evan Makovsky)는 자신이 비즈니스를 꿰뚫고 있다고 자신했다. 그 러나 1980년대 중반, 경기가 침체되면서 전혀 경험하지 못했던 일 을 겪게 되었다. 당시 그는 '셰임스 마콥스키 부동산'이라는 이름으 로 중개업을 시작하여 탄탄대로를 달리고 있었다. 젊은 중개업자로 서, 이반은 다른 대형 중개업자들이 제공하지 않을 헌신과 기술을 앞세워 중소기업들과의 사업 관계를 돈독히 하고 있었다.

시간이 흘러 이 회사는 16명의 직원을 거느린, 100만 달러 규모의 사업으로 성장했다. 클라이언트의 기대를 뛰어넘는다는 평판도 받았다. 하지만 1980년대의 덴버의 부동산 시장은 점점 악화일로를 걷고 있었다. 에너지 위기가 완화되면서 유가가 하락해 콜로라도 주의 자금은 밖으로 흘러나갔고, 사무실과 집들이 줄줄이 매물로 나왔다. 설상가상으로 신용경색으로 인해 현지 은행은 기업가들에게 대출을 해주려 하지 않았다. 1986년에서 1987년 사이, 이반의 사업체 수익도 하강세를 그리기 시작했다. 그는 직원들에게 월급을 지급하기 위해 개인적으로 돈을 빌리기 시작했지만 곧 한도에 달했다.

1987년 중반, 이반은 벼랑 끝에 와 있었다. 그것은 마치 파산의 늪을 들여다보는 것이나 다름없었다. 그러나 그는 이렇게 위협적인 상황에서조차도 희망을 보았다.

사실 이반을 가장 힘들게 하는 것은 따로 있었다. 그는 자신의 고객들이 부동산을 매입하거나 임대할 수 있을 만큼의 충분한 돈을 가졌음에도, 신용이 없다는 이유로 은행으로부터 충분한 대출을 받지 못하는 상황을 무척 안타깝게 생각했다. 당시 은행들은 상업 빌딩이 지닌 가치의 50%만 대출해주려고 했기 때문이다. 이반은 여기서 번뜩이는 아이디어를 얻었다. 기존의 상업적 부동산 중개업에다 단기융자를 전문으로 하는 부동산 대출업을 새롭게 겸업한다는 발상이었다. 만약 클라이언트가 필요한 자금의 50%를 은행에서 빌렸다면, 그가 나머지 25%를 빌려주어, 결국 클라이언트들은 나머지 25%만을 부담하게 하는 방식이었다.

그에게는 일단 자금이 필요했다. 이반은 단골 고객, 소규모 자영업자, 그리고 많은 중소기업들에 이르기까지, 지난 15년간 거래하면서 쌓아온 인맥을 통해 자금을 확보했다. 셰임스 마콥스키 부동산이 성장한 만큼 거래처들의 규모도 커진 상황이었기 때문에 이제 그들 역시 돈을 투자할 안전한 곳을 찾고 있던 참이었다. 이반은 이렇게 장기간 신뢰관계를 쌓아온 고객들에게서 자금을 끌어와, 저위험 대출자를 위한 보증을 서는 계획을 세운 것이다.

1987년 어느 여름 날, 그는 전 직원이 참석하는 회의를 열었다. 이반이 방을 들어섰을 때, 직원들과 브로커들 중 일부는 회사가 곧 문을 닫게 될 것이라는 발표가 있으리라 추측하며 울고 있었다. 이반는 그 당시를 떠올리며 "상황이 안 좋다는 사실을 모두가 너무나 잘 알고 있었기 때문에, 직원들은 우리 임원들이 그저 사무실 열쇠를 문 옆에 두고 떠날 것이라 생각했다."고 말했다.

하지만 이반은 열정적으로 격려 연설을 시작했다. 그리고 셰임스 마콥스키 부동산을 단순한 중개업에서 중개업 및 대출업의 조합으로 키우려는 계획에 대해 설명했다. 직원들은 그 아이디어를 받아들였다. 수개월 후 회사는 어려움을 딛고 다시 성장세로 돌아섰다. 이반은 위기를 무사히 넘겼음을 깨닫고 새로운 사업 분야 관리를 위해 직원을 더 채용해야겠다고 생각했다.

어느새 그의 비즈니스는 사실상 장기적 호황을 누리는 시점에 돌입했다. 곧 그들은 덴버에서 규모 있는 유가증권도 가지게 되었다.

이반에게 투자했던 투자자들은 수익금을 배분받은 후, "우리는 사실 투자한 만큼이 아닌 투자한 것 그 이상을 원한다."고 말했다. 이 말이 셰임스 마콥스키를 새로운 방향으로 이끌었다. 매매자와 매입자 사이의 단순한 중개 대신, 상업 부동산 자체에 투자할 자금을 모으기 시작한 것이다. 예를 들어 어떤 자산이 매물로 나와 있는 상태에서 세입자가 나타났을 때, 그는 투자할 사람을 찾아 해당 매물을 매입하게 하고, 세입자에게는 그 자리를 임대하도록 했다. 이 방식을 통해 그는 투자자에게 어마어마한 이자를 남겨줄 수 있었다. 이제 셰임스 마콥스키 부동산은 부동산 투자 기업이자 자산관리회사가 되었다.

이어 수익성 있는 투자매물이 점점 적어지자, 셰임스 마콥스키 부동산은 직접 매물을 개발하기 시작했다. 투자자와 기업에 더 많은 이익을 남기기 위해, 임대해 줄 수 있는 부동산을 건설하기에 이른 것이다. 쓰디쓴 실패와 파산을 겪는 동안, 셰임스 마콥스키 부동산은 오히려 더 강해졌고, 성장했으며, 전보다 더 발전했다. 이제 이 회사는 단순 상업 부동산 중개업이 아닌 상업 부동산 개발, 자산관리, 부동산 투자와 동시에 주택자금 대출을 모두 아우르는 회사가 되었다. 1987년 겪은 실패가 아니었다면, 이반과 그의 회사는 새로운 방향으로 사업을 절대 진출시키지 않았을 것이다. 또한 성공의 기회 역시 잡지 못했을 것이다.

실패하는 자와 결국에는 성공하는 자의 차이는 실패에 대한 접근 방식에 있다. 이반이나 데이빗과 같은 사람들에게 실패란 없다. 그들은 아무리 전망이 암담하더라도 그 안에서 희망을 찾는다. 다음의 고대 히브리인과 황금 송아지 이야기는 성공한 사람이 실패를 어떻게 바라보느냐를 잘 보여줄 것이다.

chapter 6

실패를 자유로 여겨라: 모세의 두 번째 이야기

시내산에서 내려온 모세는 히브리인들이 황금 송아지를 둘러싸고 이교도적 의식을 행하는 것을 보고, 신으로부터 받은 두 개의 십계명 돌판을 내던져 깨버렸다(출애굽기 32:19). 이후에(출애굽기 34:28) 그는 같은 글자가 새겨진 십계명 돌판을 받으러 다시 산을 올랐다.

유대 신비주의자에 의하면, 첫 번째 십계명 돌판은 신의 손에 의해(비유적으로 말하자면) 완벽하게 조각되어 있었다고 한다. 우리 인간이 아무 실수 없이 완벽할 수 있다는 상징적 의미이다. 하지만 이러한 창조주의 작품이 완벽하지 못한 인간이 있는 세상으로 내려오자, 취약하고 불완전한 실체와 마주하게 되었다. 완벽함을 요하는 무엇인가가 실패와 결점을 대면하게 되면 그 기능을 다 할 수 없으며, 곧 무너져 내리게 마련이다. 따라서 첫 번째 십계명 돌판은 고대 히브리인에게 내재하는 불완전성을 감당하지 못하고 그대로 깨져버린 것이다.

한편 모세가 받은 두 번째 십계명 돌판은 첫 번째의 것과 본질적으로 달랐다고 전해진다. 이는 신에 의해 지시되었지만 인간인 모세에 의해 조각되었다. 즉, 오류를 내재하고 있는 인간이 만든 것이라 할 수 있다. 이렇게 두 번이나 십계명 돌판이 다시 만들어지게 된 것 역시 신의 뜻이었다. 즉 완벽한 이상이 실패에 의해 깨지길 바랐기 때문에 두 번째 십계명 돌판이 만들어졌다는 이야기이다. 신비주의자의 관점에서 이를 해석하면, 실패가 개인의 성공을 최고로 이끌어 준다는 뜻이다. 솔로몬 왕은 "지혜가 많으면 번뇌도 많으니 지식을 더하는 자는 근심을 더하느니라(전도서 1:18)."고 했다. 따라서 두 번째 십계명 돌판을 창조한 결과로 신은 모세에게, 또 모세를 통해서 고대 히브리인에게 신의 신성한 지혜를 조금 더 보여주었다고 할 수 있다. 우리는 황금 송아지 숭배로 인한 믿음의 실패로 인해, 더 큰 성공을 얻은 셈이다. 이것은 토라의 생각과도 크게 다르지 않다. 두 번째 십계명 돌판을 통해 우리는 '실패를 하더라도 다시 도전한다면 결국 성공을 쟁취할 수 있다'는 교훈을 얻을 수 있다. 완벽한 형상이 산산조각이 난 후에도 새로운 기회는 찾아오며, 처음의 완벽했던 형상이나 생각, 그리고 프로젝트보다도 더 우월한 결과를 이뤄낼 수 있다는 것이다.

실패를 겪지 않은 비즈니스는 자신이 가진 잠재력을 충분히 발휘할 수 없다. 완전히 돌이킬 수 없을 정도로 실패했을 때야 비로소 다른 방향에서도 해결책을 모색하게 되기 때문이다. 그리고 그 노력은 당신을 최종적인 꿈과 목표를 성취하도록 이끈다. 이런 점에서 볼 때 프로젝트에 실패하는 것은 에너지 소모가 아니라 새로운 기회이다. 완벽하기만을 원하는 사람들은 실패를 피하기 위해, 조금이라도 위험을 감수해야 하는 비즈니스나 투자에 대한 열망을 억누를 것이다. 위에서 언급한 것처럼, 실패는 또 다른 성공을 위한 디딤돌이다. "성공의 길은 실패로 인해 다져졌다"는 말도 있다. 실패는 성공을 위한 하나의 단계일 뿐이라는 이야기이다.

다양한 각도에서 보았을 때, 실패는 상당히 유익하다. 실패를 한다는 것은 그 일에 익숙하지 않음을 뜻한다. 따라서 실패는 지금 하고 있는 일이 성공으로 향하는 길인지 아니면 가지 말아야 하는 길인지 같은 방향을 알려주는 이정표가 된다. 이러한 맥락에서 실패라는 것은 사실상 존재하지 않는다. 다만 성공으로 가는 길을 교정해주는 나침반이 될 뿐이다. 성공한 사람들이 실패란 없다고 말하는 것은 이와 같은 이치에서 이해할 수 있다. 따라서 실패를 두려워한다면 성공할 수 없다는 것이다.

많은 사람들이 실패에 대한 이런 관점을 지지한다. 극작가 조지 버나드쇼(George BernardShaw)는 "실패하며 산 삶은 영광일 뿐 아니라 아무것도 안 하며 산 삶보다 훨씬 유익하다."고 말했다. 또 시어도어 루즈벨트(Theodore Roosevelt) 미 전 대통령 역시 "실패하지 않

는 자는 발전하지 못한다."라고 이야기했다. 한편 토마스 에디슨 역
식 "나는 좌절하지 않았다. 왜냐하면 잘못된 시도들이 나를 다음 단
계로 이끌었기 때문이다. 나는 실패하지 않았다. 다만 효과가 없는
일만 가지 방법을 발견했을 뿐이다"라고 했다.

스탠리 프루시너(Stanely Prusiner): 실패에서 성공을 찾다

과거에는 과학을 비즈니스로부터 완전히 동떨어진 것으로 여겼
다. 과학자들을 돈을 벌어들이는 일에는 관심을 두지 않고 배움 자
체를 위해 학문을 추구하는 이상주의자들로 생각했기 때문이다. 하
지만 그것은 옛날이야기에 불과하다. 과학은 이제 복잡한 조직체계
와 전략적 동맹, 수백만 달러의 거래를 동반하는 비즈니스가 되었
다. 특히 계약과 보조금을 둘러싼 격렬한 경쟁 또한 말할 것도 없다.
과학 비즈니스는 실패에 대한 긍정적 태도를 가장 많이 요구하는
사업 분야이기도 하다. 실험이 기대했던 대로 진행되면 원하던 결
과를 얻게 된다. 하지만 실험이 기대와는 반대가 될 때도, 즉 실패할
때도 역시 새로운 무언가를 발견할 수 있는 기회가 되기 때문이다.
스탠리 프루시너(Stanely Prusiner)의 이야기는 이를 보여줄 가장 좋은
사례이다.

프루시너는 세계 일류의 연구기관인 샌프란시스코의 캘리포니아 대학에서 일하는 의학 연구자였다. 프루시너는 동료들 사이에서 '지연성 바이러스'라고 불렸던 알 수 없는 질병으로 대학병원에서 숨진 한 환자의 케이스에 주목했다. 이는 한 중년 여성 환자에게 나타났으며 그녀의 생명을 앗아가기까지 몇 개월이 걸렸다. 부검 결과, 의사는 그녀의 뇌조직의 구멍 중간이 딱딱하고 판과 같은 입자로 채워져 있던 것을 발견했다. 이 바이러스가 말 그대로 그녀의 뇌를 갉아먹은 것이다.

프루시너는 이 여성의 질병에 대해 헌신적으로 연구했다. 바이러스가 워낙 희귀종이었기 때문에, 그는 스크래피라는 이름의 양에게만 나타나는 비슷한 질병을 연구하기 시작했다. 스크래피 바이러스는 여성에게 나타난 것과 똑같은 영향을 양에게도 미쳤는데, 살아 있는 동물을 공격하여 뇌의 구멍 안에 석회화된 작은 알갱이를 남기는 것이었다. 프루시너는 스크래피 샘플을 채취하여 실험용 쥐에게 감염시키기로 했다. 질병의 원인을 밝히기 위한 연구 시간을 더욱 단축하기 위해서였다.

그리고 스크래피에 감염시킨 쥐로부터 수많은 샘플을 취한 다음, 프루시너는 질병을 일으킨 바이러스의 유전자 코드를 찾아내기 시작했다. 이를 위해 그는 샘플을 수차례 씻은 후, 다양한 화학약품을 이용하여 실험관으로부터 유전자를 형성하는 유전물질인 핵산을 제외한 모든 것을 추출해냈다. 마지막으로 단백질구조 물질인 아미노산까지 분리해 내면 핵산만 남게 되었다. 하지만 아무리 실험을 거듭해도 핵산은 실험관에 전혀 남아있지 않았다.

프루시너는 '지연성 바이러스'의 비밀을 풀기 위해, 스크래피를 일으키는 유기체를 발견하기 위한 연구를 수년간 계속했다. 하지만 좀처럼 진전되지 않았다. 대학과 재정 후원자 측은 지원을 중단할 것이라며 경고했다. 사실상 그의 커리어가 끝날 수도 있는 상황이었다. 그들은 보여줄 수 있는 무언가를 만들어 내거나, 다른 후원처를 찾아보라고 압박해 왔다. 과학자에게 연구보조금이란 피와 살과 같은 것이다. 보조금 없이는 어떠한 실험도 할 수 없으므로, 직업 자체가 위협받기 때문이었다. 당시 프루시너는 심각한 자금 위기에 직면해 있었다.

이러한 압박 속에서 그는 사고의 전환을 해야만 했다. 그리고 핵산을 찾아내는 데 계속 실패하는 상황은 그가 병의 원인에 대해 다시 생각해 보게 하는 계기가 되었다. 샘플에서 핵산을 찾지 못하는 이유를 이 질병이 바이러스가 아니라 단백질로부터 오기 때문이라고 가정하면? 그는 생물학적 기초 규칙을 무시하고 이러한 가정을 세우게 되었다. 우리가 생물학 교과서에서 배운 내용에 따르면 단백질은 불활성이며 복제되지 않고, 성장하지도 않는다. 단백질에는 다음 세대로 전해질 정보가 코드화 되어 있지도 않다. 그것이 바이러스, 박테리아 그리고 인간 모두에게 존재하는 방식이다. 또한 유전자 구성을 읽어내는 데에 모두가 핵산을 사용하고 있었다.

그러나 이제 프루시너는 이러한 추측에 저항하는 모델을 제시했다. 스크래피의 요인을 제대로 접히지 못한 단백질이라고 가정한 것이다. 잘못 접힌 단백질은 가까이에 있는 다른 단백질 또한 뒤엉키도록 만든다. 이들이 강화되면 석회화된 작은 알갱이가 형성되어 스크래피, 지연성 바이러스, 심하게는 알츠하이머까지도 진행될 수 있다는 것이었다. 프루시너는 이 모든 질병이 스스로 번식하는 비생체 분자로부터 기인한다고 제시했다. 그리고는 이 유독성 단백질을 '프리온'이라고 명명했다.

1982년, 이 혁신적인 논문의 출간 직후 그는 세계 각지에서 웃음거리가 되었다. 같은 분야의 동기가 언론에 조롱하는 글을 남겼으며, 과학에 대한 사기죄로 그를 고소하기도 했다. 그들은 프루시너가 틀렸다는 사실을 입증하지 못하는 이유를 단지 '질병에서 아직 바이러스를 발견하지 못했기 때문'이라고 주장했다. 바이러스만 발견하면, 프루시너를 철저히 바보로 만들 생각이었다. 당대의 일류 과학자들은 그를 피했고, 과학 연맹도 프루시너를 투명인간 취급했다. 하지만 많은 노력에도 불구하고 그들은 스크래피의 요인 바이러스를 찾을 수 없었다. 그제야 다른 과학자들은 프루시너의 이론을 뒷받침할 데이터를 찾기 시작했다. 프루시너가 이론을 내놓은 후 10년 가까이 지나서야, 대부분의 과학자들은 제대로 접히지 못한 단백질이 치명적인 질병들을 불러일으키는 요인이 된다는 이론을 받아들이기 시작했다.

곧 프루시너는 재정 지원자들과 후원 기관들의 주목을 받았고, 수백만 달러의 보조금을 받을 수 있었다. 그는 직업을 잃을 위기 직전에야 비로소 성공의 정점에 이른 것이다. 그는 크로이츠펠트 야콥병, 쿠루병, 알츠하이머, 광우병 등을 포함하여, 인간에 전염되는 다른 '지연성 바이러스' 질병에 대한 프리온 관련 증거도 찾기 시작했다.

1997년, 프루시너는 절대적 지지자를 얻었다. 의약 분야에서 노벨상을 받은 것이다. 노벨 위원회는 프루시너의 혁신적인 이론 하나만으로 상을 수여한다고 밝혔다. 하지만 이는 사람들이 실패로 여기는 것에서 희망을 보고 완강한 투지를 불태운 것에 대한 상이라고도 할 수 있다. 실패의 위기가 없었다면 스탠리 프루시너는 결코 성공하지 못했을 것이다. 이런 점에서 그는 단 한 번도 실패하지 않았다.

| 비즈니스를 위한 통찰 |

당신의 사전에서 '실패'라는 단어를 없애라. 비즈니스에서의 실패란 성공하기 위해 꼭 거쳐야 하는 관문과도 같다. 실패는 단순한 비즈니스와 투자의 차질에서 벗어나 성공을 위한 더 나은 방법을 찾게 해 줄 수단이 될 것이다. 실패는 성공으로의 이정표이다.

| 인생을 위한 통찰 |

자신을 완벽하다고 여길지라도, 언젠가는 '반드시 그렇지만은 않다'는 냉혹한 현실과 마주하게 될 것이다. 실수나 실패는 반드시 발생한다. 그러나 그 상황에서도 적절하게만 대처한다면 긍정적인 결과를 얻을 수 있다.

명상 | MEDITATION

일상생활 중 단 몇 분이라도 명상에 투자해 보자. 그리고 성공과 실패를 겪을 당시의 사고방식에 대해 적어 보자. 그렇게 했다면 실패들에 대하여 공통된 추이를 읽어낼 수 있는지 확인하고, 당신의 사고방식과 마음가짐 중 어떠한 결함이 실패를 불러일으켰는지 생각해 보자. 그런 마음가짐이 다른 실패를 연이어 가져올지도 예상해보아야 한다. 이 과정을 마치면 잘못된 마음가짐과 성공을 판가름하는 실패의 결과에 대해 깨달을 수 있을 것이다. 바로 그런 부분을 명상해야 한다. 이 과정에는 문제되는 이슈가 곪아 터지도록 제거하지 않고 제대로 대처하지 않았던 것에 대해 반성도 포함된다. 그런 사고와 태도가 당신의 진정한 적이라는 것을 깨달아야 한다. 문제되는 부분을 깊게 명상하고, 잘못된 사고와 행동을 뿌리 뽑을 만한 해결책을 찾자. 매주 적어도 한 번은 이 명상을 하는 것이 좋다. 빈도가 높을수록 실패를 뿌리 뽑기 쉬울 것이다. 완전히 제거할 수 없다고 생각할수록, 명상을 더 자주해야만 지속적인 성공을 이룰 수 있다는 사실을 명심하자.

Part 7

기업가 정신:
업무에서 신성함을
발견하다

네 토지에서 처음 거둔 열매의
가장 좋은 것을 가져다가
너의 하나님 여호와의 전에 드릴지니라.

The choicest first fruit of your land you shall bring to the House
of the Lord, your God.

- 출애굽기 23:19 중에서

당신은 경제적으로 성공한 사람들이 불행한 경우를 많이 보았을 것이다. 하지만 그 사실에 새삼 놀라곤 한다. 서양문화는 우리들에게 돈을 많이 벌어서 재정적으로 독립하면 행복해질 수 있다고 가르치기 때문이다. 사회적 통념상으로도 돈을 많이 벌면 벌수록, 자기 삶에 만족한다고 알려져 있다. 그리고 현대 자본주의 역시 비즈니스라는 게임에 꾸준하게 기여하는 사람일수록 삶의 질이 높아질 것이며, 물질적인 보상을 받는다고 약속한다.

다만 자본주의라는 게임이 진행되면 될수록, 대부분의 사람들은 진정한 행복을 찾지 못하고, 그저 값비싼 물건과 서비스에 둘러싸인 채 살아가게 된다는 것이 문제이다. 사람들은 자신들이 충분히 가지지 못해서 행복을 찾지 못한다고 생각하고는 더 많은 것을 쫓게 된다. 우울하거나 공허함을 느낄 때면 쇼핑몰에 가서 한 가득 쇼핑을 하고 온다. 하지만 효과는 잠시뿐이다. 근본적인 증상을 치료하는 것이 아니라, 마음의 병에서 일시적으로 도망치는 약을 사는 것과 다름없기 때문이다. 공허함은 곧 다시 찾아온다.

제2부에서 언급되었듯이, 진정한 만족감과 행복은 내재된 의지와 열정에서 기인한다. 다행히 최근 들어 많은 사람들이 이기적으로 돈만을 쫓기보다 행복을 위한 대안을 찾고 있는 듯 보인다. 어떤 사람은 비영리 단체에 가입해서 활동하거나, 종교를 갖는다. 또 어떤 사람은 비즈니스계의 새로운 유행인 사회적 기업가 정신을 발휘

하기도 한다. 제7부에서는 기업가 정신의 세 가지 모델을 살펴보고, 큰 성취감을 얻는 동시에 돈도 더 많이 버는 방법을 찾아볼 것이다.

먼저, 돈을 버는 행위를 토라의 관점으로 살펴볼 필요가 있다. 토라는 수익성을 확보한다는 것이 특정 상황에서는 경건한 일이 될 수 있으며, 부유해진다는 것을 성공의 지표라고 보았다. 예를 들어 고대 예루살렘 사원에서 높은 지위의 성직자가 되기 위해서는 부유해질 필요가 있었다. 왜냐하면 재정적으로 성공한 사람들은 다른 영역에서도 성공할 가능성이 높고, 현명한 결정자이자 좋은 집행자가 될 수 있기 때문이다. 또한, 번창함은 신이 개인에게 주는 믿음의 증표라고 볼 수 있다. 신이 부유함이라는 축복을 베푸는 것이다. 앞으로 우리는 영적 성공과 재정적 성취는 양립될 뿐 아니라, 완전히 통합될 수 있다는 주제에 대해 논의할 것이다. 그리고 개인 사업가로서 부에 대한 추구를 어떻게 경건함으로 바꿀 수 있는지를 보여주겠다.

chapter 1

기업가의 3가지 유형

기업가들은 다음의 3가지 유형으로 나누어진다. 각각 고전적 기업가, 사회적 기업가, 그리고 영적 기업가이다. 이 세 가지를 모두 갖추고 있는 기업가도 있다. 다만 여기서는 이해를 돕기 위해 각각에 대해 따로 설명하겠다.

서양에서는 비즈니스를 할 때, 전통적으로 고전적 기업가 정신을 선호한다. 그러나 최근의 포스트모더니즘 경향은 현재 상황을 대체할 사회적 기업가 정신이라는 새로운 모델을 언급하였다. 한편 토라는 비즈니스를 통해 신에게 더 가까이 접근할 수 있는 영적 기업가 정신을 선호한다. 영적 기업가 모델은 자신의 직업에 대한 만족감을 높여준다. 돈을 버는 것을 주목적으로 하는 다른 접근방식과는 달리 부유함만을 추구하지 않기 때문이다. 돈을 버는 과정 자체가 신성하고 고귀한 행동으로 정당화될 수 있다는 이야기이다. 하지만 이것을 가능케 하려면, 초점을 완전히 바꾸어야 한다. 이해를 돕기 위해, 고전적 기업가 정신을 먼저 살펴보도록 하자.

고전적 기업가 정신

고전적 기업가 정신은 현대 자본주의가 시작된 이후 지난 몇 세기 동안이나 이어져 온 비즈니스 방식이다. 기업가는 새로운 비즈니스 아이디어를 알리기 위해 모든 위험 부담을 감수하고 자신의 사업체를 운영한다. 주목적은 새 상품이나 개체를 통해 수익을 내는 것이다. 즉, 고전적 기업가는 최대한의 수익을 내는 것에만 초점을 둔다.

고전적 기업가에게는 부유해지는 것만이 최대 목적이다. 자신의 사비를 끌어들이는 등 위험을 감수하기도 하지만 특별한 희생정신은 아니다. 그들의 목표인 '이윤'을 높이기 위한 전략일 뿐이다. 고전적 기업가에게 비즈니스는 비즈니스일 뿐이며, 새로운 사업에 착수할 때에도 '수익이나 부를 얼마나 많이 창출해낼 수 있는가'만을 절대적인 기준으로 삼는다. 돈이 든다면 사회공헌에도 뛰어들지 않는다. 타인을 돕거나 세상을 더 나은 곳으로 만드는 공헌은 그들의 목적이 아니다. 전적으로 자기만족을 위한 것이 고전적 기업가 정신이며, 영적인 목표와는 거리가 멀다.

도널드 트럼프(Donald Trump): 고전적 기업가의 전형

도널드 트럼프(Donald Trump)는 부동산 투자와 TV 쇼 '어프렌티스 (The Apprentice, 견습생)'로 세간의 이목을 끌었다.

그는 "사치스런 생활은 나를 만족시켜주지 못했다. 나는 내 인생에 대해 확실한 인상을 남기고 싶었다."고 말했다. 과연 그는 어떤 인상을 남기고 싶었던 것일까? 이전까지의 도널드는 사상 초유의 규모로 거래를 성사시키는 등 더 큰 수익성을 내는 것에만 초점을 두었다. 그는 사업의 이유가 돈뿐은 아니라고 했지만, 동기부여를 해준다는 사실은 인정했다. 도널드와 같은 성공한 고전적 기업가에게 비즈니스란 수익을 벌어 들이기 혹은 자신의 지위를 높여줄 거래를 성사시키기 등의 목적만이 존재한다. 도널드가 추구한 인생에서 얻을 수 있는 교훈은 그가 말했듯 "너무 욕심을 부려서는 안 된다." 정도인 듯하다.

고전적 기업가 정신의 단점은 어느 정도 충분한 수익을 내고 나면 공허함만이 남는다는 사실이다. 도널드의 말을 빌리자면, 그는 "돈을 위해 거래를 성사시키는 것은 아니다. 돈은 이미 필요한 만큼보다도 충분히 많이 벌어들였다. 다만 거래를 위한 거래를 하는 것뿐이다."라고 했다. 다시 말하자면 많은 다른 고전적 기업가가 그러하듯이, 도널드 역시 이미 치열하게 일하지 않아도 되기 때문에, 목적 없이 일하는 셈이다. 그의 인생에 비즈니스란 거래 그 자체 말고는 의미가 사라졌다. 비즈니스는 비즈니스 자체를 위해 운영되었을 뿐 그 이상 그 이하도 아니다. 당연히 어떤 동기부여도 있을 수가 없다. 이렇듯 성취감이 있는, 완전한 삶과는 거리가 먼 유형이다.

| 비즈니스를 위한 통찰 |

고전적 기업가 정신의 가치는 오로지 '수익성을 얼마나 내는가'에만 있다. 주로 비즈니스와 신앙 생활이 절대 섞이지 않는, 제로섬 게임의 사고방식에 의한다.

| 인생을 위한 통찰 |

신앙 생활과 직장인의 생활이 함께 갈 수 없다고 생각한다면, 다른 가능성에도 눈을 떠 보라. 토라에 의하면, 힘들고 불완전하며 더럽혀진 물질계는 고차원적인 영성의 세계라고 한다. 영성을 가지고자 하는 것은 물질계에 내재된 영성을 드러내는 것이지, 전혀 존재하지 않는 무언가를 찾는 것이 아니라는 것이다.

사회적 기업가 정신

사회적 기업가 정신의 개념은 비교적 새롭고, 원칙적으로 말하면 고전적 기업가 정신보다 조금 더 진화된 형태이다. 이는 아직까지 수익성으로 볼때는 조금 미흡한 방식으로 인식되고 있다. 많은 기업들이 사회적 목표와 자선활동을 기업 목표 중 일부로 여기는 것과 달리, 사회적 기업가 정신은 돈을 벌어들임과 동시에 세상을 더 나은 곳으로 만들고자 한다.

무함마드 유누스(Muhammad Yunus): 사회적 기업가의 전형

1974년 방글라데시에서 대홍수의 여파가 있었을 당시, 미국의 젊은 경제학자였던 무함마드 유누스(Muhammad Yunus)는 폐허가 된 마을을 방문하여 도움을 줄 방안을 찾고 있었다. 그때 유누스에게 한 가족이 접근했다. 그들은 그가 제공하는 단순한 자선활동을 거부하며, 자신들이 가진 기술을 이용해 사업을 시작할 수 있도록 대출을 해달라고 부탁해 왔다. 수익이 나기 시작하면 대출금을 갚고 집안과 그들의 인생 역시 다시 일으키겠다는 것이었다.

유누스는 그 가족에게 27달러를 빌려주었다. 그들은 대출금을 예상보다 일찍 갚았고, 마을의 다른 집들은 여전히 폐허인 상황 속에서도 자신들의 가정을 다시 일으켜 세울 수 있었다. 이 경험은 유누스에게 커다란 영감을 주었다. 가난한 사람은 충분한 음식이나 건강관리, 교육 등을 받지 못한다. 하지만 그들이 발전하지 못한 채 가난한 상태에 계속 머물 수밖에 없는 가장 큰 이유는 대출을 받을 능력이 없다는 사실이다. 그래서 그는 난민층이 소액의 돈을 대출하여 비즈니스를 시작할 수 있도록 돕기 위해, 그라민 은행(Grameen Bank, 방글라데시어로 '마을의 은행'이라는 의미)이라는 대출기관을 만들었다. '마이크로 크레딧(자활 의지를 가지고 있는 빈민과 저소득층을 대상으로 하는 무담보 소액대출 제도)'이라는 새로운 금융 용어를 만들어내기도 했다.

아예 이윤을 남기지 않고 대출자를 돕는 새로운 형태의 은행도 생겨났다. 하지만 그라민 은행은 서부 비영리조직으로부터의 기부를 받으며, 기관 자체는 이윤을 남기는 것을 목표로 했다.

그라민 은행은 지난 30년간 셀 수 없이 많은 좋은 일을 했다. 600만 명이 넘는 방글라데시인에게 수십억 달러의 대출을 해주었으며 마을 사람들, 특히 여성들이 새 삶을 시작할 수 있는 계기를 마련해 주었다. 자활의 가능성을 최대치로 끌어올려 준 것이다. 또한 전 세계 각국 수백 개의 기관들로 하여금 마이크로 크레딧 대출을 통해 빈곤층 완화를 실행하도록 하는 동기를 제공했다.

그라민 은행은 사실상, 창립자인 유누스가 2006년에 받은 노벨평화상을 포함하여 각종 상을 수여받을 가치가 충분하다. 그라민의 창립은 해결되지 못하고 있던 사회적 문제를 해결하기 위한 사회적 기업가 정신이라는 새로운 발상을 제공하였다. 영리 목적의 은행이 세상에 좋은 일을 하는, 자본주의의 새로운 시대를 연 것이다. 이는 돈을 버는 행위가 더 나은 세상을 만드는 일과 결합될 수 있음도 보여 주었다. 이런 생각은 인터넷 붐과 함께 확고히 뿌리를 내렸다. 인터넷의 발전에 힘입어 최근에 성장한 수백 명의 20대 부자들이 인생의 의미를 찾고자 새로운 방법을 모색하기 시작했기 때문이다.

그들은 실리콘밸리의 급변하는 비즈니스 세계에서 성공했지만, 갑작스러운 돈의 유입으로 인해 그들에겐 공허함만이 남았다. 이제 그들은 비즈니스에 대한 열정과 사회적 목적을 결합하고자 한다. 이런 방식을 통해 그들은 더 나은 세계를 만들 뿐 아니라, 자신들 역시 더 많은 돈을 벌게 되리라 기대했다.

사회적 기업가 정신의 문제점

그러나 세상을 바로 잡는 동시에 돈을 벌려고 하는 이들의 결말은 대개 결국 '두 마리 토끼를 다 놓치고' 마는 것이다. 그라민 은행이 아주 좋은 사례이다. 이 은행은 2005년 말까지, 사업을 시작한 이래로 57억 2,000만 달러를 대출해 주었다. 하지만 그 중 50억 5,000만 달러만을 상환 받을 수 있었다. 다시 말해, 그라민 은행은 적자기업인 것이다.

그라민 은행의 경우, 사실 문제가 없다고 할 수 있다. 영리를 목적으로 한다는 것은 단지 회계상 특징일 뿐이었고 아무도 이윤을 남기리라 기대하지 않는 구조였기 때문이다. 심지어 다른 자선단체들과 달리 30년 동안 6억 8,000만 달러밖에 잃지 않았다. 그래도 그라민 은행이 성공적인 케이스라고 말하긴 어렵다.

사회적 기업가 정신은 또 다른 측면에서 애로사항이 있다. 사례로는 이베이의 창립자이자 80억 달러 이상의 지분을 가지고 있는 피에르 오미다이어(Pierre Omidyar)를 들 수 있다.

사업 성공 후 새로운 회사를 세운 다른 인터넷계 거물들과는 달리, 오미다이어는 사회적 기업을 표방하며 벤처 금융업에 착수했다. 그는 벤처 금융인으로서 영리목적 자선단체의 차세대 주자가 되고자 했다. 또한 그는 사업에 대한 아이디어를 누구나 브레인스토밍하고 게재할 수 있도록 오미다이어닷넷(www.omidyar.net)이라는 웹사이트를 만들기도 했다.

현재까지 오미다이어닷넷은 3,000만 달러 이상을 영리 자선단체에 투자한 것으로 알려져 있다. 하지만 그라민 은행만큼의 명성은 얻지 못했다. 그리고 2007년 여름, 아이디어를 모은다는 미션이 실패하자 그는 아예 웹사이트를 폐쇄했다.

오미다이어의 호의를 비난할 수는 없다. 그는 가치 있는 일에 많은 돈을 기부했다. 하지만 영리목적의 회사가 동시에 자선목적을 이루기 위한 최선의 방법이라는 그의 철학에는 동의하기 힘들다. 2006년, 그는 뉴욕타임스 기자에게 "그라민 은행 역시 비즈니스를 하고 있다. 이 은행은 이익이 지출보다 훨씬 크며, 사람들을 빈곤으로부터 해방시키는 데에도 매우 효과적이다. 두 마리 토끼를 다 가질 수 있다는 살아있는 증거이다"라고 말했다.

그러나 그라민 은행은 사회적 기업가 정신의 성공 케이스가 될 수 없다. 이 은행이 이익을 창출했다고 볼 수 있는 경우는 기부된 자금까지 수익으로 계산했을 때뿐이다. 그게 아니라면, 그라민은 적자기업이라고 할 수 있다.

자선을 위한 최선의 방법이 사회적 기업가 정신인가에 대한 철학적 논쟁이 계속되고 있으며, 그에 대한 비판의 목소리도 커지고 있다. 신시내티의 유니온인스티튜트 앤 유니버시티(Union Institute&University)에서 사회공헌학 및 재무 교수직에 있는 마크 로슨먼은 영리 자선단체의 동기에 대해 의구심을 던진다. 뉴욕타임스와의 인터뷰에서 그는 "기업이 가지는 사회공헌과 사회적 책임에 이의를 제기하는 것은 아니지만, 사회공헌을 하고자 하는 영리기업에는 동의하지 못한다."고 말했다.

| 비즈니스를 위한 통찰 |

고전적 기업가 정신 중 적어도 일부는 정당하다. 비즈니스는 건전한 수익을 내고자 하는 목적에만 집중해야 한다. 아예 사회를 치유하는 기업으로 발전해 버리면, 정도 차이는 있겠지만 회사 순익은 심각하게 흔들릴 것이다.

| 인생을 위한 통찰 |

여러가지 목적을 혼합하지 말아야 한다. 성취하고자 하는 각각의 개체에 집중하자. 예를 들어 가족과 휴가를 갔다면 휴가를 떠나 온 지금 이 상황에만 집중해야 한다. 그렇지 않으면 어떤 결과든 불만족스러울 것이다.

영적 기업가 정신

사회적 기업가의 목표와 에너지는 칭찬할 만하다. 그러나 그것이 사회적 목적을 이루는 데에 적합한 도구인지, 또 수익을 창출하는 매체가 될 수 있을 것인지는 증명되지 않았다. 사실 세상을 바꾸는 데는 완전한 비영리 단체가 더 성공적이고 효과적일 수밖에 없다. 그러나 비즈니스가 자선과 혼돈되어서는 안 되는 것과는 반대로 이익 창출이 영적인 삶과 완전히 동떨어져서는 안 된다. 그들은 양립할 수 있는 속성을 가졌다. 영적인 문제와 수익 창출을 통합하는 '영적 기업가 정신'이 그것을 증명한다.

사회적 기업가 정신과 영적 기업가 정신은 형식에서부터 기능까지, 전부 다르다. 전자는 사회적으로 좋은 일을 함으로써 수익을 창출하는 것이고, 후자는 법적이고 윤리적인 사업을 함으로써 수익을 창출하는 것이다. 사회적 기업가가 비즈니스를 사회 변화를 위한 매체로 전환시키려고 하는 것에 비해, 영적 기업가는 변화를 위해 비즈니스로부터 얻은 돈을 사용한다. 사회적 기업가는 사회적 변화를 일으킬 비즈니스 기회만을 추구하고, 영적 기업가는 법과 윤리적 기회를 이용하여 수익을 창출한다. 영적 기업가는 비즈니스를 목적지로 보고 제한을 두지 않는다. 그들이 돈을 버는 목표는 이윤 창출만이 아니라, 신의 목적에 부합하는 방식으로 세상을 발전시키는 데에 있다.

그리고 여기 또 다른 중요한 차이점이 있다. 기업인 중에는 자선을 위해 돈을 많이 기부하거나 십일조라는 형태로 아예 자신의 수입의 10% 혹은 그 이상의 돈을 헌신하는 이들이 있다. 그럼에도 불구하고 그들의 주목적은 자선단체에 기부하는 것이 아니라 돈을 버는 것이다. 그들은 자신의 개인적 부유함과 삶의 질을 높이기 위해 비즈니스를 할 뿐이다. 영적 기업가는 이와 반대로, 돈이 가져 올 고차원적 결과물이라는 프리즘을 통해 자신의 사업 전체를 바라본다. 비즈니스에 대한 열정이 없어서가 아니라, 돈을 버는 행위가 단순히 지위나 부를 위한 것이 아니기 때문이다. 영적 기업가에게 돈이란 세계를 위해 무언가를 성취할 수 있도록 해주는 도구이다. 그들에게 부유함이란 신이 주신 축복이며 지켜야 할 대상이다. 그래서 돈을 쓰는 일에 더 큰 책임감을 가지고, 이기적인 열망이나 물질욕보다는 고차원적인 목표를 위해 사용한다.

다음 사건은 이 차이를 잘 설명해 준다. 최근 어떤 라디오 프로그램에서 자선단체에 돈을 기부하는 것에 대한 토론을 한 적이 있다. 반대의견을 표명하던 사람은 "난 열심히 일해서 돈을 벌었고, 내 자신을 위해 쓰고 싶어요. 좋은 차를 몰고 예쁜 집에서 살면서 휴가도 가죠. 왜 내 돈을 가난한 사람에게 줘야 하죠? 돈이 필요하면 저처럼 열심히 일해야 합니다." 라고 말했다. 얼핏 굉장히 합리적인 주장처럼 보인다. 사실상 열심히 번 돈을 남에게 줄 필요가 있는가? 세금만 제대로 낸다면 돈을 즐기며 써도 되지 않을까? 왜 타인보다 화려한 삶을 산다고 해서 위축되어야 하는 것일까? 이렇듯 세상이 보이는 존재로만 이루어졌다고 믿는, 즉 표면만을 보는 사람들은 이 주장에 납득할 수도 있다. 하지만 현실에 존재하는 더 깊은 무언가를 헤아리는 사람들에게는 받아들이기 힘든 의견이다.

이를 입증하기 위해, 토라 속 자선을 베푸는 일에 대해 살펴보자. 토라는 왜 자선과 십일조가 오히려 부를 가져오는지에 대하여 설명한다. 신화에 의하면 '홀리(holy)'라는 단어는 "너의 토지에서 처음 익은 열매의 첫 것을 가져다가 너의 하나님 여호와의 집에 드릴지니라(출애굽기 23:19).”라는 구절에 나오는 ‘첫 열매’를 가리킨다고 한다. 해석에 의하면, 첫 열매가 여호와의 집에 전달되었다면 그 다음으로는 제사장에게 전달되어야 하기 때문에 위 구절은 이렇게 이어진다고 한다. “이스라엘 자손이 거제로 제사장에게 가져오는 모든 성물은 그의 것이 되리라(민수기 5:9).”

 ‘여호와의 집에 가져가야 할 첫 열매의 이야기’는 출애굽기에 쓰여 있으며, ‘제사장에게 주는 첫 열매의 이야기’는 민수기에 이어 쓰여 그 의미를 더한다. 열매를 수확하기 위해서는 밭을 일구고 씨를 뿌린 후 재배하여 수확하는 등의 엄청난 노력을 필요로 한다. 때문에 수확한 것 중 최소한 첫 열매는 맛보고 싶다고 생각할 수도 있다. 왜 제사장이 받아야 하는가? 열심히 일한 것은 그 사람이 아니라 나였는데 말이다.

 하지만 토라는 출애굽기에 주인이 과일을 먹기 전에 “너의 토지에서 처음 익은 열매의 첫 것을 가져다가 너의 하나님 여호와의 집에 드릴지니라.”고 명백히 쓰여 있다고 말한다. 알고 보면 열심히 키운 그 열매는 처음부터 내 소유물이 아니라 신의 소유인 것이다. 그가 열매를 키우기에 알맞은 기후와 환경을 제공한 덕분에 비로소 열매를 수확할 수 있었기 때문이다. 농부가 이 사실을 깨닫게 되면 첫 열매를 제사장에게 주는 일이 그리 어렵지 않게 될지도 모른다.

 이것이 토라가 생계수단을 바라보는 방식이다. 첫 열매를 제사장에게 주는 것은 현대사회에서 자선단체에 기부하는 활동과 유사하다. 토라는 우리가 적어도 수입의 10%는 십일조로 꼭 내야 한다고 말한다. 예를 들어 수확의 풍요로움은 하늘이 준 축복이다. 우리는 이 사실을 인지해야 한다. 하나님은 인간에게 돈을 맡기며, 수입의 10% 정도는 기부하라고 부탁한 것이다. 나머지 90%는 원하는 대로 쓰면 된다. 이 과정을 내면화하면 자선단체에 자연스럽게 기부할 수 있게 된다.

또 신은 십일조를 내는 사람을 아무것도 잃지 않고 오히려 얻을 것이라고 약속한다. 자신의 수익 중 일부를 자선단체에 내놓는 일은 당신을 진정한 부자로 만들 것이다. 위에서 언급한 민수기 구절처럼 토라는 "제사장에게 가져오는 모든 성물은 그의 것이 되리라"고 했을 정도다. 탈무드는 이 구절을 수입의 일부를 자선단체에 기부하면 진정한 부를 얻을 것이라는 사실을 나타낸다고 설명한다(브라홋 63a).

따라서 토라에 의하면, 부는 자동적으로 얻어지는 것이 아니라 열심히 일함으로써 얻어지는 것이다. 더 정확히 말하자면, 진정한 재정적 성공은 신의 축복 없이는 오지 않는다. 부를 쫓다가 어떤 이유에서든지 실패한 사람들을 떠올려 보라. 그들은 결국 부를 얻지 못했다. 이번에는 성공한 사람들을 떠올려 보라. 적시적소에 있는 축복 없이 성공한 사람은 찾아보기 힘들 것이다. 신성한 힘이 없다면 진정한 재정적 성공은 지속되지 않는다. 신성한 힘이 부를 얻도록 돕는 대가로, 10%의 수수료를 떼어간다고 생각한다면 합당하지 않는가? 하지만 우리가 기부해야 하는 그보다 더 좋은 이유가 있다. 탈무드는 수입의 10%를 자선단체에 기부한다면, 미래에 더 많은 돈을 벌 것이라고 말하고 있다.

이는 다음과 같은 탈무드 이야기에서도 알 수 있다. 탈무드 속 현자인 랍비 메이르(기원전 100년 경 사망)는 "아들에게 기술을 가르친 후, 아들을 위해 신에게 부와 신의 자산을 하사해 달라고 꼭 기도해야 한다. 그 이유는 모든 기술이 가난과 부라는 양극단의 잠재력을 모두 가지기 때문이다. 가난이나 부는 모두 기술이 아니라 혜택에 의해 결정된다(키두신 82a)."라고 말했다.

부를 위한 축복을 얻기 위해서는 어떻게 해야 할까? 위에서 언급했듯이, 기도는 그 방법 중 하나이다. 부의 축복을 위한 다른 방법은 각각 다른 두 개의 탈무드 이야기에서 찾을 수 있다(샤밧 119a와 타닛 9a). 먼저 레베는 랍비 호세의 아들인 랍비 이스마엘에게 "이스라엘 땅에서 부유하기 위해서는 어떤 조건이 필요합니까?"하고 물었다. 그러자 그는 "신명기 14장 22절에 쓰여 있듯이, 부자는 십일조를 내기 때문에 부를 얻는다."라고 대답했다.

탈무드의 또 다른 이야기에서는 이렇게 말하고 있다. 랍비 요하난이 조카에게 그날 학교에서 배운 토라의 구절을 암송해 보라고 시켰다. 소년은 "십일조를 내라"는 구절을 암송하고는, 그의 삼촌에게 "십일조를 낸다는 게 무슨 뜻인가요?"라고 물었다. 랍비 요하난은 "부자가 되려고 내는 거란다."고 대답했다. 그러자 소년은 "어떻게 증명해요?"라고 되물었고, 랍비 요하난은 다시 "직접 한번 시험해 보렴."이라고 했다. 이 말을 듣고 소년은 말했다. "신을 상대로 시험을 해봐도 되는 건가요? 성서(신명기 6:16)에서는 신을 시험해서는 안 된다고 하지 않았나요?" 그러자 그는 "십일조를 내는 경우는 성경에도 '만군의 여호와가 이르노라. 너희의 온전한 십일조를 창고에 들여 나의 집에 양식이 있게 하고 그것으로 나를 시험하여 내가 하늘 문을 열고 너희에게 복을 쌓을 곳이 없도록 붓지 아니하나 보라(말라기 3:10).'고 쓰여 있듯이 예외적인 거란다."라고 대답했다.

토라는 십일조가 부의 축복을 받는 보장된 방법이라고 말한다. 그러나 신을 숭배하기 위해 꼭 종교 기관에 십일조를 해야 한다는 것은 아니다. 가난한 사람이나 가치 있는 자선단체에 직접 전달해도 좋다.

이 개념은 영적 기업가가 어떤 사람들인지를 알려준다. 그들은 자선단체에 기부하는 것을 성공적인 사업의 일부로 본다. 또한 비즈니스 자체를 신이 주는 부의 축복을 위한 통로라고 인지한다. 비즈니스는 신성하고 더 나은 세상을 만들기 위한 수단이며, 세상 사람들과의 강력한 연결고리임과 동시에 돈을 벌 수 있는 방법이라고 믿는다.

그렇다고 영적 기업가가 본인의 행운을 위해 자선 기부를 이용하는 이기주의자라는 것은 아니다. 기부를 돈을 벌기 위한 동기로 삼을 뿐이다. 그들은 표면적 현실 너머의 능력을 볼 줄 안다. 신비주의자는 존재하는 모든 것 아래의 무언가가 진정으로 신성한 힘을 유지한다고 말한다.

유대교에서는 신성함을 '끊이지 않는'이라는 뜻의 아인소프(Ain Sof)라고 한다. 끝이 없기 때문에 시작도 없었다고 말하는 것이 합당하다. 이 사안에 대하여 묵상해 보면, 모든 물리적인 존재는 신성한 힘에 의해 존재함을 알 수 있다. 즉, 자연만물은 역시 모두 신성한 힘을 가지고 있다고 할 수 있다. 이 힘은 무한하며, 무한하다는 것은 곧 가능성과 기회 역시 무한함을 뜻한다.

이런 무한함과 비교할 때, 현실이라 불리는 표면과의 차이는 어마어마하다. 눈에 보이는 모든 것은 수량화시킬 수 있다. 집은 사각형이고, 자동차는 제조일자, 사용연수, 모델, 색상까지 구체화시킬 수 있다. 이처럼 물리적인 모든 것은 정의가 정해져 있고, 측정가능하다. 하지만 존재의 내면을 들춰보면 수치화할 수 있는 것은 모두 사라진다. 이것이 내재된 무한함이다. 이 경지까지 도달하게 되면, 불가능한 일은 사라진다.

이 단계에 도달하는 것이 영적 기업가가 살아가는 방식이자 진정한 비전이다. 표면 너머로 심도 있는 현실의 영역을 볼 줄 아는 사람들인 것이다. 따라서 그들에게는 비즈니스 역시 돈을 버는 수단 그 이상이다. 그들은 자신의 기업가 정신을 더 높은 목표를 이루기 위한 또 다른 단계로 인지한다. 그들에게 돈이란 스포츠카를 모으는 것이나 고급스러운 휴가를 보내는 것 등의 삶의 질을 높이기 위한 수단만이 아니다. 고차원적인 비전과 세상을 위한 일이다.

물론 영적 기업가가 인생의 탐욕이 없다거나 즐기지 않는다고 말하는 것은 아니다. 하지만 그들에게 돈은 첫 번째 동기가 아니라 부수적인 차원이다. 현실의 심도 있는 영역을 볼 줄 아는 능력에는 무한하고 신성한 힘이 있다. 그것은 돈을 버는 수단이 영적인 무엇인가를 제공하도록 해준다. 이 능력 덕분에 그들은 재정적 성공으로 이끄는 신성한 힘에 더 가까이 다가갈 수 있다.

| 비즈니스를 위한 통찰 |
돈을 벌기 위한 주요 업무에 집중해라. 단, 더 좋은 세상을 만들기 위해 수입의 10%를 내려 놓아라. 이는 더 많은 성공을 끌어 모을 신성한 힘을 가져온다. 결국은 많이 베풀수록 비즈니스에 더 이롭다는 뜻이다.

| 인생을 위한 통찰 |

축복을 받을 수 있도록 기도하라. 또 자선단체에 기부하고, 사람들을 도와라. 더 큰 축복을 받을 수 있을 뿐 아니라 당신이 성공적인 삶을 살 수 있도록 더 강력하고 신성한 힘이 도와 줄 것이다.

레브 레비에프(Lev Leviev): 영적 기업가의 전형

영적 기업가의 예로는 미국의 호레이쇼 알제(Horatio Alger), 일본의 혼다 소이치로(Soichiro Honda) 등이 있다. 그리고 이스라엘에는 80억 달러의 가치를 지니는 레브 레비에프(Lev Leviev)가 있다. 그는 10대 때, 말 그대로 헤진 천 쪼가리 하나만 걸친 채 이스라엘에 도착했다. 그의 가족은 부카라 지역의 소비에트 연방으로부터 탈출하여 1971년에 이스라엘로 들어왔다. 그는 고등학교에서 랍비 공부를 하다가 자퇴하고 자유분방한 다이아몬드 거래 세계에 발을 들였다. 이스라엘은 세계 다이아몬드 컷팅의 수도이고, 이스라엘 서부도시 라마트간은 그 산업의 중심이었다. 레비에프는 그의 친척과 함께 거리의 딜러로서 세공업자들에게 다이아몬드를 넘겨주는 일을 했다.

위험한 일이었지만, 레비에프는 곧 다이아몬드 거래를 통해 괜찮은 수입을 얻게 됐다. 하지만 그는 만족하지 못했다. 그는 어려서부터 부를 얻는 법을 알았고, 빨리 더 큰 부자가 되고 싶다는 생각에 안달이 나 있었다. 2007년도 뉴욕타임스 기사에 따르면 그는 친구이자 길거리 딜러 동료인 폴 랩스(Paul Raps)에게 "우리한테 필요한 게 뭔지 알아? '젤렘'을 움켜쥐고 성공하는 거야."라고 말했다는 기록도 있다.

젤렘은 히브리어의 속어로써, 깎이지 않은 다이아몬드를 뜻한다. 랩스와 그의 동료는 이 말에 웃지 않을 수 없었다. 젤렘을 얻기 위해서는 단 한 군데, 드 비어스(De Beers, 남아프리카의 강력한 다이아몬드 연합)로 가야만 했다. 그 연합체가 시장 전체를 장악한 채 자신들에게 유리한 가격을 책정하고 있었기 때문이었다.

하지만 레비에프에게는 나름대로의 계획이 있었다. 그는 고르바초프 정부 기간이었던 러시아로 돌아가, 정부가 다이아몬드 광산에 투자해 드 비어스와 대항해야 한다고 설득했다. 고르바초프는 당시 권력이 점점 떨어지는 중이었기 때문에 그 제안을 받아들일 수밖에 없었다. 레비에프는 러시아 다이아몬드 광산과 지속적으로 연락을 취하며 러시아산 다이아몬드를 세계적 상표로 이끌 국제 컨소시움을 만들어냈다. 이 과정을 통해 그는 드 비어스의 다이아몬드 판매 독점권을 종결시켰다. 결국 그는 진짜 젤렘을 손에 넣을 수 있었다.

레비에프의 한 지인은 그가 앙골라에 회사를 창립할 수 있도록 해주었다. 아프리카 국가에서는 길어진 문명 전쟁으로 인해 부당한 방법이나마 다이아몬드 예약이 쏟아지고 있었다. 그러나 레비에프가 도착했을 때는 전쟁이 막 종료된 상태였고, 그는 앙골라 정부와 공동투자 계약을 맺을 수 있었다.

이때 레비에프는 신예 거물들은 보통 하지 않는 일을 하기 시작했다. 다른 사람들이 보기에는 행운을 걷어차는 것이나 다름없었다. 연간 수입의 10%를 십일조로 내는 것을 목표로 했으나, 어느 순간부터 더 많은 돈을 내기 시작한 것이다. 어떤 해는 20%, 어떤 해는 30%를 냈다. 그는 구 소비에트에 유대인 학교를 세웠고, 백 명이 넘는 랍비 봉사자들에게 급여를 지급했다. 목표 중 하나는 미국계 유대인에게 무상으로 유대인 교육을 시켜주는 것이었다. 이스라엘 정치가 나탄 샤란스키(Natan Sharansky)는 레비에프에 대해 "돈을 기부하는 부자들을 많이 봤지만, 레비에프는 완전히 다른 수준이다. 그는 아예 하나의 단체를 구축하는 수준이다."라고 말했을 정도였다.

2008년 초, 레비에프는 런던에 7,000만 달러짜리 집을 사들여 세계적 화제가 되었다. 영국 타블로이드 신문은 그의 호화로운 집을 수영장, 정원, 예쁜 돌계단에 이르기까지 하나하나 자세히 공개했다. 하지만 "이 오만한 사람은 누구인가?" 라고 묻는 이스라엘 경제지 글로브의 기자에게 레비에프는 다음과 같이 대답했다. "내 사적인 일은 이야기하고 싶지 않다. 겸손함은 그 사람이 하는 좋은 일, 그 사람이 운영하는 회사의 방향성에서 찾을 수 있다."

이는 토라의 구절에서도 찾아볼 수 있다. 레비에프는 총액으로나 비율로나 세계 그 어느 부자보다 더 많은 돈을 기부한 사람이다. 그는 비즈니스를 돈을 벌기 위한 것이라고 말했다. 그러나 궁극적으로 그의 비즈니스는 신을 더 정중히 모시기 위한 방법이었다고 볼 수 있다. 하지만 신은 10% 이상의 수수료를 요구하지는 않는다. 레비에프는 자발적으로 완전한 모범을 보인 것이다. 신의 축복으로 얻은 부를 베푸는 책임을 다했기 때문에, 그에게는 남은 돈을 즐길 권리가 있었다. 우리는 레비에프가 새로 산 집을 부러워하는 대신, 영적 기업가 정신을 배우고 그가 받은 혜택을 이해해야 한다.

chapter 2

영적 기업가 정신에 따르는 혜택

영적 기업가 정신에는 수많은 혜택이 따른다. 먼저 제2부에서 언급하였듯이 인간의 가장 깊은 열망은 두 가지이다. 하나는 다른 사람들과의 연결고리를 찾는 것이고 나머지는 자신보다 더 높은 무언가와 연결되는 것이다. 영적 기업가 정신은 이 두 가지 모두를 충족한다. 토라에 의하면, 비즈니스를 통해 얻은 돈을 다른 사람을 돕기 위해 쓰는 것은 더 높은 무엇인가에 자신을 연결하는 일이라고 한다.

토라에서는 자선단체에 기부를 하는 일을 미츠바(mitzvah)라고 한다. 이 단어에는 두 가지 어원이 있다. 첫째는 신의 명령(tzav)이라는 단어이다. 하지만 신비주의자들은 이 단어가 연결(tzafsa)에서 나온 것으로, 즉 신과의 연결이라는 의미를 갖고 있다고 말한다. 따라서 자선단체에 기부하는 행동은, 앞에서 말한 것처럼 기부자와 그 혜택을 받는 사람들을 연결하는 것을 넘어서 자신보다 고차원적인 무언가와 연결하는 일이다. 그러므로 영적 기업가는 기부를 비즈니스의 중심에 둠으로써 진정한 만족과 성취감을 느낄 수 있다.

영적 기업가 정신에는 또 다른 혜택이 있다. 기업가가 비즈니스 자체, 즉 수익을 내는 일에 집중하도록 도와주는 것이다. 고전적 기업가는 재정적 성공에 대하여 일종의 죄책감을 느낀다. 예를 들어 워렌 버핏의 경우, 2006년 11월 26일자 뉴욕 타임스와의 인터뷰에서 부유하게 사는 삶이 불편하다고 토로했다. 기사에는 아래와 같이 쓰여 있다.

어느 날, 버핏은 그의 사무실에서 일하는 직원들의 자료를 기초로 분수식을 만들어 보았다. 분자에는 사회보장연금과 노인의료보험 제도에 지불한 연방소득세율과 인두세, 분모에는 개인의 과세소득을 놓았다. 직원들은 대부분은 비서나 서기였다.

버핏은 배당금과 자본금으로 엄청난 수입을 얻었지만, 그의 비서나 서기 등 사무실의 그 누구보다도 낮은 비율의 세금을 지불하고 있었다. 그렇다고 그가 절세 계획을 뚜렷이 가지고 있었던 것도 아니었다. 그저 내국세입법에 따를 뿐이었다. 그는 직원에게 얼마를 지급하느냐는 질문에 그저 "불공평하지 않나요? 불합리적이에요."라고 말했다.

기자인 나는 그의 말에 물론 동의는 하지만, 어떤 문제가 이슈가 될 때에는 그로 인한 계급전쟁이 조장되기 마련이라고 말했다.

그러자 버핏은 "계급전쟁이 있기야 하겠죠. 하지만 내가 부유한 계층이라는 이유로 분쟁이 일어난 것이고, 여전히 내가 이기고 있는 중이라 할 수 있습니다."라고 대답했다.

한편 버핏은 힐러리 클린턴 상원의원을 위해 뉴욕에서 4,600달러 상당의 모금행사를 열었다. 그리고 그 자리에서 "여기 모인 우리 400명은 보통의 접수원이나 청소부들이 내는 세금보다 더 낮은 비율의 세금을 냈습니다. 당신이 운이 좋은 1% 안에 든다면, 다른 99%에게 빚을 지고 있는 겁니다."라고 말하기도 했다.

자수성가한 사람에게는 부유함이 죄라는 생각이 자주 든다고 한다. 특히 자신은 매우 풍족하게 사는 데 반해 주변 사람들은 고생하는 모습을 봤을 때 그렇다. 나아가 그들은 돈 버는 일에만 집중할 뿐, 의미 있는 것에 기여하고자 하는 의지는 없다. 예를 들어 버핏은 76세가 된 후에야 빌&메린다 게이츠(Bill&Melinda Gates) 재단에 기부를 시작했다. 당시 가치로 307억 달러에 달하는 금액이었다. 돈을 버는 것에만 집중했고 실제로도 큰 성공을 얻었지만, 결국 죄책감이 크게 남았기 때문이었다. 그는 《워렌 버핏의 투자격언》을 통해 죄라는 단어를 부정했지만, 아래 부분에서 그의 죄책감을 엿볼 수 있다.

나는 비정상이다 싶을 정도로 일을 잘 해야 보상받는 시장제도

안에서 일을 한다. 마이크 타이슨(Mike Tyson)도 마찬가지다. 모르는 사람의 집 문을 두드려 10초 안에 천만 달러를 번다고 치면, 세상은 당신을 인정해주고 보상해줄 것이다. 360도 회전하여 공을 찰 수 있다면, 역시 세상은 많은 돈으로 보상해줄 것이다. 그러나 당신이 그저 훌륭한 선생님이라면, 세상은 크게 보상해주지 않을지도 모른다. 당신이 아주 실력 있는 간호사라도 마찬가지다.

워렌 버핏은 자신이 선생님이나 간호사보다 중요한 직업이 아닌데도 불구하고 돈을 잘 버는 불합리한 구조에 대해 죄책감을 느끼고 있었다고 할 수 있다. 그래서 76세의 그는 자신이 벌어들인 부의 대부분을 자선단체에 기부하기로 한 것이다.

영적 기업가는 스스로를 위한 돈을 버는 것을 목적으로 비즈니스를 한다고 생각하지 않기 때문에 이러한 죄책감이 없다. 영적 기업가에게 부를 창조하는 일은 더 나은 세상을 만들기 위함이다. 따라서 자선단체에게 자신들의 수입 중 10%를 기부한다. 하지만 노년층에 접어들면 수입이 적어지기 때문에 오히려 기부를 하지 않는다. 또한 영적 기업가는 버핏과 같은 고전적 기업가와는 달리, '부자들이 세법상 사회에 환원해야 하는 수입의 비율이 낮기 때문에 정부가 세율을 올려야 한다'고 생각하지 않는다. 그 이유는 명백하다. 영적 기업가는 자발적으로 수입의 더 큰 비율을 사회에 환원하기 때문이다. 또한 세금의 대부분은 거부가 아닌 중산층이 내기 때문이다.

영적 기업가의 전형적인 예로 들었던 레브 레비에프는 2007년도 뉴욕타임스 기사에서 자신의 태도를 워렌 버핏과는 반대되는 박애주의라고 설명하며 "부자들은 돈을 기부하기 위해 너무 많은 시간을 들인다. 워렌 버핏도 그런 케이스다. 70대가 되어서야 시작했으니 말이다. 하지만 빌 게이츠는 젊은 나이에도 세상을 돕고자 나서고 있고, 사실 그게 맞는 일이다."라고 말했다. 이것이 바로 고전적 기업가와 영적 기업가의 차이를 결정짓는 요소이다.

| 비즈니스를 위한 통찰 |
재정 계획의 초점을 자선금 기부에 맞춤으로써 지속적으로 사회에 환원하라. 그러면 부를 더욱 만끽할 수 있을 것이며 죄책감 또한 덜 느낄 것이다.

| 인생을 위한 통찰 |
당신에게는 매사를 주고받을 기회가 있다. 무언가를 받았다면, 내어 주려고도 노력해야 한다.

chapter 3

직장을 당신만의 공간으로 바꿔라

앞에서 살펴본 기업가의 유형들 중 어떤 유형을 따르는지에 따라, 비즈니스를 하는 우리의 태도도 영향을 받는다는 사실은 의심의 여지가 없다. 우리는 보통 생계를 위해 하루의 대부분을 소비한다. 그 과정을 신성화할 수 있다면, 우리는 일 하는 것 자체에 성취감과 즐거움을 얻을 수 있을 것이다. 저명한 신비주의자에 의하면 이는 아주 간단하게 바꿀 수 있는데, 핵심은 '목표'라고 한다. 한 토라 현자는 목표가 행동보다 우위에 있다고 말했을 정도다. 예를 들어, 제대로 된 목표 없이 행해진 기도는 무의미하다. 또한 목표는 행동을 불러일으키기도 한다.

한 물질을 신의 의도대로 사용하고자 한다면, 그 물질을 영적인 영역으로 올려놓는 것이라고 할 수 있다. 예를 들어 치즈케이크를 폭식하지 않고 천천히 음미하면서 먹는다고 하더라도, 결국 그것은 설탕과 지방이 몸에 더해지는 과정이다. 하지만 얻게 될 에너지를 어떻게 좋은 방향으로 사용할까 생각하며 치즈케이크를 먹으면, 행위 자체가 신성화된다. 마찬가지로 기도를 더 잘 하기 위해서나 다른 사람을 돕기 위해 건강을 유지하고자 헬스장을 간다면, 그리고 운동하는 동안 그에 대하여 생각을 한다면, 그 행위는 신성화될 수 있다. 같은 맥락으로 수익의 10%를 더 나은 세상을 위해 혹은 신을 위해 사용하고자 하는 마음으로 비즈니스를 하면, 직장은 기도를 위한 나만의 공간이 된다. 그리고 토라는 이런 행위가 부를 축적해 주리라고 약속하고 있다.

| 비즈니스를 위한 통찰 |

직장에 가는 일이 기도를 하러 가는 것만큼이나 만족스러운 일이 될 수 있다. 영적 기업가가 되면, 사업장은 기도를 위한 자신만의 장소로 변한다. 이렇게 하면 돈을 버는 과정이 신성한 과정으로 활성화된다. 이는 지키기 어렵지 않을 뿐 아니라 시간이 흐른 후, 매우 큰 보상까지 따른다.

| 인생을 위한 통찰 |

인생에 영적인 힘을 불어넣으면, 집중력이 굉장히 강해진다. 무엇을 하든, 자기만족을 넘는 더 큰 목표를 가져야 한다. 이를 깨달으면, 영적인 힘이 인생의 모든 측면을 도와줄 것이다.

영적 기업가 정신의 주요 개념은 고차원의 목표만 있다면 모든 일이 영성으로 가득 찰 것이라는 의미로 요약할 수 있다. 심도 있는 묵상은 동기부여를 해주는 동시에 고차원적인 목표에 대한 의지를 지속적으로 확인시켜 주기 때문에, 영적 기업가 정신이 활성화되도록 도와준다.

특정 비즈니스와 그 안에서 추구되는 동기에 대하여 생각해 보라. 그리고 자기 자신에게 고차원으로 향하는 목표가 있는지 질문해 보자. 만약 대답이 '그렇다'이면 그 목적이 무엇인지, 그것을 진정으로 쫓고 있는지 등에 대하여 생각해 보아야 한다. 명상을 할 때에는 이 책의 부록에 정리된 단계를 밟으면 된다.

당신이 돈을 버는 목적이 만약 자신의 만족과 열망만을 위한 것이라면, 고차원의 목표를 가지는 것이 왜 중요한지에 대하여 한 번 생각해 보자. 앞서 다룬 세 가지 기업가 정신을 다시 살펴보고, 부록에 담긴 단계를 밟아 영적 기업가가 되는 것이 왜 이로운지에 대하여도 떠올려 보자. 이 개념을 완전히 이해했다면, 비즈니스를 통해 얻은 돈으로 이루고자 하는 고차원적인 목표가 무엇인지 생각해 볼 단계이다. 목표를 정했다면, 이제 당신은 영적 기업가가 된 것이다.

Part 8

긍정적 사고:
목표를 이루기 위해
긍정의 힘을 모아라!

좋은 것을 생각해라.
좋아질 것이다.

Think Good and it will be good.

- 랍비 쩨메크 쩨덱(Tzemech Tzedek)

'완전히 가망없는' 주식을 다루기로 유명한 월스트리트의 데이빗 아인혼(David Einhorn)은 자신의 큰 성공을 낙관주의 덕분이라고 여긴다. 그는 비관적 사고로 가득 찬 세상 속에서 긍정적인 생각을 가지는 것이 성공을 위한 가장 강력한 힘이라고 생각한다.

아인혼은 그만의 투자 철학을 통해 가치 투자를 하는 것으로 유명하다. 그는 이 분야에서 매우 성공했다. 일례로 그가 운용한 헤지펀드인 그린라이트 캐피탈은 50억 달러 이상의 자산을 가지고 있다. 가치 투자 이론은 용어 자체가 말해주듯, 다른 사람들이 가치를 두지 않는 곳에서 가치를 찾는다는 의미이다.

투자학교의 창립자인 벤자민 그래엄(Benjamin Graham)은 주식시장이 회사들의 가치를 올바르게 평가하는 데에 상대적으로 정확하다는 사실을 인정한다. 하지만 시장을 통제하고 싶다면, 시장이 평가할 당시 일시적인 실수를 했던 곳을 찾아 투자해야 한다고 말한다. 시간이 흐르면 실수는 바로 잡히기 마련이기 때문에, 주가가 낮게 책정된 곳에 투자를 해야 한다는 것이다.

쉬워 보이지 않는가? 그러나 아인혼과 다른 투자가들은, 세간에서 입을 모아 엉망이라고 말하는 주식에 투자하기란 불굴의 용기가 필요하다고 말한다. 아인혼은 "확신을 가져야 하고, 시간이 흐르면 나아질 것이라고 믿어 의심치 않아야 한다."고 강조했다.

아인혼이 지닌 믿음의 원천은 낙관주의이다. 향후 50년간 자신이 건강하게 살 것이라고 믿지 않는 사람은 수입과 삶의 질이 높아져도 주식을 사면 안 된다. 다시 말해, 아인혼은 주식을 사는 것을 낙관주의에서 우러나오는 행동이라고 본다.

즉, 아인혼의 가장 큰 특기는 정적 사고의 힘을 통해 남들이 선호하지 않는 주식을 사들이는 것이다. 그는 "이미 두 배, 세 배로 뛴 주식에 대해서 낙관하는 것은 쉽죠. 문제가 없으니까요."라고 말했다. 또한 가치 투자는 자기 멋대로의 긍정사고주의자와 절대적인 낙관주의자를 구분해 준다.

그의 가장 성공적인 투자 사례 중 하나는 프리스케일 세미컨덕터(Freestyle Semiconductor)에 관한 것이다. 이 핸드폰 칩 제조자는 전자업계의 거물인 모토로라의 자회사였다. 하지만 회사는 주주들로부터 더 큰 사업에 주력하라는 요청을 받았고, 결국 이 회사는 2004년, 프리스케일과 IPO(Initial Public Offering)로 분리되었다.

IPO는 완전히 실패한 상태처럼 보였다. 시장 진입 직전, 모토로라는 거래를 지속하기 위해 가격을 큰 폭으로 낮춰야만 했다. 주식 시장은 원하지 않는 회사와 거래를 하려고 들지 않기 때문에, 주가는 6개월 동안 꿈쩍도 하지 않았다.

데이빗 아인혼의 그린라이트 캐피탈은 IPO를 지지하는 주요 자본이었다. 대부분이 동의하지 않았음에도 불구하고, 그는 펀드의 상당 부분을 이 회사에 투자했다. 아인혼은 "단순히 핸드폰 칩을 다루는 회사라면 비전이 없었지만, 다양한 종류의 칩을 만드는 이 회사는 앞길이 탄탄해 보였다. 전자기기, 자동차 등 어디에도 다양하게 사용되니까 말이다."라고 당시를 회상했다.

아인혼은 새로운 회사로의 독립이 성장을 불러올 것이라고 설득했다. 그는 "기존에는 모토로라로부터 프로젝트를 받았지만, 이제는 독립된 회사가 되었기 때문에 성장에 더욱 집중할 수 있게 될 것이다."라고 말했다.

2004년 가을, 아인혼은 회사를 향한 낙관으로 자신을 매일 시험했다. 주식은 위아래로 조금씩 움직였지만, 기대했던 만큼 급등하지는 않았다. 그래도 그는 매일 주식에 관한 자신의 추측이 맞는지 꾸준히 확인했고, 결과는 점점 맞아갔다. 아인혼은 "자기 자신에게 참을성 있게 굴고 있는 것인지, 아니면 그냥 고집을 부리고 있는 것인지를 끊임없이 질문해야 한다."고 말했다. 조금씩 변화가 일어날 때 그 차이는 명확해진다. 그는 "투자가 아직 타당하다고 판단되는 새로운 이유가 필요하다면, 얼른 청산하고 새로운 투자를 시작해야 한다."고 말했다.

마침내 프리스케일의 매출이 올라갔다. 주식도 움직이기 시작했으며, 그가 기대한 만큼까지 치솟았다. 그리고 2006년, 세계에서 가장 큰 개인자산 회사인 블랙스톤이 운영하는 그룹에서 이 회사를 사들였다. 그 판매가는 아인혼이 회사가치로 추측한 것보다 세 배나 많은 170억 달러였다. 그 해, 그는 펀드에서 26%를 돌려받았다.

아인혼의 이 모든 성공은 낙관주의로부터 기인했다. 투자로부터 긍정적인 결과를 내리라는 결의가 없었으면 그는 진작 주식을 그만 두고, 프리스케일에 대한 시장의 평가를 받아들였을 것이다. 하지만 그는 더 밝은 미래를 보았고, 마침내 성공했다.

chapter 1

성공은 낙관주의와 함께 시작한다

이제 마음에서 우러나오는 긍정이 성공을 가져온다는 사실은 명백해졌다. CEO, 백만장자, 그리고 정상의 자리에 오른 사람들 또한 대부분 선천적으로 긍정적이며 낙관적인 사람들이다.

왜 그런지에 대한 근거는 굉장히 많다. 어떤 사람들은 긍정적인 사람들의 경우 활발하고 재미있기 때문에, 계약이나 판매를 하러 나가면 사람들로부터 더 많이 선택된다고 주장한다. 또 어떤 사람들은 아인혼의 경우처럼 낙관주의가 좋은 비즈니스 전략으로 작용한다고 주장한다. 그리고 마지막으로 낙관주의는 끌어당김의 법칙을 보여주는 세상의 보편적인 법칙이라고 주장하는 사람들도 있다.

앞서 언급된 두 가지 주장을 무시하는 것은 아니지만, 토라는 세번째의 주장을 지지한다. 수학적 공식처럼 증명될 수는 없지만 증거로 들 수 있는 일화들은 매우 많기 때문이다. 토라의 가르침은 성공 또는 긍정적인 결과를 위해 필요한 요소로써 낙관주의와 긍정적 사고방식을 들고 있다. 그러나 동시에 생각 자체만으로는 아무것도 성취하지 못할 것이라고 강조한다. 긍정적 사고가 꿈을 실현하고 성공을 가져올 수 있도록, 생각과 행동이 결합되어야 한다는 것이다.

긍정적 언어의 힘과 그것을 활용하는 방법

긍정적인 사고가 긍정적인 결과를 가져온다는 것은 창세기에 등장하는 노아의 방주에서부터 기원한다. 토라는 일반적으로 정결한 동물을 순수한 것(tahor), 정결하지 못한 동물을 부정한 것(tamay)이라고 부른다. 그러나 노아의 방주 이야기에서는 모든 동물이 노아의 방주에 들어가 홍수를 피했다. 또한 토라에는 "너는 순수한 모든 짐승을 일곱씩, 수컷과 그 짝을 데려가고, 순수하지 않은 모든 짐승은 둘씩, 수컷과 그 짝을 데려가야 한다(창세기7:2)."고 적혀 있다.

위 구절에서 토라는, 앞서 말한 부정한 동물들을 부정적인 의미를 함축하는 단어 대신 '순수(tahor)하지 않은 동물'이라고 돌려 표현했다. 성경 구절에 추가적인 해석을 붙이는 것은 조심스러운 일이지만, 그렇지 않으면 이 일화를 통해 교훈도 줄 수 없을 것이다. 탈무드는 부정한 것(tamay)이라는 단어를 쓰기 꺼려하는 이유를, 부정적인 단어를 쓰는 것은 좋지 않다는 사실을 일러주기 위함이라고 한다(유월절 3a). 간단히 말해 토라는 부정적인 단어보다 긍정적인 단어를 쓰라고 가르치고 있는 것이다.

탈무드 해설자는 토라에서 무언가를 명백하게 설명해야 할 경우, 부정적인 단어인 부정한 것(tamay)을 자주 사용한다는 점을 지적했다. 하지만 일반적인 경우에는 가능한 긍정적 단어를 사용하기 위해, 긍정적인 단어에 부사를 추가하는 형식을 취한다고 한다. 모든 단어에는 힘이 있기 때문이다. 예를 들어 부정적인 말을 하면 그 과정에서 부정적인 힘도 함께 오간다. 그렇기 때문에 토라는 부정적 단어를 쓰지 않음으로써 인생에 부정적인 일이 생기지 않도록 방지하는 것이다. 또한 모든 단어는 생각으로부터 오기 때문에, 긍정적이거나 부정적인 언어를 사용하는 것 역시 모두 마음가짐에 달려있다. 마지막으로 어떠한 이야기를 할 때는 주제에 대해 내재되어 있는 깊은 생각이 드러나게 되어 있다. 단어는 자신의 태도를 반영하기 때문에 아주 중요하다. 그러므로 단어의 원천지인 생각부터 긍정적으로 바꿔야 한다. 긍정적인 생각으로부터, 긍정의 힘을 끌어와야 하는 것이다.

긍정적인 생각 혹은 말의 힘은 유대 신비주의자들에 의해 반복되어 왔다. 하시디즘의 장인과 제1부에서 만난 카발리스트 랍비 나흐만은 "망칠 것이라고 생각한다면, 고칠 수도 있을 것이라고 믿어라"고 했다. 즉, 부정적인 것에 집중하기보다는 긍정적인 것에 집중하며 손상시키기보다는 수리하는 것에 집중해야 한다는 뜻이다.

　토라 속 긍정적인 사고의 힘을 보여주는 가장 좋은 사례는 카발리스트와 하시디즘의 대가인 쩨메크 쩨덱(Tzemech Tzedek, 1789-1866)이다. 심각한 상태의 환자를 위해 기도해달라는 부탁을 받았을 때, 그는 "좋은 것을 생각해라. 좋아질 것이다."라며 가족에게 긍정적인 생각을 연습하도록 일렀다. 아주 크게(대부분의 사람들이 그저 희망사항에 불과하다고 생각하는 일에도) 성공한 사람들 중에 부정적인 말을 달고 사는 사람을 본 적이 있는가? 불평불만을 일삼는 사람을 보았는가? 대부분의 경우, 성공한 사람들은 부정적인 일에 집중하지 않는다.

　'성공한 사람에게는 불평할 만한 부분이 없기 때문'이라고 생각할 수도 있다. 그러나 부유한 사람들 역시 다른 이들과 마찬가지로 슬픔과 상실감, 실망감을 느낀다. 그러므로 제8부에서는 긍정적인 태도가 성공과 성취의 주요인이라는 점을 다룰 것이다.

| 비즈니스를 위한 통찰 |

긍정적 사고는 성공적인 비즈니스의 필수적 요소이다. 좋은 쪽으로 생각하면 당신의 비즈니스에도 긍정적인 결과가 나타날 것이다.

| 인생을 위한 통찰 |

긍정적인 말과 사고는 당신의 인생으로 긍정적인 것들을 끌어당길 것이다.

chapter 2

성공은 긍정적인 생각만으로
이뤄지지 않는다

긍정적인 사고와 말이 긍정의 힘을 끌어 모으긴 하지만, 성공을 위한 전부는 아니다. 긍정적인 생각을 하는 것 자체가 성공을 위한 유일한 비결은 아니다.

이와 관련하여 인간을 두 종류로 나눌 수 있다. 첫 번째는 '허풍쟁이'이다. 이 부류의 사람들은 긍정적으로 생각하고 말하지만, 꿈을 실현하기 위한 행동을 적극적으로 하지는 않는다. 두 번째는 '행동 실천가'이다. 이 사람들은 긍정적으로 앞을 바라보고, 성공에 대한 확고한 믿음을 갖고 있을 뿐 아니라, 지능적으로 꿈을 실현한다. 바로 이런 이들이 성공을 실제로 일구어 낸다.

허풍쟁이에 관한 사례로 잭이라는 사내에 대한 우스갯소리를 들 수 있겠다. 잭이란 사람은 신에게 매일, 가난에서 벗어날 수 있도록 복권에 당첨되게 해달라고 기도했지만 어떠한 응답도 받을 수 없었다. 어느 날, 그는 울면서 신에게 말했다. "왜 제 기도에 응답해 주지 않는 거죠?" 그러자 천둥번개가 일며 신의 실망한 목소리가 들려 왔다. "잭, 중간까지는 나를 만나러 걸어 와라! 복권을 사야 응답해 줄 것이 아니냐!"

긍정적인 생각을 통해 긍정적인 결과를 불러오기 위해서는 자신이 먼저 손을 뻗지 않으면 불가능하다. 이것이 현자가 말하는 인간의 의무이다. 성경은 우리가 적어도 아주 조금이라도 문을 연 후에야, 신에게 완전히 열어달라고 부탁할 수 있다고 말한다(아가서 5:2). 문고리를 잡지도 않으면, 문은 결코 열리지 않을 것이다.

이것은 하늘에서 뚝 떨어질 축복을 잡기 위해 미리 배를 만드는 것과도 같다. 신성한 에너지, 즉 신은 우리가 준비를 끝낸 상태로 요구할 때에 비로소 축복을 내린다. 때문에 그 전에 우리는 자신의 역할을 다 하고, 배를 만들어 준비해야만 원하는 결과를 얻을 수 있다. 그러나 배도 만들지 않고, 결과가 좋기만을 바라는 이들도 아주 많다. 그렇기 때문에 긍정적인 결과가 나타나지 않는 것이다. 배처럼 실존하는 무언가를 만들고 기다린다면, 당신의 성공은 뚜렷해질 것이다.

현자는 또한 탈무드(메길라 6b)를 통해 노력 없이 성공한 사람을 믿지 말라고 일러준다. 열심히 노력했지만 성공하지 못한 사람들도 믿지 말라고 강조한다. 우리는 오로지 노력과 성공을 동시에 이룬 사람들을 믿어야 한다. 긍정적인 생각이나 말과 더불어, 노력과 긍정적인 행동을 해야만 신의 축복을 받을 수 있다.

성실히 일하는 것은 비즈니스 성공을 위한 첫 단계이다. 긍정적인 생각과 말만으로 더 많은 고객이 더 높은 순익을 얻을 수 있으리라 생각하지 마라. 긍정적인 생각과 말은 긍정적인 행동과 한 세트가 되어야만 목표를 이루는 데 도움이 된다.

| 인생을 위한 통찰 |

긍정적인 생각만으로는 아무것도 할 수 없다. 실제 행동으로 옮겼을 때, 비로소 진정한 성공을 일구어 낼 수 있다.

chapter 3

긍정적 사고를
긍정적인 결과로 잇는 방법

카발라에 의하면 마음가짐은 인간의 가장 높고 숭고한 능력이다. 유명한 유대인 철학자이자 법학자인 마이모니데스(1138-1204)에 의하면, 사람의 지능은 신과의 연결고리로써 가장 적합하다고 한다. 인간의 마음은 '신적 지성'으로도 알려진 '능동적 이성'과 긴밀히 연결되어 있기 때문에, 신성한 힘이 인간의 독립에 기여한다고 보는 것이다. 마이모니데스는 인간의 생각이 능동적 이성 혹은 신적 지성의 영향을 받는다고 믿는다. 신적 지성과 사람의 지능과의 관계는 서로 상호적이다. 신적 지성은 인간의 생각과 마음가짐에서 에너지를 끌어모으기 때문이다.

신적 지성은 존재하는 것 모두에 내재되어 있다. 창세기는 "하나님이 이르시되"라는 구절을 열 번 반복하여 세상 창조의 과정을 설명했다.

(하나님이 가라사대,)

1. 빛이 있으라.

2. 물이 있으라.

3. 마른 땅을 드러나게 하라.

4. 열매가 나게 하라.

5. 밤과 낮을 구분하라.

6. 새가 땅 위로 날도록 하라.

7. 지구가 소, 파충류, 동물들을 생산케 하라.

8. 하나님의 형상대로 사람을 창조케 하라.

9. 수확하고, 번성하라.

10. 이 모든 것을 너희에게 먹을거리로 주리라.

카발리스트는 신이 그의 말을 도구삼아 세상을 창조하고, 유지했다는 점을 주목한다. 즉 신의 말을 현존하는 모든 것을 창조하고 유지하는 에너지에 비유하는 것이다.

말은 생각의 표현이다. 세상을 창조한 신의 열 가지 말 역시 생각에서 기인했다. 따라서 신이 창조한 에너지, 즉 신의 말은 신의 생각 혹은 신적 지성이며, 심오하고 신성한 에너지이다. 다시 말해, 이 세상을 창조한 에너지는 아주 신성한 것이다.

그러나 생각만으로는 다른 사람과 연결될 수 없다. 신 역시도 생각이 아니라 말로써 세상을 창조했다. 말은 생각의 표현이므로 " 신의 말이 세계를 유지한다"는 주장은 신의 생각이 세계에 에너지를 계속해서 주고 있다는 주장과도 같다. 따라서 자신의 생각을 통해 신적 지성에 접촉하고자 하는 것은, 곧 생각을 세상에 존재하는 모든 것을 유지시키는 에너지에 연결하고자 하는 행위인 것이다.

다시 말해, 존재하는 것의 물리적 표면만 봐서는 진정한 존재의 의미를 이해하지 못한다는 사실을 알아야 한다. 신비주의자들에 따르면 일상적이든, 물질적이든 존재하는 모든 것에는 층이 존재한다. 현대 물리학은 사물을 아주 작은 입자로 나누면, 모든 것이 에너지의 주파처럼 보인다는 사실로 이를 입증한다. 예를 들어 우리가 커피 잔을 집어 들었을 때, 감각은 우리의 몸과 커피 잔을 별개로 착각한다. 하지만 사실은 더 넓은 에너지 파장의 연속일 뿐이라는 것이다.

조금 더 추상적이기는 하지만 신비주의자들은 물리학자와 비슷한 관점을 가진다. 그들은 에너지 파장 너머를 감지하고 만물에 내재된 신성한 에너지를 꿰뚫어 본다.

유대 신비주의자가 뛰어난 명상가인 이유이다. 명상은 본질적으로 자신이 열망하는 것에 집중하는 능력이다. 예를 들어 신비주의자는 신과 직접 연결되고 싶어 한다. 그리고 세상의 물리적 이치 너머로 존재하는 신성함에 자신의 생각을 직접 연결한다. 즉, 현실 속 신적 지성을 통해 진정한 신성함을 인생으로 불러들여서, 한층 더 고차원의 인생을 살아가는 것이다. 그들은 현실의 표면을 장악하고 있는 자연의 법칙이 인생에 적용되도록 하고, 기적이 일어나는 모습을 직접 확인한다.

비즈니스의 더 큰 성공을 위해서도 이 기술을 쓰면 된다. 모든 창조물을 움직이는 신성한 에너지에 대해 명상하고, 에너지에 한층 가까이 다가갈 수 있도록 노력한다. 그러는 동시에 세상을 바라보는 방법과 에너지를 끌어 모으는 방법을 깊이 생각하면, 반드시 그렇게 될 것이다. 모든 것이 가능해지며 또 원하는 것을 끌어 모을 수도 있다. 물론, 긍정적인 말과 행동이 동반되었을 때의 이야기이다.

마찬가지로, 긍정적인 생각과 행동을 통해 지능과 사고가 신적 지성과 직접 상호작용 할 수도 있도록 긍정적인 힘을 끌어올 수 있다. 이는 긍정적인 언어를 통해 만족스러운 보상을 이끌기 때문에 비즈니스인에게 또 다른 혜택이 된다. 비즈니스 세계에서는 다른 무엇보다 한 마디 말로 평가받는다. 비관적이고 수동적인 단어를 쓰게 되면 사람들은 당신을 부정적인 사람으로 평가할 것이다. 반대로 긍정적 맥락을 통해 부정적 언어를 피한다면, 같은 뜻의 이야기를 함에도 불구하고 사람들의 반응이 달라질 것임은 분명하다.

늘 밝고 활발하게 행동해야 한다든가, 어떻게든 친구들을 비판하지 말라는 이야기는 아니다. 말의 의미는 중요하다. 하지만 생각을 말로 표현해 내는 과정도 의미만큼이나 중요하다. 나쁜 소식을 전달하거나 필요한 비판을 할 때조차도 긍정적인 언어를 사용한다면, 당신은 사람들을 당신의 편으로 만들 수 있다. 이처럼 긍정에는 많은 장점이 있다.

| 비즈니스를 위한 통찰 |
잠재적 에너지에 직접 다가갈 수 있는 방법은 당신의 마음가짐을 통하는 것이다. 이 능력을 이용하여 비즈니스에서 돈을 벌 수 있는 기회를 끌어 모아라.

| 인생을 위한 통찰 |
표면 아래에 또 다른 현실이 있다는 사실을 기억해라. 신성한 에너지에 당신의 사고를 연결하는 것은 생각보다 어렵지 않으며, 셀 수 없는 유익을 가져올 것이다.

목표의 긍정적인 힘

토라는 행동보다 더 높은 가치를 가지는 일을 '목표'라고 한다. 또 현자들은 목표가 없는 기도를 날개 없는 새에 비유한다. 절대 이루어지지 않을 것이기 때문이다. 감정 없는 기도 역시 응답을 얻지 못한다. 앞에서 논의한 내용을 보면 쉽게 이해할 수 있을 것이다. 긍정적인 생각과 감정을 통해 전달하는 에너지는 상대방, 즉 신성한 에너지와 연결되며, 자신에게 긍정적인 에너지로 되돌아온다. 하지만 아무런 감정이나 목표, 혹은 생각 없이 하는 기도는 신성한 에너지를 끌어 모으거나 전달하지 못한다. 또한 기도는 긍정적 사고를 필요로 하는데, 앞에서 설명했듯이 말은 생각의 표현인 만큼 효율적이고 설득력 있는 기도를 해야 한다. 올바른 단어 사용은 긍정의 힘이 좀 더 쉽게 신성한 에너지로 닿을 수 있도록 도와줄 것이다.

이 개념은 기도에만 적용되는 것이 아니다. 비즈니스와 인생을 긍정적으로 유지하기 위해서도 목표의 힘은 매우 중요하다. 우선 원하는 것의 목록을 만들고, 그것에 대해 더욱 깊이 생각하기 위해 목표의 힘을 활용하자. 긍정적인 것들을 눈에 보이도록 만들면 목표는 더욱 힘을 얻는다. 앞에서도 말했듯이 여기에는 긍정적 말이 동반되어야 한다. 원하는 무언가에 대해 부정적으로 말한다면 당신은 그것을 결코 얻지 못할 것이다. 긍정적인 말은 긍정적인 에너지를 전달할 수 있는 잠재력을 가지며, 원하는 것을 더 쉽게 얻도록 도와준다.

| 비즈니스를 위한 통찰 |

목표는 필수이다. 목표의 힘을 활용하여 새로운 프로젝트나 모험을 눈에 보이게 만들어라. 그리고 원하는 것을 얻기 위해서는 긍정적인 말과 태도를 가져야 한다는 사실을 잊지 않도록 하자.

| 인생을 위한 통찰 |

말에 주의하라. 긍정적 말은 긍정적 결과를 가져올 것이다. 물론 그 반대도 마찬가지이다.

감사의 긍정적 힘

긍정적 사고의 또 다른 중요한 장점은 저절로 감사하게 된다는 것이다. 유대인은 아침에 일어나자마자 신에게 매사에 축복을 주심을 감사한다. 이처럼 매일 아침 일어나자마자, 영혼을 돌려받고 새로운 하루를 시작하게 된 것에 대해 신에게 감사의 기도를 드려 보자. 그 다음으로는 옷을 입혀 주고, 필요한 모든 물건을 제공해 주는 신을 찬양해 보자.

이는 일석이조의 효과를 지닌다. 이렇게 함으로써 먼저 우리 인생의 당연한 것들에 대해서도 감사하게 된다. 살아있다는 것, 집과 음식이 있다는 것은 이미 우리가 충분히 풍요롭다는 의미이다. 두 번째로, 신을 찬양하고 감사드림으로써 이 모든 것을 제공한 신적 지성에 대한 증거를 찾을 수 있다.

감사의 힘은 토라의 구전 율법에서 찾을 수 있다. 인생에 대한 큰 조언을 주는 아비들의 윤리(4:1)에서 현자는 "누가 부유한가."라는 질문을 던진다. 그리고 그 답은 '자신이 가진 부에 대해 만족하는 사람'이라고 말했다.

이에 대한 공통된 해석은 '아주 가난한 사람이라도 가진 것에 만족한다면 부유하다고 할 수 있다'이다. 재정적 부유함은 그것을 쫓는 사람에게만 내려지기 때문에, 단어 그대로 따지자면 불합리해보일 수 있다. 하지만 부유함의 기준이 만족감이라면, 부유함과 돈은 서로 관계가 없는 것이 아닌가.

하지만 다른 관점도 존재한다. 토라 현자가 던지는 질문의 진짜 의미는 "어떤 사람이 재정적 부유함을 얻을 수 있을 것인가?"일 것이다. 그리고 이에 대한 대답은 '자신이 가진 것에 단순히 만족하기보다는 진정 행복을 느끼는 사람'이라고 해석할 수 있다. 행복한 것과 만족하는 것에는 차이가 있다. 가진 것 때문에 행복하지만 만족하지 못할 수도 있다. 행복은 현재 상태이며 만족은 마음가짐의 문제이기 때문이다. 더 많은 것을 염원하는 마음이 꼭 행복하지 못하다는 뜻은 아니다. 단지 미래를 위해 더 많이 바랄 뿐이다. 하지만 만족했을 때는 많은 것을 성취하기 위한 동기를 부여받지 않는다. 마치 배불리먹은 후에는 더 이상의 음식을 원하지 않는 것과 같다. 즉, 만족했다면 더 많은 것을 성취하기 위한 동기를 부여받지 않는다. 그러나 행복하다면 더 많은 것을 바랄 수 있다.

더 깊이 들어가면, 두 개념 사이에는 또 다른 측면이 있다. 현자는 매사에 행복함과, 감사함을 느낄 줄 아는 사람만이 진정한 부를 얻을 수 있다고 말했다. 이 논리는 간단하다. 불행한 사람들은 불행함을 가져오는 에너지와 가까이 있을 것이며 슬픈 사람은 또다시 슬픈 에너지만을 끌어 모은다. 그리고 만족한다면 더 많은 것을 원하지 않으므로 더 이상 발전하지 않게 된다. 하지만 매사에 행복해 하며 가진 것에 감사한다면, 항상 그만큼의 행복을 원한다는 뜻이 된다. 그러므로 더 많은 행복과 감사 에너지를 불러올 것이다. 그래서 현자는 현재 가진 것에 대해 행복한 사람만이 진정한 부를 가질 수 있다고 말한 것이다.

감사는 비즈니스에서, 특히 동료와의 관계에서 또 다른 중요한 가치를 지닌다. 예를 들어 대부분의 고용주들은 직원에 대해 평가하기를 싫어한다. 부정적 비판에 초점이 맞춰져 있기 때문이다. 하지만 해고당하지 않고 남아 있는 대부분의 직원들은 기본적으로 업무성과를 잘 내고 있다는 뜻이므로, 오히려 긍정적인 기여도를 평가해서 그들의 노고에 감사하는 방향으로 바뀌어야 한다. 부정적인 작업 태도는 지적되고 수정되어야 하지만, 평가 자체가 목적이 되어서는 안 된다. 궁극적으로 사장이 직원들에게 감사를 표하는 방식이 된다면 직원들은 회사를 위해 더욱 헌신할 동기가 부여될 것이다. 감사할 줄 아는 사람이 긍정적이고 신성한 에너지를 일깨우는 것과 같은 이치이다.

관리자가 자주하는 실수 중 하나는 이사진에게 믿음을 주지 못하는 것이다. 관리자는 회사 미팅이나 시상식 뒤풀이와 같은 곳에서 스스로에 대한 자화자찬을 늘어놓고는 한다. 관리자는 이것이 자신의 승진 등에 도움이 될 것이라 생각하지만, 우리가 지금껏 토론해 온 바에 근거하면 이러한 상황에서는 자신이 아닌 부하직원들을 칭찬하는 것이 훨씬 낫다. 왜냐하면 책임 수행이 성공적이지 못했다면, 관리자는 감사의 말을 전할 위치도 유지하지 못했을 것이기 때문이다. 긍정적 말처럼, 감사할 줄 아는 태도 역시 결국에는 더 많은 것을 돌려준다.

| 비즈니스를 위한 통찰 |
가진 것에 만족하는 마음가짐은 그 자리에 안주하게 만들기 때문에 비즈니스에 도움이 되지 않는다. 하지만 가진 것에 행복해 하는 마음가짐은 성공하기 위한 필수요소이다. 직원이나 거래처, 그리고 하나님께 감사의 뜻을 전하는 것도 잊어서는 안 된다.

| 인생을 위한 통찰 |

행복해져라. 불행은 더 큰 불행을, 행복은 더 큰 행복을 부른다. 비즈니스와 마찬가지로 인간관계에서도 행복은 더 행복한 관계를 만들 것이다.

chapter 4

결코 의심하지 말라!

랍비 이스라엘 바알 셈 토브(Israel Baal Shem Tov, 1698-1760)는 유명한 유대 신비주의자이자 현대 하시디즘 유대교의 창시자이다. 어릴 적 돌아가신 그의 아버지가 남긴 유언은 "하나님을 제외하고 그무엇도 두려워 말거라."였다. 그는 이 말을 가슴깊이 새겼고, 인생의 철학으로 삼아 성공을 일구어 냈다. 그는 수많은 이들의 인생에 영향을 미쳤으며, 그의 철학과 인생관은 그들의 인생에 지금까지도 아로 새겨져 있다. 그는 두려움 없이 살았다. 그의 인생은 두려움의 원인인 근심이나 의심과는 연관이 없는 듯 보였다. 그는 자신의 꿈을 망설임 없이 쫓았고, 실현될 것이라고 믿었다. 그리고 결국 하시디즘의 창시자가 되는 데 성공했다. 그는 지금까지도 유대교의 가장 성공한 사람 중 하나로 꼽히고 있다.

두려움의 개념은 앞에서 이미 다루었으니 여기서는 두려움의 근원인 의심에 대해 집중하도록 하겠다. 두려움이 없다면, 의심할 여지가 없다. 그저 앞으로 나아가며 할 일을 하면 될 뿐이다. 하지만 변화를 요하는 일이나 다가올 미래에 대해 두려움을 느낀다면 의구심이 생기기 마련이다. 의심은 부정적인 에너지를 전달하기 때문에 당신이 목표에 도달하는 것을 방해한다.

만약 당신이 "이 계약을 성사시키고 싶지만, 의심이 든다."라고 말하거나 "그 고객과 일하고 싶지만 그에 비하면 내 비즈니스는 너무 작다."고 한다면, 신성한 에너지에 부정적 의심의 에너지가 스며들어 자가 충족 예언이 되는 경우가 많다. 이 때문에 두려움을 극복하고 긍정적 사고를 하는 것이 중요하다. 두려움이 없을수록 긍정적 결과를 내기가 쉽고, 긍정의 힘이 클수록 더 나은 삶과 성공을 얻을 수 있다.

부정적 에너지를 가져오기 때문이 아니더라도, 의심은 비즈니스를 할 때 품어서는 안 되는 마음가짐이다. 의심은 비즈니스에 영향을 준다. 특히 현황이 잘 유지되면 중간관리자가 보상을 받고 위험한 상황이 되면 반대로 징계를 받는 시스템일 때에는 심각한 손상을 줄 수 있다. 의심에 대한 해결책은 희망과 결합된 지식이다. 회사가 당신의 과감한 행동을 옹호하는 입장이라면, 회의 시간에 다른 사람들이 "만약 효과가 없다면요?"같은 뻔한 질문을 던지더라도 지지 말라.

지식과 정보에 근거하여 당신의 계획이 어떻게 수행될지를 설명하고, 긍정적 사고방식을 통해 희망과 열정을 가지고 토론에 임하

라. NGN 캐피탈의 공동 창립자이자 경영진 아래에서 헬스케어 벤처금융으로 3억 달러 이상을 투자한 케네스 아브라모비츠(Kenneth Abramowitz)는 "나의 동료들은 진정한 열정을 존경한다. 하지만 열정만 있고 질문에 대답할 수 있는 지식이 없다면 그 사안은 기각해 버린다."고 말했다.

| 비즈니스를 위한 통찰 |
성공한 비즈니스맨들이 공통적으로 가지는 특징은 의심을 하지 않는 것이다. 기회가 있으면 두려움 없이 그것을 쫓고, 불합리한 의심을 버려라. 의심은 신적 지성에서부터 오는 긍정 에너지를 멀어지게 한다는 사실을 기억하라.

| 인생을 위한 통찰 |
자기 의심은 당신이 꿈을 이루지 못하도록 막을 것이다. 의심이 있다면 어떤 분야에서도 성공하지 못한다.

부정적인 감정을 버려라

부정적 에너지의 근원에는 의심 말고도 좌절이 있다. 좌절감을 털어내지 못하면 어떻게 될까? 아침마다 기분 좋게 일어나지 못할 것이다. 그럴 때면 명상을 통해 일시적으로라도 부정적 생각을 쫓아내고, 긍정적으로 생각해 보자. 예를 들어 "나는 X가 일어나는 것을 원치 않는다."라고 부정적으로 표현하기보다, "Y가 되었으면 좋겠다."라는 식의 긍정적인 말로 바꾸어 말하는 것이다. 혹은 '나쁜'이라는 단어 대신 '좋지 않은'이라는 표현을 쓰는 것도 좋은 방법이다. 그러나 이렇게 하더라도 마음 속 깊은 곳의 부정적 감정에는 변화가 필요하다. 비관은 부정의 근원이며, 신적 지성으로부터 부정적인 속성을 끌어오기 때문이다.

해결책은 간단하면서도 복잡하다. 자기지각을 바꾸면 된다. 자기 자신을 있는 그대로 받아들이는 일은 말처럼 쉬운 것이 아니다. 가족이 바라보는 당신도, 이웃들이 판단하는 당신도, 영웅이며 비즈니스 거물인 당신도 아니다. 자기 자신을 완전히 있는 그대로 바라봐야 한다. 여기서 '완전히'라는 말은 스스로에게 온전히 진실되라는 뜻이다. 당신은 자신의 내면 깊은 곳을 들여다 보고, 자신의 영혼을 이해할 수 있어야 한다.

성공이나 실패를 표면적인 물질의 성취 여부로 판단하지 말라. 제6부에서 언급했듯이 성공에 대한 기준은 개인마다 모두 다르다. 그러나 이 단계를 깨닫기 위해서는 자기 자신과 개인적으로 깊숙이, 진실되게 교류해야 한다. 인위적인 표면을 걷어내고 자신을 드러내야 하는 것이다. 자기 자신을 타인의 시선이 아닌, 완전한 개인으로서 있는 그대로 바라보아야 한다.

당신은 존재하는 그 자체로 이미 완벽하다. 이것은 카발리스트가 세상의 더 깊은 현실을 보기 위해 연구하기 시작한 개념이다. 표면적으로는 물질이라 불리는 모든 것들을 볼 수 있다. 그러나 표면을 벗겨내고 나면, 그 안에 존재하는 모든 것을 유지하는 신성한 에너지에 직접 연결될 수 있다. 또한 신성함보다 높은 존재는 없기 때문에, 물질은 상대성을 잃는다.

자신을 심도 있게 보는 사람들은 자신의 위치를 편안하게 받아들인다. 자세한 과정을 배우기 원한다면 다음의 순서를 따라 해보길 바란다. 먼저 스스로 성취한 것들에 대하여 생각해 본 후, 그 성공을 이루었을 때 어떤 기분이었는지를 떠올려 보자. 그리고 그 성공이 진정한 자기 자신인가를 질문해 보라. 그 성공이 아니었다 해도 지금의 모습이었겠는가? 학위를 따지 않았더라도 당신은 똑같은 사람이었겠는가? 물론 같은 사람이라는 결론이 나올 것이다. 당신이 쉽게 자신이라고 생각하는 모습을 잘 살펴보면, 진짜 당신이 아닐 수도 있다. 그저 세상의 물질이라는 옷을 입은 것뿐이다.

그렇다면 지금 입고 있는 옷을 벗으면 당신 자신이 되는가? 즉, 육체가 자기 자신인가? 대답은 '아니오'이다. 당신은 단백질, 세포, 장기들로 이루어진 복합체라고 하기에는 훨씬 복잡한 존재이기 때문이다. 그렇다면 다시 한 번 질문을 던지자. 당신은 무엇인가? 대답은 자신의 내면에 존재하는 무언가일 것이다.

당신의 영혼을 에너지, 혹은 원하는 다른 이름으로 지칭할 수도 있다. 이 단계에서는 자신이 완전하다고 느끼는지 질문해 보자. 성취감을 느끼기 위해 당신의 영혼은 무엇을 해야 하는가? 생각이 당신의 내면 가장 깊은 곳에 닿았다면, 살아있다는 사실 자체로 완전하다고 느낄 것이다. 영혼은 표면 혹은 물리적인 첨가제로 그 속을 채워줄 필요가 없다.

그리고 당신이 내면의 참영혼과 닿았다면, 성공을 측정하는 표면적 척도가 불합리하다는 사실을 깨달을 것이다. 이제 당신은 자신이 처한 상황에 대한 부정적인 생각과 감정을 뿌리칠 수 있다.

그러나 이 '간단한' 과정을 실행하기가 결코 쉽지만은 않다. 매번 자신의 내면 깊은 곳까지 들여다보기를 반복해야 하기 때문이다. 하지만 이 습관이 몸에 익숙해지기만 하면 긍정적인 사고와 감정을 완전히 자기 것으로 만들 수 있다. 그리고 더 이상 자기의심이나 남과의 비교 때문에 자신을 괴롭히지 않을 것이다.

이 전략이 가져다 주는 유익은 크게 두 가지이다. 먼저 인생이 더 편안해진다. 그리고 다음으로, 긍정적 인생관과 감정을 가질 수 있다. 때문에 비즈니스나 인생으로 더 좋은 일들을 끌어오는 선순환이 반복된다.

이것은 비즈니스맨을 위한 진실된 지혜이자 조언이다. 돈이 비즈니스 성공여부의 척도이자 주된 목적이 되어서는 안 된다. 모든 비즈니스의 목적은 차별화된 경영 전략에서 비롯된 성공과 그 비즈니스만을 위한 성공의 정의를 내리는 것이어야 한다. 다른 비즈니스와 비교하지 않는다면 당신은 지금보다 행복하고 긍정적인 성취를 얻을 수 있으며, 훨씬 더 큰 긍정의 힘을 불러일으킬 수도 있다.

| 비즈니스를 위한 통찰 |

부정적 감정은 당신이 비즈니스나 사업의 목표를 달성하는 길을 방해한다. 그러니 부정적인 감정이 생긴다면 빨리 뿌리치도록 노력하자.

| 인생을 위한 통찰 |

세상에는 이웃이나 친구, 친척들과 비교하고 경쟁하는 것보다 가치 있는 일이 더 많다. 이제 자신의 내면을 들여다보며 긍정적인 감정과 평화로운 마음을 가지기 바란다.

chapter 5

당신의 내면과 외면은
얼마나 일치하는가?

신적 지성으로부터 긍정적 힘을 끌어 모으는 것을 단념하게 하는 문제가 있다. 바로 우리 자신을 속이는 일이다. 우리는 대개 행복한 척하면서 진정 행복하다고, 사랑하는 척하면서 정말 사랑한다고 착각한다. 하지만 행동이 반드시 느낌을 반영하지는 않는다. 서양에서는 비사교적인 사람을 불행하다고 여기므로, 사람들은 좀처럼 자신의 부정적인 감정을 잘 드러내지 않으려 한다. 부정적 감정으로 타인의 감정까지 상하게 하지 않으려는 의도가 있기는 하지만, 겉과 속이 다른 상태가 유지되는 것은 이상적이지 않고 도리어 매우 해롭다.

탈무드에서 고대 유대인 지도자인 라반 가말리엘(Rabban Gamliel)은 진실하지 못하다고 생각되는 학생들에게는 공부를 가르치지 않았다(브라홋 28a). 그는 "겉과 속이 같은 학생"만을 받아들였다고 전해진다. 그렇다고 분노나 슬픔을 있는 그대로 바깥에 드러내라는 말은 아니다. 적어도 행복하다는 표현을 했다면 내면에서도 행복을 느껴야 한다는 것이다.

가말리엘은 실제는 그렇지 않음에도 불구하고 스스로의 영적인 면과 지적인 면 모두를 높이 평가하는 사람들을 경계했다. 카발리스트는 내면이 외면과 일치해야 한다고 말했다. 이러한 사람을 '내적 인간'이라는 뜻의 페니미(penimi)라고 칭한다. 지금까지 논의한 것을 바탕으로 우리는 내면과 외면이 일치해야 행복할 뿐만 아니라, 비즈니스적으로도 성공한다는 사실을 알 수 있다.

그런데 사람들은 행복하지 않음에도 행복한 척 행동하여 스스로를 속인다. 여기서 중요한 것은 외적인 행동이 아니라, 내면에서 생각하고 느끼는 감정이 주가 되어야 한다는 것이다. 기분이 좋고 행복함에도 불구하고 우울해 보이는 경우도 있다. 예컨대, 강도가 아주 센 업무를 담당하고 있지만 그 일이 아주 순조롭게 진행되고 있는 경우를 상상해 보자. 당신의 표정은 진지하고 긴장되어 있으며 우울해 보이겠지만, 당신의 내면은 행복과 비슷한 감정을 느끼고 있을 것이다.

그렇다면 우리는 어떻게 행동해야 할까? 답은 다음의 격언으로 대신할 수 있다. '진짜 긍정적인 마음을 가질 수 있을 때까지 그런 척 행동하라.' 즉, 지속적으로 긍정적이며 행복한 듯 행동하면, 결국 그렇게 될 것이라는 뜻이다. 따라서 부정적인 척을 하는 것보다 긍정적인 척을 하는 것이 좋다. 당신의 목표는 내재된 감정과 행복한 겉모습을 일치시키는 것이다. 내면과 외면이 일치하면 에너지를 끌어 모으는 힘도 지속되므로, 신성한 에너지도 더 쉽게 당겨올 수 있다.

호프만 PR 에이전시: 진짜를 찾아라!

루 호프만(Lou Hoffman)이 1986년에 주력 관계사를 떠나 자신만의 PR 회사를 차리고자 결정했을 때, 그는 자신이 다른 회사들과 특별한 차별점을 두고 싶었다. 당시 캘리포니아 토박이였던 52세의 호프만은 "직원으로서나 고객으로서나 방향을 잃었기 때문에, 내가 원하는 것은 전환이었다."라고 말했다. 당시 대개 기업은 PR 대행사와 몇 개월 단위로 계약한 후, 그 기간이 지나면 새로운 파트너를 찾는 것이 관행이었다. 그 결과 계약 기준이 엄격해졌고, PR 대행사 측에서도 즉각적인 수익이 없는 조언은 하려 들지 않았다. 그리고 여성 집약적인 산업임에도 불구하고, 육아휴직을 이유로 여성들은 임시직과 같은 취급을 받아야 했다.

그래서 호프만은 자신만의 회사를 세운 후, 광고 페이지에 '의사가 될 수도 있었는데!'라는 문구가 적힌 왕진 가방 사진을 실었다. 다음 페이지에는 '변호사가 될 수도 있었는데!'라는 문구가 적힌 서류 가방이, 그 다음 페이지에는 손을 허리에 올리고 호프만을 향해 인상을 찌푸리고 있는 그의 어머니 사진을 실었다. 그녀는 아주 전형적인 유대인 엄마의 모습이었다. 그 밑에 적혀있는 문구는 "그러나 그는 마케팅과 커뮤니케이션 비즈니스를 혼합한, 완전히 새로운 에이전시를 시작했어."였다.

엄마를 모델로 삼아서든, PR의 마법사로서 알려져 있었기 때문이든, 호프만 PR 에이전시는 수많은 고객들을 유치하게 되었다. 그는 우선 전 회사에서보다 훨씬 더 많이 베푸는 전략을 세웠다. 그는 회사가 그들과 함께 성장할 수 있도록, 빠른 수익 대신 장기성장을 위한 맞춤형 서비스를 제공하기로 약속한 것이다. 하지만 그 약속은 고객들의 믿음이 필요했으며, 돈을 위한 단순한 기술적 거래가 아닌 깊은 비즈니스 관계도 필요했다.

결과적으로, 호프만 PR 에이전시는 매우 성공한 회사가 되었다. 그의 회사는 수백 명의 고객들과 거래하며 세계 각국으로부터 매해 천만 달러 이상의 수익을 벌어들였다. 2007년에는 회사를 시작하도록 도와줬던 일명 원년멤버이자, 여전히 거래를 지속하고 있는 고객들과 함께 창립 20주년 기념행사를 진행하기도 했다.

그리고 호프만은 재능 있는 PR 전문가를 스카우트했다. 그가 내세운 육아휴직 복지는 다른 어떤 경쟁사보다 월등히 좋았기 때문에 유능한 인재를 끌어들이기란 그리 어려운 일이 아니었다. 오늘날에는 기업들이 육아와 관련한 복지를 제공하는 것이 당연하지만 그

시대에만 하더라도 아주 획기적인 시도였다. 즉, 호프만은 그야말로 '워킹맘'에게 제2의 인생을 열어 준 장본인이라고 할 수 있다.

곧, 호프만 PR 에이전시의 직원들은 그곳에서 일한다는 사실 자체로 다른 사람들보다 높이 평가받는 시대가 되었다. 회사는 가족적인 분위기와 고객들에게 제공하는 훌륭한 서비스로 유명해졌다. 하지만 인재를 채용하는 것은 점차 어려워졌다. 그는 채용 면접에서 적합한 인재를 찾고자 많은 시간과 노력을 할애하기 시작했다. 그리고 몇 년 후, 라반 가말리엘도 감탄할 만한 시스템을 개발해 냈다. 호프만은 "채용면접에서는 다들 활발하고 유망해 보인다. 문제는 모두가 직장을 다니며 그 모습을 유지하는 것은 아니라는 사실이다. 내가 직접 면접을 진행하는 이유는 그 사람의 진실성을 알아내기 위함이다. 내면이 외면보다 훨씬 중요하다."고 말했다.

호프만은 공적 인간관계를 위해 후보자 내면의 진실성을 찾는다는 사실을 인정했다. 전형적인 영업사원처럼 과도한 친절과 웃음으로 활달함을 가장하는 사람을 경계하며 거르기 위함이었다. 진정한 비즈니스 전문가는 고객들에게 진실성 있는 열정을 가지고 다가가는 사람이다. 호프만은 "내면과 외면이 같은 사람을 찾고 있다."고 말했다.

호프만은 진실한 사람을 찾기 위해 지원자들의 주변 사람들까지 직접 확인하기 시작했다. 잠재적 직원이 일방적으로 제공하는 장점

리스트를 단순히 전달받는 것이 아니라, 직접 나서서 그와 함께 일했던 사람들의 말을 듣고, 부하로서 어떤 사람이었는지를 조사하는 것이다. "옆에 앉은 동료나 안팎으로 함께 일했던 사람이 그 사람의 진가를 알 수 있기 때문에, 그들의 말은 확실히 믿을 가치가 있다고 판단한 것이다."라고 그는 말한다.

그 다음은 면접이다. 그는 안내 담당자에게 먼저 면접자와 가벼운 대화를 나누도록 한 후 면접자가 그를 어떻게 대했는지 이야기하도록 했다. "이곳에는 계급체계가 없고, 직원 모두가 동등하다. 안내를 담당하고 있다고 오만한 태도를 보였다면 우리 회사에 맞지 않는다."는 생각 때문이었다.

면접을 보는 동안에는 빠른 속도로 쉴 새 없이 질문을 던져 면접자를 혼란스럽게 했다. 그는 "난 그 사람이 무엇에 열정을 보이는지 알고 싶다. 취미, 스포츠, 음악 어떤 것이든지 상관없다. 그 주제에 대해 길게 이야기하다 보면, 어느새 눈이 반짝반짝 빛나는 열정적인 모습이 드러난다. 그때서야 비로소 면접자는 가면을 벗고, 본연의 모습을 드러내는 것이다. 그러면 그 사람에 대한 판단이 훨씬 쉬워진다."라고 말했다.

호프만은 전직 TV 앵커였던 한 면접자를 떠올렸다. 그녀는 PR 분야의 최고가 되고 싶다고 했다. 그는 "그녀가 이야기한 것은 다 맞는 말이었고, 대답도 완벽했다. 하지만 지극히도 사전적인 답변들뿐이었다."라고 회상했다. 그녀는 면접을 진행하는 몇 시간 동안 열정을 보여주지 못했다. 그리고 열정이 없는 준비된 답변들은 마치 깡통에서 나오는 말처럼 진실성이 없기에, 고객들에게는 아무런 가치가 없다.

2007년, 〈하버드 비즈니스 리뷰〉의 기사 중에는 '사람들로부터 최대한 많은 수익을 얻어라'라는 내용이 있었다. 이 기사를 통해 로리 바시(Laurie Bassi)와 다니엘 맥무러(Deniel McMurrer)는 "많은 경영진들이 아직도 직원을 비용으로 생각한다. 이 생각은 기업 입장에서 굉장히 위험하다. 왜냐하면 사람들이야말로 기업의 장기적인 경쟁력이기 때문이다. 직원에 투자하지 않는 기업은 자신의 성공과 생존을 위협하고 있는 것이다."라고 했다. 이렇듯 많은 기업가들은 여전히 회사의 가장 큰 강점이 직원으로부터 온다는 점을 깨닫지 못한다. 그러나 호프만은 예외였다. 그래서 기업에 가장 적합한 직원을 채용하기 위해 외면과 내면이 같은 사람을 찾아내고자 한 것이다. 그의 전략은 직원들의 내면과 외면 모두가 진실되고 긍정적이라는 사실을 확인시켜주었기 때문에, 또 다른 긍정적 에너지를 가져올 수 있었다. 처음에 그의 어머니는 호프만의 직업 선택에 대하여 반대했지만, 지금 그의 회사는 그녀의 기대 이상으로 순조롭게 성장하여 롱런하고 있다.

| 비즈니스를 위한 통찰 |

새로운 직원을 고용하거나 비즈니스 파트너를 찾으려면, 외모와 태도, 그리고 내면의 진실성이 모두 합쳐져 시너지를 창출할 수 있는 사람인지를 잘 살펴라. 내면과 외면이 통합된 사람은 긍정적인 에너지를 불러오며, 함께 일할 때도 즐겁기 때문에 비즈니스에 긍정적 효과가 있을 것이다.

| 인생을 위한 통찰 |

실생활에서 겉과 속이 다른 배우 노릇을 하는 것은 당신에게 아무 이익도 되지 않는다. 내면과 외면이 같은 사람이 되어라. 그리고 나아가 내면과 외면이 긍정적인 사람이 되어라.

세상에는 우리가 겉으로 볼 수 있는 것보다 훨씬 많은 일들이 있다. 존재하는 모든 것을 신성한 에너지가 움직인다는 사실에 대해 명상하고 깊이 빠져 들어라. 이러한 생각과 명상이 신성한 에너지에 직접 닿으면, 그 힘을 인생으로 끌어 모을 수 있다.

당신이 사용하는 언어와 생각의 유형에 대해 생각해 보라. 긍정적인가, 부정적인가? 행복한가, 불행한가? 감사히 살고 있는가? 낙관주의인가? 당신이 부정적인 영역으로부터 빠져나와 정말 성공을 바라보고 있는지 분석해 보라. 당신이 하고 있는 부정적인 생각과 성공하지 못하는 이유의 연관성도 찾아보라. 이 현실을 마주하게 되면, 긍정적으로 생각하고 말하기 위한 강력한 동기를 부여받게 될 것이다.

Part 9

현명해지는 방법:
성공한 비즈니스맨들은
어떤 특징을 갖고 있을까?

분노의 고삐를
완전하게 풀어서도,
열정이 당신을 지배하게
내버려 두어서도 안 된다.

He should not let loose the reins of anger,
nor let passion gain mastery over him.

-마이모니데스, 《방황하는 사람들을 위한 안내서》 중

제2부에서는 진실된 희망과 열망을 찾고, 동기를 부여하는 법에 대해 이야기했다. 하지만 이를 충동을 따르는 것과 혼돈해서는 안 된다. 사람들은 파괴적인 길을 걷게 만드는 감정적 충동을 극복하는 일을 가장 어렵게 생각한다. 파괴적인 유혹과 마주치게 되면, 부적합한 애착과 욕망이라는 감정에 사로잡힌다. 사람들은 부당한 취급을 받으면 복수하고자 하는 강렬한 욕망에 사로잡히며, 다른 사람의 성공 소식을 들으면, 강한 질투를 느낀다. 한편 분노하면, 그곳에서 빨리 빠져나오고 싶어 한다. 이처럼 사람들은 감정에 의해 행동하려는 의지가 강하지만, 그다지 좋은 방법은 아니다. 아비들의 윤리(4:1)는 "가장 강한 사람은 누구인가? 바로 충동을 정복하는 사람이다."라고 했다. 이는 비즈니스와 인생에 모두 적용된다. 예를 들어 판매가 부진한 상황에서 재고목록을 보면 돈을 잃을까 겁을 먹거나, 그로 인해 성급하게, 현명하지 못한 결정을 내릴 수도 있다. 또 경쟁자가 근처에 가게를 오픈하면 적대적인 감정을 느낄지도 모른다. 감정 그대로를 따르는 것은 결코 좋은 방법이 아니다.

탈무드에 의하면, 모든 인간은 두 가지 힘 사이에서 몸부림친다. 각각 '선한 성향(yetzer ha'tov)'과 '악한 성향(yetzer ha'ra)'이 그것이다. 선한 성향은 이성에 의해, 악한 성향은 완전한 감정 충동에 의해 정해진다. 당신이 경험한 심각한 딜레마를 떠올려 보자. 감정과 이성이 동시에 당신의 양팔을 잡아당겼는가? 딜레마의 양 극단은 이처럼 감성과 이성에 의해 만들어진다.

　사람들은 자신 안에서 일어나는 감성과 이성의 충돌을 잘 깨닫지 못한다. 때때로, 정말 원하는 일임에도 해야 한다고 느끼지는 못할 때도 있다. 유명한 유대인 철학자는 자신에게 주어지는 모든 선택권을 이성과 감성 사이의 선택이라고 지칭했다. 이는 인생의 모든 측면에 적용된다. 감정으로 인한 행동은 비즈니스나 가정에 파멸을 불러올 수 있다. 반면 이성은 개인적 혹은 재정적 파괴를 부르는 행동을 억제해줄 수 있다. 성공을 위한 열쇠는 감정적 충동과 그를 억제하도록 설득하는 이성 간의 밸런스를 맞추는 것이다.

chapter 1

신의 한 수:
삶의 균형을 잡는 법

토라에는 감성과 이성이 균형을 맞춰, 행동으로 이끌기 위한 지혜가 있다. 그리고 이 방법에 대해 자세히 알려줄 선생님은 신이라고 말한다.

토라는 인간이 신의 길을 걸어야 한다고 이야기한다(신명기 28:9). 또한 탈무드는 다음과 같이 명시하고 있다(소타 14a). "창세기 3장 12절에 '여호와 하나님이 아담과 그의 아내를 위하여 가죽옷을 지어 입히시니라'고 나와 있는 것처럼 하나님이 벌거벗었다면, 당신도 옷을 벗어야 한다. 창세기 18장 3절에 '이르되 내 주여 내가 주께 은혜를 입었사오면 원하건대 종을 떠나 지나가지 마시옵고'라고 나와 있는 것처럼 하나님께서 환자를 섬겼다면 당신도 그래야 할 것이다. 또 창세기 25장 11절에 '아브라함이 죽은 후에 하나님이 그의 아들 이삭에게 복을 주셨고'라고 쓰였듯이 하나님이 문상객을 위로했다면 당신도 그래야 한다. 신명기 34장 6절에 '하나님은 모세를 모압 땅 벧브올 반대편 골짜기에 묻으셨더라'라고 나온 것처럼 신이 땅에 묻어 장례를 치렀다면 당신도 그래야 한다."

마이모니데스는 이것을 토라만의 독립된 행동수칙(미츠바, mitzvah)로 보고, 인간은 신을 모방하여 그 능력을 극대화하도록 명령받았다고 설명한다. 이는 우리에게 신이 행했다고 묘사되는 고차원적 기여와 모범이 되는 행동을 모방해야 할 의무가 있다는 뜻이다. 아름답고 자비로우며 친절한 신의 면모를 배우고 따라야 하는 것이다. 여기에는 모방 그 이상의 의미가 있는데, 이 명령에는 비즈니스 관리를 위한 아주 유용한 지혜가 내재되어 있다.

하지만 먼저 '신을 모방한다'는 문장의 의미를 알아야 한다. 신의 의도를 아는 것이 불가능하기 때문에 이는 굉장히 어려운 개념이다. 마이모니데스(앞에서 언급된 유명한 유대인 철학자)는《방황하는 사람들을 위한 안내서》로 알려진 자신의 철학서를 통해, 인간은 신에 대해 알 수 없지만 그의 행동에 대해서는 알 수 있다고 했다. 토라는 신이 친절하고 연민이 있으며, 자비로우면서도 화를 잘 내지 않고, 믿음직하다고 묘사했다. 하지만 마이모니데스는 신이 연민을 가진 것처럼 행동하지만, 사실 인간에게 공감할 수는 없다고 한다.

신은 인간이 아니기 때문이다. 인간은 공감이 생기는 상황이 오면 연민을 느끼고, 그 대상을 더욱 따뜻하게 대한다. 이렇듯 이론상으로 감정은 외부 상황에 영향을 받는다. 하지만 신은 전지전능하기 때문에 감정에 의해 좌우되지 않는다. 만약 신이 외부 상황으로 인한 연민에 의해 흔들린다면, 신이 아닌 다른 무언가가 그에게 변화를 줄 수도 있다는 의미가 된다. 신만큼의 힘을 갖는 무언가가 존재한다는 뜻이다. 그러므로 마이모니데스는 신이 유일하고 전지전능하다면(즉, 그보다 강력하거나 동일한 힘을 가진 존재가 없다면) 신에게 감정이 있을 수 없다는 결론을 내렸다. 하지만 신이 공감이나, 사랑, 화 등 사람이 가지는 감정적 반응을 이유는 표현하는 것이(실제로 느끼기보다는) 불가능한 것은 아니다. 다만 신이 화를 내거나 자비를 베푸는 이유는 그 순간의 상황에 정당하기 때문이다. 카발리스트가 '신이 감정을 가진다'고 말하는 것 역시 신이 연민, 자비, 격노 등의 '감정을 행동으로 표현한다'는 뜻이다.

예를 들어 신이 사랑이라는 감정을 행동으로 표현하는 이유는 사랑이 정당하기 때문이다. 신은 그를 자극하는 감정에는 반응하지 않지만, 신적 지성의 기준으로 특정 상황에 필요한 일이라면 행동에 옮긴다. 이는 사랑, 분노, 연민 혹은 그 무엇이 되었든 열정 없이 행해진다는 이야기는 아니다. 감정에 휘둘리지 않고 이성에 의해 자신의 행동을 좌우한다는 뜻이다. 마이모니데스는 책임을 갖는 자리에 있는 사람은 누구나 신의 인도를 따르기 위해, 이성이 시킬 때만 감정적 표현을 행동에 옮기려고 노력해야 한다고 했다. 또한 감정에 지배당해 행동해서는 절대 안 된다고 말했다.

사람들은 때때로 감정적 반응에 의해 행동을 한다. 직원들, 동료, 가족이 자신을 부당하게 대우하거나 화를 내면, 그들에게 같이 분노하여 역효과를 낳고는 한다. 또 탈무드가 말한, 자신 혹은 사회의 이득이 되지 않는 일에는 연민을 가지지 않는 사람들(이해심이 부족한 사람들)도 있다(브라홋 33a). 단지 넘치도록 버거울 정도의 연민을 느낀다고 해서 친절한 것은 아니다. 열정이 담긴 행동은 이성에 의해 움직여져야 한다. 감정에만 치우친 행동은 언제나 위험하고 잘못된 결정으로 당신을 이끈다.

제6부에서 만나본 래리 미젤(Larry A. Mizel)은 이 부분을 반복하여 강조하였다. 그는 법대에서 공부하는 동안 연역적 추리를 통해 이러한 요소들을 비즈니스에 적용하였다. 그는 "비즈니스를 결정하기에 앞서 핵심요소를 잡아내는 능력에 대해 생각해 봤다. 일반적으로 충동적 행동은 이유에서부터 잘못되었음으로 잘못된 것이다. 즉, 좋은 아이디어임을 감으로 느끼고 결정한다면 체계가 잡히지 않으며 계획이 세워지지도 않아 세심하게 실행되기 어렵다"고 했다.

비즈니스맨은 종종 비효율적으로 일하는 직원을 해고할 것인지를 두고 힘든 결정을 내려야 하는 상황과 마주한다. 한 사람의 직장을 없앤다는 결정은 비록 단기적일지라도 한 가장의 생계를 끝내는 것이다. 가정을 모두 절망의 구렁텅이로 밀어 넣을 수도 있는 일이다. 대개 건강한 마음을 가진 사람은 직원들을 연민으로 대하고 한

번의 기회를 더 주어 발전할 수 있도록 인도한다. 한편 비효율적으로 일하는 직원에게 화가 났다면, 개인사정을 더 이상 봐주는 일 없이 해고하기도 한다. 모두 감정이 인도하는 일이다. 이성은 비즈니스와 직원 모두를 위해 그 감정을 조절할 수 있도록 해준다. 직원을 해고하는 일이 정당한 일이라면, 최소한 예의를 갖출 것이다. 직원을 잡아두는 것이 맞지 않다고 생각한다면, 이성적으로 그가 비즈니스에 주는 영향을 차차 줄여갈 수도 있다. 즉, 연민에 의한 행동은 좋은 영향을 준다. 하지만 감정에만 치우쳐 행동해서는 안 된다. 이성이 감성을 이끌어 주는 역할도 해야 하는 것이다.

또 다른 이유도 있다. 조금만 무분별한 행동을 해도 금세 이성을 잃는 사람들이 있다면 특히 행동을 조심해야 한다. 이 부류의 사람들은 가까운 가족조차도 긴장을 해야 할 정도로 모두에게 똑같이 행동한다. 이는 감정에 의해 행동이 지배당했기 때문이다. 그러나 이러한 행동 방식이 잘못된 것임을 깨닫는다면 그들 역시 다른 사람들과 원만히 지낼 수 있을 것이다.

국제적 해운회사 파라곤 라인(Paragon Lines, Inc)의 창립자이자 회장인 루이스 크래비츠(Louis B. Kravitz)는 이 개념이 어떻게 비즈니스에 적용되는지 설명해준다. 그는 경력을 쌓는 내내 직원들을 보살피려 노력했다. 크래비츠는 "책임자는 다른 자산을 아끼는 것만큼 직원에도 관심을 쏟고 아껴야 한다."고 했다. 직원에게 가족이나 재정적 관련 문제가 생기면 크래비츠와 그 회사는 대개 도움을 주고자 기꺼이 나섰다. 크래비츠는 이를, 고생하는 이들에 대한 감정에서부터 오는 연민을 표현하는 행동이라고 묘사했다. 그는 문제를 가라앉히는 것뿐 아니라, 그 사람이 짐을 덜고 안심할 수 있도록 물질적 지원까지 아끼지 않았다.

그러나 크래비츠의 회사는 이 때문에 힘든 시간을 보내기도 했다. 그는 장부담당자가 집안 사정으로 인해 고생하는 동안 월급은 그대로 유지하되 재택근무를 하도록 배려해 주었다. 연말이 되어서야, 크래비츠는 장부 관리업무가 제대로 되어있지 않아 회사에 치명적인 문제를 가져왔음을 발견했다.

그럼에도 불구하고 크래비츠는 여전히 연민의 법칙을 믿었다. 직원들에게 문제가 있을 때는 언제나 유동적으로 대처했다. 그는 이에 대해 감정적 결정만큼이나 이성적 결정을 해야 할 문제라고 생각했다. 그는 "이성은 연민의 균형을 잡아준다. 이성은 대개 직원들을 이런 식으로 도우면 회사에 손해일 것이며 장기적으로는 직원들에게조차 손해일 것이라고 속삭인다. 어떤 사람은 사람들의 태도와 상황을 변화시키기 위해 도구만 제공하면 된다고도 한다. 하지만 그 도구를 선택하고 제대로 사용하는 것은 개인의 자유이다. 10명을 도와서 한 사람의 일이라도 잘 해결되었다면, 도우려는 노력에 대해 충분히 보상받은 것이라고 생각한다."라고 말했다. 그의 말인

즉슨, "연민으로 시작하였지만 그 연민이 이성의 범주 안에 있다면, 그것이 회사를 위한 이상적인 시나리오는 아니더라도 개인을 위해서는 가장 도움이 되는 방법"이라는 것이다.

이런 행동의 혜택은 명백하다. 순전히 감정에 의거하여 상대방에게 연민어린 행동을 하는 것은, 우리의 행동이 도움이 될 것이라고 믿기 때문이다. 하지만 현실에서는 그렇지가 않다. 타인에게 돈을 주거나 추가적으로 발전할 기회를 주는 것은 실제로 그들을 도와주지 않는 경우가 많다. 이 사실을 이해한다면, 당신의 도움이 역효과를 낳거나 비즈니스에 실패를 가져올 경우를 줄여나갈 수 있다.

| 비즈니스를 위한 통찰 |
충동적으로 비즈니스 결정을 내리지 마라. 대부분의 경우 잘못된 결정이다. 항상 철저히 고려해보아야 한다. 이를 실천할 수 있다면, 그것이 바로 가장 큰 비즈니스 자산이다.

| 인생을 위한 통찰 |
'마음 가는 대로 하라'는 문구대로 당신의 삶을 산다면 대참사가 일어날 것이다. 서로의 관계가 제대로 진행되지 않는다면, 아무리 마음이 원한다 해도 시작해서는 안 된다. 시간이 흐름에 따라 그 사람은 잊혀질 것이다. 그리고 당신이 사랑하고 또 이성적으로 편하게 생각할 수 있는, 또 다른 사람이 나타날 것이 분명하다.

빅터 니더호퍼(Victor Niederhoffer): 감정을 믿지 마라!

빅터 니더호퍼는 금융시장을 쥐락펴락 하는 헤지펀드 매니저이다. 그는 이기는 게임도 지는 게임도 수차례 해왔다. 그는 자신의 거래 방식에 청소년기 때 뉴욕 브라이튼 해변에서 경마를 하며 배운 원칙을 똑같이 적용했다.

니더호퍼는 월가(Wall Street)의 괴짜로 알려져 있다. 내셔널 인콰이어러(The National Enquirer, 그는 회의에서 토론을 하기 위해 이 타블로이드 판 잡지를 직원들에게도 읽으라고 강요했다.)를 제외하고는 신문도 읽지 않았다. 또 거래를 하는 동안 신발을 신지 않았으며, 쉴 새 없이 고전서만 읽었다. 그는 대학 졸업 이후 100년이 채 안 된 책들은 집어 들지 않았다고 한다. 친구가 된 떠돌이 철도청 일꾼과 저녁식사를 할 때가 아니면 바깥에 모습을 드러내지도 않았다.

이런 니더호퍼의 비즈니스 전략의 핵심은 간단하다. 바로 '모든 것은 알 수 있다'라는 것이다. 그는 거래 이론대로 역사적 데이터를 활용하여 전략을 미리 시험해 본다. 만약 테스트 결과 효율성이 있다면 그대로 실천하면 되는 것이다. 그는 통계학 석사학위가 있으며, 상관계수의 대가이자 표준편차의 마법사였다.

니더호퍼는 거래소에서 거래를 하는 동안, 감정의 신호가 오가는 것을 거부했다. 업무 중 직원이 농담을 던지고 어떤 사람이 웃으면,

그는 이를 저지했다. 한편 직원이 두려움의 신호인 떨리는 목소리를 내거나 눈썹에 땀방울이 맺히면 그는 휴식을 취하고 침착하라고 일렀다. 그는 주식 거래는 이성적으로 이루어져야 한다고 강력하게 믿기 때문이었다.

그의 책 《투기꾼 교육》의 한 부분을 보면, 이 개념이 경제학 분야가 아닌 브루클린에 있는 그의 집 근처 경마장에서 도박꾼을 바라보는 어린이의 시선에 가깝다는 것을 알 수 있다. 관객석은 소리 지르는 사람들로 가득 차 있다. 그들은 말이 빨리 달리면 달릴수록 정맥이 튀어나오고 모자를 집어던질 정도로 흥분한다. 니더호퍼는 그 순간, 이 사람들이 바로 승자를 위해 돈을 내는 사람들이라는 것을 깨달았다. 여기서 승자는 관객석에 앉아 남의 일처럼 경기를 바라보는 사람이다. 이러한 승자의 성질은 바로 '무쇠엉덩이'이다. 그들은 엉덩이가 너무 무거워서(사실 객관적이고자 하는 마음에서 그러하겠지만 말이다.) 곁에서 들려오는 쉰 목소리와 머릿속에 떠오르는 온갖 감정에도 꿈쩍 하지 않는다.

니더호퍼는 금융시장에서 성공하기 위해 이 정도의 희생은 필요하다고 생각한다. 그의 책에서 한 매니저는 '마음속에서 자동차 할부금, 대출금, 치과교정 비용을 합산해 본 후' 시장이 곤두박질 칠 때마다 패닉상태로 주식을 팔았다고 고백했다. 나더호퍼는 재정 관련 결정이 분노, 질투, 공포 그 어떤 감정에서부터든 완전히 분리되어 이루어져야 한다고 한다. 그는 시장에서 리스크를 안고도 이익을 가져올 수 있는 자신의 능력이, 돈의 의미로부터 감정적으로 완전히 분리하려는 노력과 연관이 있다고 밝혔다. 그에게 돈은 현재 생활을 유지하는 수단에 불과하다. 그는 책에서 "확실한 것은, 감정에만 충실한 사람은 장기적으로 성공하기 힘들다."라고 말했다. 주식 거래를 할 때에 감정이 가는 대로 휘둘리는 사람들을 비판한 것이다.

니더호퍼는 수십 억 달러의 수익을 창출했다. 그리고 이런 성공의 뒤에는 감정적 충동으로부터 결단력을 분리하는 능력이 가장 큰 비중을 차지하고 있다.

| 비즈니스를 위한 통찰 |

비즈니스에서 결단력은 매우 중요하다. 감정이 항상 비즈니스 상의 결정에 큰 역할을 한다는 점을 기억하라. 늘 양쪽의 상황, 즉 이성과 감성을 모두 인식하도록 노력한다면 확신과 결단력을 가지기 쉬울 것이다.

| 인생을 위한 통찰 |

두 가지 내적 갈등이 있다. 바로 긍정적 방향 혹은 파괴적인 방향으로 행동하려는 경향이다. 도덕적 딜레마에 빠졌을 경우, 감성 혹은 이성을 이용하여 어느 쪽이 더 긍정적 혹은 파괴적인지 판단할 수 있어야 한다.

chapter 2

극단적인 것들 사이에서
중용을 지키다

감정적 충동을 이성에 의해 규제하기 위해서는 유명한 철학자 마이모니데스가 말하는 "이상적 중용 지키기"와 극단적인 태도 사이의 방향 설정을 도와주는 안내를 따르면 된다. 중용이 무엇인지, 또 그것들이 어떻게 개인의 인생과 비즈니스에 혜택을 주는지에 대하여 적절한 시각을 가지기 위해서는 토라 율법에 대한 마이모니데스의 책,《미쉬네 토라》에서 사례를 찾아볼 수 있다.

마이모니데스는 먼저 서로 확연히 다른 성격 유형을 소개한다. 첫 번째는 쉽게 화를 내는 예민하고 신경질적인 사람과 화를 전혀 내지 않고 차분한 사람이다. 또 자존심이 강한 성격과 그의 반대인 순종적이고 고분고분한 성격을 제시한다. 마이모니데스는 감사할 줄 모르는 사람과 사소한 것에도 감사할 줄 알고 바라는 것이 없는 사람의 유형도 묘사한다. 또한 자신을 위해 한 푼도 쓰지 않는 지독한 구두쇠와 돈을 헤프게 쓰는 유형을 비교하기도 한다. 마이모니데스는 품위, 잔인함, 자비, 비겁함 등 다른 여러 가지 성격 유형도 극단적 유형에 속한다고 덧붙였다.

유대인 현자의 말을 빌려, 마이모니데스는 각 성격의 중용을 선택해야만 올바른 길을 가는 것이라고 했다. 즉, 극단의 사이의 중용을 지키는 성격을 선택해야 한다는 것이다. 마이모니데스는 이것을 필수적인 성격 유형의 사례를 들어 설명한다. 첫 번째 사례는 모든 비즈니스와 개인 사생활에서 가장 중요한 '언제 화를 내는 것이 적당한가?'에 대한 질문이다. 당연히 사소한 일에도 화를 잘 내는 신경질적인 사람은 이상적이지 않다. 그러나 근거가 있는, 혹은 반복되는 특정행동을 막기 위한 상황이라면 화를 내는 것이 마땅하다. 이는 상당히 중요하다. 자주 화를 내면, 정작 화를 낼 만한 상황에서는 그 효과가 사라진다. 그러므로 필요시에만 화를 낸다면, 원하는 효과를 얻게 될 것이다. 비즈니스를 운영하고 관리하는 사람에게는 꼭 필요한 교훈이다.

마이모니데스는 자선단체에 기부하는 것에 대하여, 너무 인색하게 구는 것이나 너무 아낌없이 줘서 본인에게 남는 것이 아무것도 없는 상황 모두 문제라고 이야기 한다. 살아남기 위해 충분한 돈은 필요하다. 이런 설명은 모든 유형에 적용이 된다. 항상 극단적인 길이 아닌 중용의 길을 걸어야 한다.

마이모니데스는 중용을 '현명한 길'이라고 칭한다. 이유는 명백하다. 현명한 사람은 이성을 통해 감정적 충동을 제어한다. 늘 분노하거나 감사할 줄 모르는 사람은 행동하기 전에 자신의 반응을 돌아보지 않는다. 자신의 태도와 결정을 조절할 수 있는 사람은, 이성에 의해 성공적으로 적시에 화를 내거나 불쾌함을 표현할 수 있다. 이런 사람들은 현명하다고 불릴 만하다.

이는 매우 중요한 교훈이다. 마이모니데스는 중용을 '현명한 길' 이외에도 '신의 길'이라고도 칭한다. 전설에 의하면, 아브라함 역시 아들들에게 중용의 길을 걷도록 가르쳤다. 토라에는 "내가 그로 그 자식과 권속에게 명하여 여호와의 도를 지켜 의와 공도를 향하게 하려고 그를 택하였나니 이는 나 여호와가 아브라함에게 대하여 말한 일을 이루려 함이니라."(창세기 18:19)라고 쓰여 있다. 이 길을 가는 사람은 성공할 것이라는 뜻이다.

경쟁력 있는 비즈니스맨은 열정과 냉철한 이성 사이의 중용의 길을 걷는다. 제6부에서 만난 애티커스 증권의 부회장이자 파트너인 데이빗 슬래거는 "투자를 하려면 강렬한 열정이 필요하다. 좋은 투자기회를 잡았을 때, 이성을 유지하며 관심이 가는 정도라면 감정이 개입되었을 때만큼 적극적으로 성과를 얻고자 하지 않을 것이다."라고 말했다. 하지만 슬래거도 투자는 애초에 이성을 유지한 채 이루어져야 한다고 강조한다. 투자를 향한 열정이 이성을 통해 제어된다면, 현명한 투자 결정을 내릴 수 있다.

이는 다른 비즈니스의 경우에도 똑같이 적용된다. 새로운 비즈니스나 직업에 대하여 몹시 즐거워하고 열정적인 사람이 있다고 하자. 이 사람에게 즐거움과 열정만이 있고 재정적 혹은 비즈니스 측면의 어떤 감각도 존재하지 않는다면 그것은 재앙과도 같다. 하지만 이성을 통해 열정을 불러일으킨다면 성공을 위한 기반은 다졌다고 볼 수 있다.

| 비즈니스를 위한 통찰 |
당신은 비즈니스를 위해 이성과 감정 사이의 중용을 선택해야 한다. 그리고 비즈니스는 모든 측면에서 균형을 잡고 있어야 한다. 기업가로서 당신은 기존고객과 신규고객을 관리하는 데에 균형 잡힌 시간 계획을 마련해야 한다. 중용의 길을 걷고 균형을 맞추는 것은 비즈니스의 모든 측면에 적용된다.

| 인생을 위한 통찰 |
분노는 균형을 맞추어야 할 가장 중요한 성격이다. 특정 입장을 표명하거나 꼭 필요할 때에만 화를 내야 한다. 화를 너무 자주 내면 효과가 줄어든다.

chapter 3

소설《축제를 멈추지 마세요》에
감춰진 이야기

허먼 오크(Herman Wouk)의 베스트셀러 소설《축제를 멈추지 마세요》는 바쁘게 돌아가는 맨해튼을 떠나 캐리비안 섬에서 호텔을 운영하는 한 비즈니스맨의 삶을 그려낸다. 호텔리어로서의 새 삶은 그리 순탄치 않았고, 성공은 먼 길처럼 보였다.

최근 인터뷰에서 오크는 이 이야기가 실화에 바탕을 두었으며, 본인이 한때 소유했던, 미국 세인트 토마스에 위치한 호텔에 관한 것이라고 밝혔다. 소설에서 주인공은 가진 돈과 호텔을 모두 잃는데, 이 역시 실제 허먼 오크가 겪은 일이기도 했다.

그리고 이 책을 위해 인터뷰에 응해 준 이스라엘 출신의 부동산 기업가 요니 코엔(가명)이 1970년대 초, 아내와 함께 플로리다 주의 법원 청사를 지나고 있을 때였다. 그들은 바깥에 걸려있는 현수막에서 미국 세인트 토마스에 위치한 호텔에 대한 경매를 오전 11시에 법원 청사 계단에서 진행하겠다는 내용을 보았다. 미국의 많은 주에서 담보회수 건이 발생된 자산이 보통 이런 방식으로 경매에 올려졌다.

그는 부동산 투자가로서 이러한 법적 절차를 구경하고 싶었다. 동시에 호텔과 거래할 수도 있는 좋은 기회가 될 수도 있겠다 싶어 경매를 보고 가기로 결정했다. 법원 청사 계단에 들어섰을 때, 그는 경매행사에 참석한 사람이 자신뿐임을 깨달았다. 판사가 그를 안 쪽으로 안내했고, 자리에 앉아 공개입찰을 하도록 이끌었다. 코엔은 10만 달러를 걸었고, 판사는 20만 달러를 제시했다. 코엔이 "내가 누구와 경매를 하고 있는 거죠?"라고 묻자, 판사는 "자산에 남아 있는 담보대출금입니다."라고 대답했다. 코엔이 "얼마인가요?"라고 질문하자 판사는 "170만 달러입니다."라고 대답했다. 이에 코엔은 "그러면 180만 달러를 걸죠."라는 한 마디로 호텔을 사들였다.

숙소로 돌아와, 코엔은 뉴욕 시에 있는 사무실에 전화해 세인트 토마스가 어디인지 알아봐달라고 부탁했다. 그의 조수가 "왜 그게 궁금하신건가요?"하고 물었고, 그는 "방금 거기에 200개의 방이 있는 호텔을 샀거든요."하고 대답했다.

코엔은 성공을 꿈꾸며 주말을 호텔에서 보내기 시작했다. 호텔을 산 지 약 두 달쯤 되었을 때, 한 손님이 오크의 책을 가져와, 책에 나오는 호텔이 바로 당신이 사들여 운영하는 이 곳이라고 일러주었다. 이 사건을 계기로 그는 오히려 호텔을 더 잘 운영하여 불신을 극복하고, 성공으로 이끌어야겠다고 다짐했다. 하지만 현실은 절망스러웠다. 코엔이 겨우 관광객을 끌어 들이려고 하자 이번에는 날씨가 말썽을 부렸기 때문이다. 세인트 토마스는 극단적인 날씨와 수차례의 허리케인을 겪는 곳이었다. 첫 허리케인이 지나갔을 때는 호텔이 완전히 무너져 내리기도 했다. 안타깝게도, 손해배상을 해줄 보험회사마저 부도가 나는 바람에 코엔은 어떠한 보상도 받지 못했다. 180만 달러의 투자를 통째로 날려버린 것이다.

하지만 그는 그 이후로 부동산 거래에서 경이로울 정도의 성공을 거두었다. 코엔은 이 호텔에서의 대실패를 통해 두 가지 매우 가치 있는 교훈을 배웠다고 한다. 그는 "감정적 충동에 의존하여 구매를 하지 말아야 한다는 점을 배웠다. 이제는 아무리 매력적인 투자 조건이라도, 모든 측면에서의 조사가 끝나고 가치가 있는지에 대한 결론을 내기 전까지는 경솔히 투자하지 않는다."고 말했다. 또 그는 "감정이 얼마나 끌리든 상관없이, 이성적 감각에 의해 거래를 해야 한다."며 비즈니스 거래를 할 때, 감정적 측면을 피할 필요성을 이야기했다.

비즈니스의 성공을 도와준 또 다른 교훈도 있다. 그는 "만약 실패했을지라도, 너무 긴 시간동안 그 손해를 만회하려고 노력하지 않는 것이 좋다. 왜냐하면 그곳에 에너지를 너무 많이 쏟아 부으면, 더 생산적인 프로젝트에 다시 들어가기도 전에 당신을 단념시킬 수 있기 때문이다."라고 했다.

호텔 실패를 통해 코엔이 얻은 두 번째 교훈은, 감성과 이성의 균형 잡기와 직접적 연관이 있다. 일단 프로젝트를 시작하게 되면 감정적으로 매달리기 쉽다. 그렇기 때문에 실수를 만회하기 위해, 해서는 안 될 일에도 갖은 노력을 다 하는 것이다. 감정적 충동은 수익성 있는 다른 사업에 써야 하는 에너지까지 실패한 비즈니스에 계속 쏟아 붓게 한다. 여기서 핵심은 감정적 충동을 더 넓은 범위의 이성적인 상식으로 누그러뜨려야 한다는 것이다.

| 비즈니스를 위한 통찰 |
비즈니스와 직업에 대한 감정적 애착과 열정 없이는 성공을 추구할 수 없다. 그러나 동시에, 거래나 아이디어에 대해 이성적으로 생각해 보지 않는다면 성공은 그저 도전에 불과하다. 성공을 위해 감정과 이성, 두 가지의 균형을 제대로 잡는 것은 필수이다.

| 인생을 위한 통찰 |
감정은 이롭지 못한 일에 애착을 불러일으킬 수도 있다는 사실을 이해해야 한다. 인생의 수년을 허비하고 실패한 관계에 또다시 엄청난 에너지를 쏟지 말자. 누군가를 '고치려고' 하는 것은 상대방을 아무리 사랑한다 하여도 좋은 결과를 가져오지 못한다. 성공을 가져올 만한, 더 가치 있는 것에 에너지를 쏟아라.

chapter 4

비약적인 발전

이성을 통해 논리적인 태도를 유지함으로써, 충동적으로 행동하는 사람보다 월등히 많은 혜택을 받을 수 있다. 그래서 토라는 인간이 신의 길을 걸어야 한다고 주장하는 것이다(신명기 28:9). 마이모니데스는 이것을 '열정을 좋은 기본 상식으로 누그러뜨리라'는 의미로 이해한다.

신비주의자는 천사와 인간의 차이를 다음과 같이 설명한다. 천사는 특정 목적을 위해 창조되었고, 그 목적 이외에는 어떤 것도 할 수가 없다. 이와 대조적으로, 인간에게는 야망과 목적이 있다. 그래서 인간은 늘 움직이며, 선택권도 가지고 있다. 정지된 인간은 아무도 없으며 앞으로 가든 뒤로 가든 간에 늘 움직인다. 비즈니스맨들은 이 개념을 누구보다 잘 이해하고 있다. 비즈니스에서 정지되어 있다는 뜻은 곧 성장이 없다는 의미이다. 또한 고객이나 매출을 잃지 않았더라도, 경쟁자가 당신보다 앞으로 나아가면 곧 당신보다 발전하는 것이다. 그리고 당신은 자연스레 뒤로 물러나게 된다. 이는 인생의 모든 영역에 똑같이 적용된다. 만약 한 시간에 100달러를 벌어들일 수 있었는데도 그러지 못했다면, 당신은 100달러를 잃은 것과 같다. 정지된 상태로 유지되는 것은 아무것도 없다. 앞으로 나아가거나 퇴행하거나 둘 중 하나이다. 인간은 누구나 지속적으로 한 단계씩 앞으로 나아갈 책임을 가진다.

그러나 '신의 길'을 통해 감정을 정복했다면, 규제된 범위 안에서 한 단계씩 체계적으로 나아가는 것이 아니라 비약적인 발전을 할 수가 있다. 인간은 본질적으로 감정과 기분을 지배함으로써 행동을 이끌어내기 때문이다. 그러므로 행동과 감정이 이성에 의해 제어되면, 본질을 초월하여 비범하고 질적으로 뛰어난 사람이 될 수 있다. 이 때문에, 감성보다는 이성에 의해 행동하는 것이 신을 모방하는 길에 더 가깝다.

비즈니스맨은 새로운 아이디어가 생기면 매우 흥분한다. 한밤 중에 떠오른 아이디어 때문에 침대에서 벌떡 일어나 소설을 쓰기 시작한 적이 있는가? 유망한 비즈니스 기회를 발견하게 되면, 당신은 그것에 대해 감정적으로 애착을 가지게 된다. 반면 이성적인 기준은 우선순위에서 밀려난다. 이것이 위험하다는 신호이다. 크게 성공하려면, 즉흥적으로 행동하려는 의지를 꺾고 뇌가 먼저 움직이도록 해야 한다.

패션 선구자, 가짜 비즈니스 거래에서 전액을 잃다

존(가명)은 아주 고집이 센 비즈니스맨으로 유명했다. 그는 5년 만에 꽤나 큰 패션 회사를 차렸다. 그 이후에도 재빠른 투자를 통해 다른 회사를 매각하는 등 더 큰 수익을 위한 투자를 계속 했다. 그는 45세가 되던 해에 은퇴를 하고, 세계에서 가장 부유한 사람 중 하나로서 질 높은 삶을 살고 있었다. 그러던 중, 그는 유대교 회당에서 로버트라는 사람을 만났다. 로버트는 매우 솔직하고 독실했기에 두 사람은 곧 친해졌다. 그는 존에게 자신이 운영하는 새로운 비즈니스 벤처를 소개해 주었다. 그리고는 이내 존에게 자신의 회사에 투자하라고 설득했다. 로버트에 대한 믿음이 컸고, 그의 비즈니스 또한 신선했기 때문에 존은 면밀한 조사를 거치지도 않고 투자하기로 결정했다. 초기에 존은 투자로 큰 수익을 얻었다. 로버트는 기업의 성장세를 보장하려면 더 많은 투자가 필요하다고 설명했다. 그리하여 존은 더 많은 돈을 투자했다.

하지만 사실 로버트의 기업은 가짜였다. 그저 수익이 많이 나는 기업이라는 인상을 심어주기 위해 자금을 돌린 것뿐이었다. 결국 1년이 지나기 전에 수익은 끊기고 말았다. 로버트는 회당에서 더 이상 모습을 보이지 않았다. 존 역시 그의 소식을 들을 수가 없었다. 얼마 지나지 않아 존은 회계사로부터 로버트의 기업이 부도가 났다는 소식을 들었다. 듣기 거북한 소식이었지만, 존의 회계사는 더 충격적인 소식을 알려주었다. "로버트가 당신을 끌어들인 것이다. 그리고 당신 또한 파산했다."는 이야기였다.

존은 은퇴 후 닥쳐온 사태로 인해 자신에게 크게 실망했다. "은퇴후 느슨해졌었다. 로버트는 친구였고, 흥미로운 아이디어를 가지고 있어 철썩같이 믿었다. 확인을 했어야 하는데……. 내 실수였다."고 회상하며, 자신이 빈틈을 보였다는 사실을 인정했다.

존이 자신의 전 재산을 다 맡긴 것은 실수였음이 분명하다. 만약그가 이성을 통해 감정을 제어했다면 절대 남에게 전 재산을 투자하지는 않았을 것이다. 철저하게 계산해 봤다면 로버트의 속임수를알아채거나 적어도 손해를 줄일 수도 있었다. 그러나 존은 감정만을 따랐다. 로버트의 카리스마, 열정, 독실함에 휘말린 것이다. 또한투자 초기에 엄청난 수익을 보고는, 욕심에 눈이 멀었다. 이 욕심과지나친 자극이 그를 로버트의 책략에 완전히 넘어가도록 만든 것이다. 로버트가 존을 아주 가난한 상태로 남긴 채 계약을 뒤집었던 것도 이 틈을 보여서이다. 존은 이성이 발동할 여지를 두지 않았다. 그결과 극심한 고통을 받게 된 것이다.

감성과 이성의 균형을 유지하는 일은 비즈니스, 또 일상의 모든측면에서 성공하기 위해 반드시 고려해야 하는, 가장 중요한 핵심이다.

| 비즈니스를 위한 통찰 |

당신의 비즈니스는 특별할 수 있고, 또 특별해야 한다. 비즈니스의 모든 측면을 이성적으로 검토한다는 것은 다른 경쟁자들보다 유리한 위치에 선다는 것을 뜻한다. 대부분의 사람들은 감정을 따른다. 이는 인간의 본질이다. 본질의 영역 위로 올라간다면, 비즈니스는 더욱 효율적이고 성공적일 수 있다.

| 인생을 위한 통찰 |

친구나 배우자를 선택할 때 감정이 완전히 당신을 지배하도록 내버려두지 않는다면, 감정만을 우선시 하는 사람보다 훨씬 더 성공적인 인간관계를 맺을 수 있다. 논리와 이성이 관계를 규제하도록 한다면, 관계의 질과 유지 측면에서 비약적 도약을 할 수 있을 것이다.

명상 | MEDITATION

이제 부록에서 명상의 기술을 배움으로써, 당신은 감정적 충동을 이성적 결정으로 누그러뜨릴 수 있는 준비가 될 것이다. 이 책에 실린 명상하는 법을 배우는 데에 시간을 할애해 보자. 그리고 명상 기술을 비즈니스와 일상의 결정을 내리는 데에 적용해 보도록 하자.

먼저 비즈니스 거래나 프로젝트에 대하여 면밀한 조사를 마쳤는지 확인해야 한다. 그 다음에는 부록에 나온 지혜, 이해, 그리고 지식이라는 세 가지 요소를 단계별로 실천하라. 단, 첫 번째와 두 번째 단계에 더 많은 시간과 정신적 에너지를 쏟아야 거래의 모든 측면을 손에 쥐고 이성적으로 이해할 수 있다. 이를 통해 당신의 이성이 실질적으로 거래, 결정, 투자, 프로젝트 등 비즈니스 관련 업무에 얼마나 영향을 미치는지 눈으로 확인해야 한다. 이를 마쳐야 비로소 당신의 비즈니스는 성공 단계로 비약적 도약을 할 수 있을 것이다.

부록

명상에 대한
간략한 안내

'명상'이라는 단어를 들으면 아마 당신의 머릿속에는 수도사가 책상다리를 하고 있는 모습이 떠오를 것이다. 독실한 유대인이 숲 속의 나무 옆에서 중얼거리는 모습 또한 틀린 상상은 아니다. 명상은 길고 깊은 생각을 하기 위한 유대교의 전통관례였다. 하지만 이 전통은 대부분 유대인 학살 당시 거의 상실되었다. 또한 살아남은 유대인들 역시 세계 각지에 흩어져 더욱 지키기 힘들어졌다.

그러나 이제 그들이 돌아오고 있다. 많은 서양 유대인들이 영적 연결을 위해 동양 종교에 눈길을 돌렸고, 명상에 바탕을 둔 전통이 그들의 유산과 비슷하다는 점을 깨달았다.

유대교 명상은 다른 명상과는 차이가 있다. 다른 명상은 '마음을 비우는 것'에 목적을 두지만, 유대교의 명상은 마음 속 깊은 곳에 자신을 연결하기 위해 집중한다. 하지만 명상이라는 하나의 형식을 통해 중요한 가치를 공유하고 사고 과정, 즉 우리의 마음을 제어한다는 목적은 같다.

토라는 마음이 강력한 힘을 가지는 도구라고 말한다. 카발리스트는 마음을 제어할 줄 아는 능력이 바로 인생을 제어할 수 있는 힘이라고 했다. 이런 능력을 갖추기 위해서는 특정한 생각과 관련된 자신의 마음을 깊이 들여다보고, 그 생각이 자신의 일부가 될 때까지 집중해야 한다. 그러면 그 일은 현실에서도 당신의 생각대로 이루어질 것이다.

궁극적으로는 자신의 것이라고 확실히 말할 수 있을 만큼 생각을 정복하고 소유하는 것이 목표이다. 대개 어떠한 개념에 대해 듣거나 읽으면 곧 잊어버리기 마련이다. 하지만 어느 시점이 되면 그 지식이 내 것처럼 느껴지고 인지되기 시작한다. 그때 비로소 우리가 느끼는 열정은 현실이 된다.

여기서 과학과 토라가 각각 정의하는 '지식'이라는 개념의 차이를 엿볼 수 있다. 무언가를 배우고 이해하는 것은 같지만, 과학에 의하면 지식은 우리 인생에 실질적인 영향을 끼치지 않는다. 예를 들어 알버트 아인슈타인의 상대성 이론은 그저 학문일 뿐, 우리 인생에서 실질적으로 큰 비중을 차지하지는 않는다. 그러나 토라는 지식을 다르게 정의한다. 토라는 아담이 처음부터 이브를 '알았다(knew)'고 표현한다. '알았다'라는 단어는 '동거하다'의 완곡어법이기도 하다. 왜 두 사람이 '만난(coming upon)' 것이 아니라 '알았다'고 했을까?

답은 아담과 이브가 실제 성관계를 맺었기 때문이다. 성적 행위를 통해 서로에게 더 깊이 연결된 것이다. 토라는 그들이 하나의 육체와도 같다고 표현했다. 토라의 관점에서 무언가를 안다는 것은 가장 깊은 수준으로 서로에게 연결된다는 의미이다. 또한 토라는 이해한다는 것과 안다는 것의 차이를 설명한다. 이해하는 것은 무언가를 의식적으로 인식한다는 뜻이고, 안다는 것은 자신의 일부로서 그것을 받아들이고 자연스럽게 지각한다는 뜻이다.

따라서 이 책의 목적은 제시된 지식들을 이해하는 것뿐 아니라 본인의 것으로 느껴질 만큼 심도 있게 연결하는 데 있다. 친구, 동료, 가족과 이야기할 때, 이 책에 포함된 내용을 "내가 책에서 읽었는데"라고 굳이 말하지 않고도 묘사할 수 있어야 한다. 본래 자신의 것처럼 대화의 주제와 연관시킬 수 있어야 한다는 이야기이다. 또 본인이 생각한 아이디어인 것처럼 토론하고, 설명할 수 있어야 한다. 이 책의 내용에 당신이 깊이 있게 연결되었다고 생각된다면, 이제 그 내용은 당신의 것이다. 그러면 의식적으로 그리하자는 생각 없이도 실생활에서 명상을 실천할 수 있을 것이다. 명상은 외부의 아이디어를 자신의 것으로 통합해주기 위한 도구이다. 어떤 주제라도 명상을 통해 심도 있게 연결하라.

통상적으로 사물을 이해하기 위해서 마음을 활용한다. 그러나 명상은 이미 이해된 생각들을 당신 자신에게 연결하기 위해 마음을 활용한다. 이미 이해된 생각에 대하여 명상하면, 마음을 관통하여 감정을 제어하기 때문에 긍정적인 영향이 생긴다. 명상을 통해 자신의 생각을 다시 보게 되는 것이다.

다시 말해 명상은 자신의 것으로 만들고 싶은 무언가에 자신을 심도 있게 연결하는 것이 목적이다. 아래에 명상을 실제로 활용하는 방법을 참고하면 된다.

먼저 격려의 말을 하자면, 이 방법이 처음부터 효력을 발휘하지 않는다 해도 낙심하지는 말라. 마음을 완전히 한 방향으로 집중하는 데는 시간이 걸린다. 처음엔 이 방법을 하루에 2분씩 실행하는 것을 목표로 해서, 15~30초씩 시간을 늘여가라(15분이 가장 이상적이다).

이제 본격적으로 시작해 보겠다. 먼저 명상을 하는 동안 남들에게 방해받지 않을 수 있는 조용한 방을 찾자. 명상을 위한 장소는 반드시 평안해야 한다. 또한 마음을 가다듬을 수 있도록 호흡에 집중할 수 있어야 한다. 준비가 되면, 이 책의 어느 부분에 대하여 명상을 하고 비즈니스나 실생활에서 실제로 실천할지의 여부를 결정해야 한다. 변화를 주고 싶은 부분을 찾는 단계이다. 현재 일하는 방식이 어떻게 당신이나 비즈니스, 혹은 이 책을 통해 얻은 생각을 손상시키고 있는지 생각해 보자(이해가 핵심이다. 명상을 시작하기 전에 그 생각을 이해하고 있는지 다시 한 번 확인하라.). 각 부의 마지막에 있는 명상 팁은 명상 수행의 가이드가 될 수 있다. 다음으로 명상하고자 하는 개념을 3~7개 단어로 정하자. 예를 들어 "겸손은 비즈니스에 도움이 된다."와 같이 설정하면 된다(각 부의 마지막에 있는 명상 부분을 참고하라.).

마음을 가라앉혔더라도, 곧 다른 생각들이 떠올라 명상을 방해할 것이다. 그러나 다시 아까 정한 생각과 단어들에 집중하려고 노력해 보라. 그리고 마음속에서 그것들을 반복해서 생각하라. 마음속으로 해도 좋고 입 밖으로 조용히 소리 내어도 좋다.

이제 세 단계 명상을 위한 준비를 모두 끝냈다. 신비주의자에 의하면 이 단계란 첫째, 지혜(chochmah), 둘째, 이해(binah), 셋째, 지식 혹은 연결(daat)을 뜻한다.

1단계: 지혜를 위해 당신이 명상하려는 문구를 반복하라. 다른 생각이 집중력을 흐리지 않도록 해야 한다. 단어 하나하나에 집중하여 의미를 생각하고, 다른 생각은 일절 하지 말아야 한다. 만약 다른 생각을 했다면, 문구를 조금 크게 소리 내어 말함으로써 다시 집중하도록 하라. 몇 분 사이에 당신은 다음 단계로 갈 수 있는 상태가 될 것이다.

2단계: 이해를 위해 문구가 지시하는 모든 의미를 꼼꼼하게 생각해 보라. 이번에는 명상 단계를 더 확장시키기 위해 다른 생각이 마음속에 들어오도록 한다. 다른 생각을 이용해 명상의 대상을 더 강화시키자. 그 이미지를 이용해 명상의 영역을 더 넓혀가는 것이다. 예를 들어 겸손에 대해 명상 중인데 새 차에 대한 생각이 떠올랐다면, 차가 겸손에 어떻게 영향을 미칠지를 생각해보는 식이다. 당신이 지닌 겸손이라는 개념에 근거한다면, 새로운 차는 어떻게 당신을 더 겸손하게 만드는가? 최소 1분간 이 과정을 진행해 보라. 생각이 확장되는 것을 느낄 것이다. 그것이 당신에게 왜 도움이 되는지, 비즈니스에 어떤 이익을 주는지에 대해서 말이다. 이 수순을 정확히 밟았다면 그 생각에 대해 감정적으로 흥분하게 될 것이다. 조금 후, 자연스럽게 세 번째 단계로 접어들게 된다.

3단계: 깊이 명상을 하다보면, 당신이 명상 중인 그 개념에 연결된다는 느낌이 들 것이다. 이를 실생활 혹은 비즈니스에 적용하게 되면 완전히 자신의 것이 되었음을 알 수 있게 된다. 그리고 이제 당신에게는 그것을 실천하고 인생의 일부로 만들어 운영하고 싶은 욕구가 생길 것이다. 이처럼 당신이 생각하는 사물과 연결되었다는 느낌을 계속 유지하도록 하라.

이제, 당신은 이루고 싶은 긍정적인 일이나 그만하고 싶은 부정적인 일을 상기하도록 동기부여가 되었다. 1단계, 즉 지혜를 활용하여 생각해 보라. 그리고 입으로 소리 내 말하여 생각을 마음에 심어라. 비즈니스나 인생에 도움이 되는 생각에 보다 강력하게 연결되고자 한다면, 이 단계들을 매일 반복하라. 하루 일과 중 명상 시간은 반드시 확보해 두자. 이 책의 개념을 한 개씩, 적어도 일주일 동안 명상하여, 다른 명상을 시작하기 전에 완전히 흡수하는 것도 좋다. 당신이 이끄는 인생의 모든 측면에 긍정적인 변화를 가져오는 강력한 도구가 될 것이다. 행운을 빈다.

세계의 부를 독점하는 0.2% 유대인의 비밀

비즈니스는 유대인처럼

초판 1쇄 2014년 9월 25일

지은이 레비 브래크만 · 샘 제프 **감역자** 김정완
펴낸이 성철환 **담당PD** 이정은 **펴낸곳** 매경출판㈜
등 록 2003년 4월 24일(No. 2-3759)
주 소 우)100-728 서울특별시 중구 퇴계로 190 (필동 1가) 매경미디어센터 9층
홈페이지 www.mkbook.co.kr
전 화 02)2000-2642(사업팀) 02)2000-2636(마케팅)
팩 스 02)2000-2609 **이메일** jelee0316@gmail.com
인쇄 · 제본 ㈜M-print 031)8071-0961

ISBN 979-11-5542-159-8(03320)
값 15,000원